中国电子商务发展报告

2016—2017

中国电子商务协会

主　编　唐　生

副主编　杨坚争　黄永刚　杨立钒

中国商务出版社

内容简介

本书是中国电子商务协会组织编写的反映 2016—2017 年中国电子商务发展状况的综合性报告。报告由中国电子商务发展总报告和 10 个专题分报告组成，从电子商务发展的整体状况、政策法律环境、产业互联网、农村电子商务、跨境电子商务、金融电子商务、电子商务物流、电子商务人才培养、社群电商、电子商务示范城市、全球电子商务等 11 个方面全面反映了 2016—2017 年国内外电子商务的最新发展和主要特点。读者可以通过本书全面了解中国电子商务的发展水平、发展特点和发展经验，了解世界电子商务发展的大趋势，也可以从各个分报告中了解到中国在不同领域和不同行业推动电子商务发展的基本思路和做法。

本书资料丰富、内容翔实，对各国政府、各类企业和行业协会、教学与研究机构都有重要的参考价值。

图书在版编目（CIP）数据

中国电子商务发展报告. 2016—2017 / 中国电子商务协会编. —北京：中国商务出版社，2017.8

ISBN 978-7-5103-2023-1

Ⅰ.①中…　Ⅱ.①中…　Ⅲ.①电子商务—研究报告—中国—2016—2017　Ⅳ.①F724.6

中国版本图书馆 CIP 数据核字（2017）第 209852 号

中国电子商务发展报告 2016—2017

E-COMMERCE DEVELOPMENT IN CHINA 2016−2017

中国电子商务协会

主　编　唐　生

副主编　杨坚争　黄永刚　杨立钒

出　　　版：中国商务出版社
地　　　址：北京市东城区安定门外大街东后巷 28 号　　邮　　编：100710
责任部门：商务与法律图书事业部（010-64245686）
责任编辑：赵桂茹

总 发 行：中国商务出版社发行部（010-64266193　64515150）
购书热线：010-64245686
网　　　址：http://www.cctpress.com
邮　　　箱：cctpress1980@163.com

印　　　刷：三河市鹏远艺兴印务有限公司
开　　　本：787毫米×1092毫米　1/16
印　　　张：14.5　　　　字　　数：299千字
版　　　次：2017 年 9 月第 1 版　　印　　次：2017 年 9 月第 1 次印刷
书　　　号：ISBN 978-7-5103-2023-1
定　　　价：48.00 元

《中国电子商务发展报告 2016—2017》

编 委 会

主 编 唐 生

副主编 杨坚争 黄永刚 杨立钒

成 员 葛 朗 熊 励 张勇军 王琼文
　　　　徐海涛 李 旻 万以娴 王德力
　　　　沈红兵 李周平 杨维新 赵桂茹
　　　　尹 诗 尚绍鹏 杨云鹏 董永明
　　　　熊 伟 明 佳 陈 赟 艾维娜
　　　　郭 烨 贾培蕊

序

2016—2017 年，在新一轮信息技术革命的驱动下，中国电子商务与传统经济融合度进一步提升，呈现出多元化、服务化、规范化、国际化的发展趋势，突出展示出作为中国经济发展新动能的带动效应。

2016 年，中国全社会电子商务交易额达到 26.1 万亿元①。在 2016 年全部电子商务交易额中，网上零售额达 51 556 亿元，同比增长 26.2%。其中，实物商品网上零售额 41 944 亿元，增长 25.6%，占社会消费品零售总额的 12.6%，约占全球电子商务零售市场规模的 39.2%②，连续多年成为全球规模最大的网络零售市场；跨境电子商务交易额约 5.85 万亿元人民币，同比增长 28.2%③。电子商务及相关产业直接和间接带动就业人数已达 3700 万。④

2017 年是中国实施"十三五"规划的重要一年和推进供给侧结构性改革的深化之年。中国正在把握全球电子商务发展的历史性机遇，深入贯彻国家关于发展电子商务的一系列重要政策，结合中国实际创新发展，不断完善电子商务发展环境，完善电子商务产业生态体系，提升开放发展水平，促进服务产业转型升级，最大限度满足社会民生需求；通过创建"互联网+"创新实践区、电子商务示范企业等工作，培育和发展电子商务新领域和新优势，积极扩大电子商务产业和市场规模，并在制度环境优化、政府管理创新等方面发挥引领示范作用，力争在全球电子商务贸易新规则制定和全球电子商务资源配置中发挥更大作用。

中国的电子商务已经成为经济转型发展的新模式，也为发展中国家走向现代化探索出新道路，在联合国世界电子商务立法问题的解决中贡献了中国智慧、提供了中国方案。

《中国电子商务发展报告 2016—2017》是中国电子商务协会组织编写的反映2016—2017 年中国电子商务发展状况的综合性报告。报告由总报告和 10 个专题分

---

① 国家统计局. 2016 年我国服务业持续快速增长［EB/OL］(2017-01-22)［2017-03-19］.
　http://www.stats.gov.cn/tjsj/sjjd/201701/t20170122_ 1456772.html.
② 国家统计局. 2016 年国民经济实现"十三五"良好开局［EB/OL］(2017-01-20)［2017-07-29］.
　http://www.stats.gov.cn/tjsj/zxfb/201701/t20170120_ 1455942.html.
③ 资料来源：商务部《中国电子商务报告》，上海理工大学电子商务发展研究院.
④ 商务部. 2016 中国电子商务报告.

报告组成，从电子商务发展的整体状况、政策法律环境、产业互联网、金融电子商务、农村电子商务、全球电子商务、产业互联网等 10 个方面全面反映了现阶段中国电子商务的最新发展。读者可以通过本报告全面了解到中国电子商务发展水平、发展特点和发展趋势，了解到中国电子商务不同领域发展的基本思路和措施。

当今世界正处于百年未有之大变局，国际力量对比发生新的变化。中国的电子商务已经在世界上产生重大影响，在不断的技术、服务、商业创新中驶入深水区，发展进入新常态，矛盾也由此叠加，风险隐患集聚，发展中的不平衡、不协调、不可持续问题逐渐突出。如何应对国际电子商务发展环境的深刻复杂变化，在激烈的国际电子商务竞争中赢得主动？如何更好把握发展新机遇，破解发展新难题，厚植发展优势并惠及于民，这些问题已成为需要审慎思考的课题。

站在电子商务发展新的历史起点，牢牢按照电子商务发展的实际情况不断提出新思路、新战略、新举措，持续推进政策环境创新和加快信息基础建设步伐，充分释放电子商务创新创业活力，提升电子商务竞争水平和服务品质，促进电子商务与农林业、工业、服务业，军民融合等深度合作，及时发展建设好电子商务诚信及要素、资本市场，积极推动电子商务国际间交流合作，建设统一开放、竞争有序、诚信守法、安全可靠的电子商务体系，引导电子商务沿着正确的方向健康稳定持续地向前发展。

中国电子商务协会会长　宋玲

2017 年 8 月 8 日

目　录

| 第 1 章 |

2016—2017 年中国电子商务发展总报告

2016—2017 年，中国各地区各部门抓住新一轮科技革命的新机遇，实施网络强国战略，大力推动"互联网+"行动计划，有力地促进了电子商务的持续快速发展。本报告总结了 2016—2017 年中国电子商务的主要进展和发展特点，并展望了下一阶段中国电子商务发展的趋势。

1.1 中国电子商务的主要进展

1.1.1 2016 年中国电子商务交易总额超过 26 万亿元

2016 年，中国电子商务规模持续扩大，辐射作用日益增强，全年全社会电子商务交易规模达到 26.1 万亿元[①]，交易额同比增长 19.8%，是 2013 年的 2.5 倍，年均增长 36.4%[②]，超额完成了《电子商务"十二五"发展规划》提出的发展目标[③]，实现了电子商务交易额翻两番。电子商务已经成为国民经济发展的强大源动力。

图 1-1 显示了中国电子商务稳定增长的情况。

从地区分布来看，发展最快的地区仍然是沿海和临近沿海的省份，包括浙江、辽宁、广西、湖南、江西等，年均增速达到 50% 以上；其次是中西部和东北部地区（包括吉林、河北、山东、陕西、湖北、四川、贵州、内蒙古、甘肃、青海、新疆等），年均增速达到 30% 以上；北京、上海、广东的年均增速在 20% 以上。

从各地已经披露的数据看，2017 年上半年中国电子商务继续保持了快速发展的良好势头。上海市上半年实现电子商务交易额 9874.2 亿元，同比增长 21.7%；其中 B2B 交易额 6726.5 亿元，同比增长 18.3%；网络购物（B2C/C2C）交易额 3147.7 亿元，同比增长

---

① 本书若无特殊说明，均为以人民币元计价的统计数据，下同。

② 国家统计局. 服务业擎起半壁江山，新兴服务业蓬勃发展［EB/OL］(2017-07-25)［2017-07-29］. http://www.stats.gov.cn/tjsj/sjjd/201707/t20170725_1516453.html.

③ 工业和信息化部. 电子商务"十二五"发展规划［EB/OL］［2012-03-27］［2017-06-23］. http://www.miit.gov.cn/n11293472/n11293832/n11293907/n11368223/14527814.html.

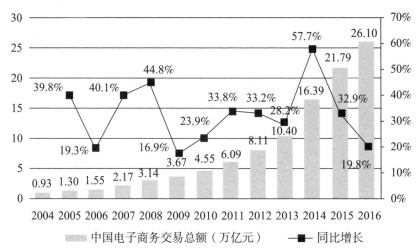

图 1-1　2004—2016 年中国电子商务交易额增长情况

资料来源：国家统计局，商务部《2016 中国电子商务报告》.

29.5%①。湖南省上半年全省电子商务交易额达到 3842 亿元，同比增长 37.2%，其中网上零售额 739 亿元，同比增长 40.5%②。广西壮族自治区继续深入实施"电商广西、电商东盟"工程，上半年广西全区实现电子商务交易额约 3500 亿元，同比增长 14%左右。全年全区电子商务交易总额目标 7000 亿元已实现一半③。

1.1.2　2016 年网上零售交易额达 5.16 万亿元

2016 年，中国全年网上零售额达到 51 556 亿元，比 2015 年增长 26.2%（参见图 1-2)④。其中，实物商品网上零售额 41 944 亿元，增长 25.6%，占社会消费品零售总额的比重为 12.6%，比 2015 年提高 1.8 个百分点。中国网络零售市场的国际竞争力不断增强，交易额约占全球电子商务零售市场的 39.2%，连续多年成为全球规模最大的网络零售市场。

2017 年上半年，中国网上零售增速加快，全国网上零售额达到 31 073 亿元，同比增长 33.4%。其中，实物商品网上零售额 23 747 亿元，增长 28.6%，占社会消费品零售总额的比重为 13.8%，同比提高 2.2 个百分点⑤；高于社会消费品零售总额

---

① 上海市商务委. 上半年上海电子商务保持平稳增长［EB/OL］(2017-07-20)［2017-07-29］. http://www.scofcom.gov.cn/swdt/242785.htm.

② 湖南日报. 湖南上半年电子商务交易额增长 37.2%，同比增长 40.5%［EB/OL］(2017-07-17)［2017-07-29］. http://hunan.ifeng.com/a/20170717/5825780_0.shtml.

③ 华龙网. 广西上半年电子商务交易达 3500 亿［EB/OL］(2017-07-17)［2017-07-29］. http://news.cbg.cn/hotnews/2017/0717/8503159.shtml.

④ 国家统计局. 2016 年国民经济实现"十三五"良好开局［EB/OL］(2017-01-20)［2017-07-29］. http://www.stats.gov.cn/tjsj/zxfb/201701/t20170120_1455942.html.

⑤ 国家统计局. 上半年国民经济稳中向好态势更趋明显［EB/OL］(2017-07-17)［2017-07-29］. http://www.stats.gov.cn/tjsj/zxfb/201707/t20170717_1513520.html.

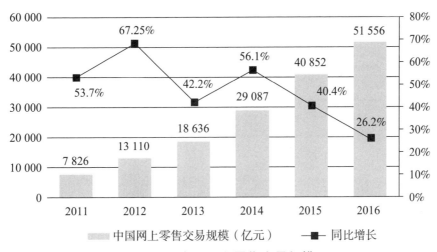

图1-2　中国网上零售交易规模

资料来源：国家统计局，商务部《2016中国电子商务报告》.

增速18.2个百分点，拉动社会消费品零售总额增速约3.4个百分点；在社会消费品零售总额中所占比重为13.8%，比上年同期提升2.2个百分点[1]。

1.1.3　2016年跨境电商交易规模达到5.85万亿元

2016年，中国实现货物贸易进出口总值24.33万亿元，同比下降0.9%[2]。其中出口13.84万亿元，下降2%；进口10.49万亿元，增长0.6%。面对严峻复杂的国际贸易形势，中国跨境电子商务逆势增长，仍然保持了强劲的发展势头，在中国进出口贸易中起到越来越重要的支撑作用。

据测算[3]，2016年中国跨境电子商务交易额约5.85万亿元，同比增长28.2%。其中B2B跨境电子商务交易额约为4.6万亿元，占总交易规模的78.6%；跨境网络零售交易额达到1.25万亿元，占总交易规模的21.4%。跨境网络零售中进口3060亿元，出口9440亿元。跨境电子商务中进口电商市场规模为1.06万亿元，占总交易规模18%；跨境出口电商市场规模为4.79万亿元，占总交易规模的82%。

图1-3反映了2008年到2016年中国跨境电子商务市场发展的情况。

---

① 国家统计局. 上半年消费品市场稳健发展［EB/OL］(2017-07-18)［2017-07-29］.
http://www.stats.gov.cn/tjsj/sjjd/201707/t20170718_1514078.html.

② 海关总署. 2016年我国外贸进出口情况［EB/OL］［2017-02-17］［2017-03-23］.
http://www.customs.gov.cn/publish/portal0/tab65602/info836849.htm.

③ 本报告采用易观和上海理工大学电子商务发展研究院的相关监测数据。运用两种测算方法：一是厂商比例测算法，采集eBay、亚马逊、阿里巴巴速卖通、天猫国际、京东全球购、网易考拉海购等主要企业的数据，根据所占市场份额推算；二是包裹测算法，采集海外仓发货数据、中国邮政快递数量，以及其他快递公司或其他渠道发货数据，分比例测算。综合两种方法测算的数据，考虑跨境电子商务在中国进出口总额中的比例及电商渗透率后得到跨境电子商务相关数据。

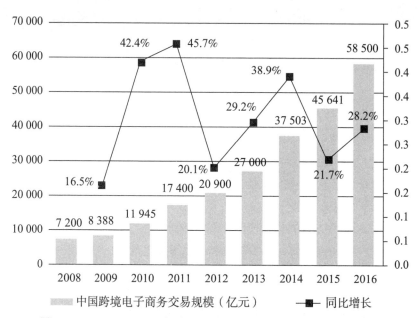

图 1-3　2008—2016 年中国跨境电子商务市场发展的情况

资料来源：商务部《2016 中国电子商务报告》，上海理工大学电子商务发展研究院.

1.1.4　2016 年电子支付业务接近 2500 万亿元

2016 年，中国银行业金融机构共处理电子支付[①]业务 1395.61 亿笔，金额 2494.45 万亿元。其中，网上支付业务 461.78 亿笔，金额 2084.95 万亿元，同比分别增长 26.96% 和 3.31%；电话支付业务 2.79 亿笔，金额 17.06 万亿元，笔数同比下降 6.61%，金额同比增长 13.84%；移动支付业务 257.10 亿笔，金额 157.55 万亿元，同比分别增长 85.82% 和 45.59%。图 1-4 反映了中国银行业金融机构电子支付业务增长情况[②]。

2016 年，非银行支付机构累计发生网络支付业务[③] 639.02 亿笔，金额 99.27 万亿元，同比分别增长 99.53% 和 100.65%。图 1-5 反映了非银行支付机构电子支付业务增长情况[④]。

2017 年第一季度，中国银行业金融机构共处理电子支付业务 374.01 亿笔，金额 756.84 万亿元。其中，网上支付业务 112.97 亿笔，金额 658.78 万亿元，同比分

---

① 电子支付是指客户通过网上银行、电话银行、手机银行、ATM、POS 和其他电子渠道，从结算类账户发起的账务变动类业务笔数和金额。包括网上支付、电话支付、移动支付、ATM 业务、POS 业务和其他电子支付等六种业务类型。

② 中国人民银行. 2016 年支付体系运行总体情况［EB/OL］（2017-01-29）［2017-07-20］. http://www.pbc.gov.cn/zhifujiesuansi/128525/128545/128643/3273108/index.html.

③ 非银行支付机构处理网络支付业务量不包含红包类等娱乐性产品的业务量。

④ 中国人民银行. 2016 年支付体系运行总体情况［EB/OL］（2017-01-29）［2017-07-20］. http://www.pbc.gov.cn/zhifujiesuansi/128525/128545/128643/3273108/index.html.

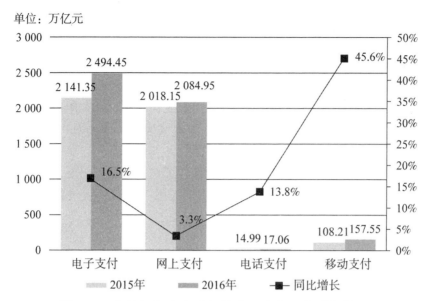

图1-4 中国银行业金融机构电子支付业务增长情况

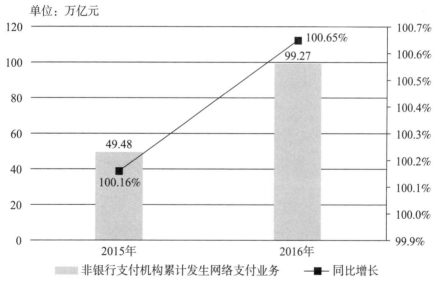

图1-5 中国非银行支付机构电子支付业务增长情况

别增长8.17%和0.14%；电话支付业务4007.27万笔，金额2.34万亿元，同比分别下降25.30%和26.33%；移动支付业务93.04亿笔，金额60.65万亿元，同比分别增长65.71%和16.35%。非银行支付机构处理网络支付业务9470.90亿笔，金额26.47万亿元，同比分别增长60.13%和42.47%[①]。

———————————

① 中国人民银行. 2017年第一季度支付体系运行总体情况［EB/OL］（2017-06-08）［2017-07-20］.
http://www.pbc.gov.cn/zhifujiesuansi/128525/128545/128643/3322160/index.html.

1.1.5 2016 年快递年业务量突破 300 亿件大关

伴随着电子商务的蓬勃发展，中国快递业务快速增长。2016 年全年快递服务企业业务量完成 312.8 亿件，同比增长 51.4%；快递业务收入完成 3974.4 亿元，同比增长 43.5%。快递业务收入在行业中占比达到 73.9%，比 2015 年提高 5.3 个百分点。其中，同城快递业务同比增长 37.2%；异地快递业务同比增长 56.7%；国际/港澳台快递业务同比增长 44.9%。

中国东、中、西部地区各项快递业务均保持了较快的增长势头，其中，东部地区完成快递业务量 253.2 亿件，同比增长 49.3%；中部地区完成快递业务量 37.1 亿件，同比增长 61%；西部地区完成快递业务量 22.5 亿件，同比增长 61%。东、中、西部地区快递业务量比重分别为 80.9%、11.9% 和 7.2%。

快递业务量排名前十五位的城市依次是广州、上海、深圳、北京、杭州、金华（义乌）、东莞、苏州、成都、温州、泉州、武汉、宁波、台州和南京，其快递业务量合计占全部快递业务量的比重达到 59.7%。

2017 年上半年，中国快递服务企业业务量累计完成 173.2 亿件，同比增长 30.7%；业务收入累计完成 2181.2 亿元，同比增长 27.2%。其中，同城业务量累计完成 40.4 亿件，同比增长 24.2%；异地业务量累计完成 129.2 亿件，同比增长 32.9%；国际/港澳台业务量累计完成 3.6 亿件，同比增长 29.2%。图 1-6 反映了 2016 年 1 月—2017 年 6 月中国快递服务企业业务量增长情况[①]。

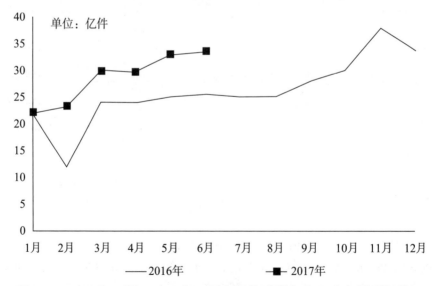

图 1-6 2016 年 1 月—2017 年 6 月中国快递服务企业业务量增长情况

资料来源：国家邮政局.

---

① 国家邮政局. 国家邮政局公布 2017 年上半年邮政行业运行情况［EB/OL］［2017-07-13］［2017-08-07］. http://www.spb.gov.cn/xw/dtxx_15079/201707/t20170713_1223041.html.

1.2 中国电子商务发展的特点

1.2.1 网络零售走在世界的最前列，新业态新模式不断涌现

2016年，中国网上零售交易额达5.16万亿元，同比增长26.2%。2017年上半年，全国网上零售额同比增长33.4%，其中实物商品网上零售额同比增长28.6%，高于社会消费品零售总额18.2个百分点，占社会消费品零售总额13.8%；非实物商品网上零售额增长高达51.6%，比上年同期提高16.1个百分点，超过全国网上零售额18.2个百分点，远高于百货店、超市和购物中心等其他零售业态的增速，成为带动零售业转型发展的新动力。

截至2017年6月，中国网络购物用户规模达到5.14亿，相较2016年底增长10.2%，其中，手机网络购物用户规模达到4.80亿，半年增长率为9.0%，使用比例由63.4%增至66.4%[①]。

中国网络购物零售节已经在世界范围引起高度关注。阿里巴巴2016年的"双十一"全球狂欢节的交易额达到1207亿元，覆盖全球235个国家和地区，成为世界最大的网络购物狂欢节。2017年京东的"6.18"购物节销售额达到1199亿元，累计卖出商品7亿件。从线上到线下，从城市到乡村，从品牌商到消费者，"6.18"已经演变为了一个全民的购物节日。2017年的苏宁易购"4.18"销量火爆，全渠道增长28.7%，已经覆盖了近4000家互联网门店，在全国不同城市、不同层级市场全面铺开线上线下（O2O）营销。

2016年，网络零售从大中城市、沿海城市持续向中西部地区和三线以下城市普及，向农村广大地区扩散，充分发掘和释放了潜在的消费潜能。同时，网络零售为国产品牌的崛起提供了发展的平台，在家电、手机等市场确立了国产品牌的优势地位，在母婴、生鲜、跨境、家装、时尚等领域针对年轻客户群体打开了市场。网络零售大数据支持定制化生产，众多制造企业纷纷开展"专属定制"活动，通过挖掘电子商务平台积累的海量数据，快速适应消费者需求变化，推出新产品。

2016年以微商、网红电商等为代表的社交电商成为重要的电商新形态。在移动直播全民化、网红经济快速爆发的背景下，形成了图文、音频、视频直播全方位的场景化营销，网络零售与社交化平台进一步交叉融合。微商业态一直保持快速发展，市场规模持续攀升。网红电商进入快速发展期，产业链初具形态。同时，2016年分享经济业态和领域进一步扩大，生活服务、交通出行、房屋住宿、知识技能、云计算资源分享等领域已成为分享经济发展的重点，摩拜、ofo共享单车布局多个城市，淘宝闲鱼、58转转、腾讯闲贝、京东优品等二手电商平台激发"闲置经济"。

---

① 中国互联网络信息中心. 第40次中国互联网络发展状况统计报告 ［R/OL］.（2017-08-05）［2017-07-29］. http://www.cnnic.net.cn/hlwfzyj/hlwxzbg/hlwtjbg/201708/P020170803598956435591.pdf.

1.2.2 企业网络营销覆盖面大幅度提高，平台经济蓬勃发展

2016年作为"十三五"的开局之年，电子商务市场规模依然保持稳健增长，企业的参与程度持续深入。开展在线销售的比例大幅度提高。统计数据显示，截至2016年12月，中国开展在线销售的企业比例为45.3%。其中，开展在线采购的企业比例为45.6%。得益于互联网金融、云服务等新兴企业级服务市场的发展，服务于企业采购的电子商务平台正在向集信息流、资金流、物流为一体的综合性供应链协同服务平台转型，企业的在线采购流程更加便捷、安全。利用互联网开展营销推广活动的企业比例为38.7%，比2015年上升了5个百分点。互联网已经成为企业不可缺少的营销推广渠道，并在传统媒体与新媒体加快融合发展的趋势下，扮演着关键角色。

在企业网络营销推广中，即时聊天工具使用率最高，达到65.5%，电子商务平台推广次之，达到55.1%，搜索引擎营销推广名列第三，达到48.2%。随着企业品牌推广意识的提升，电子商务的日益普及，网络营销技术的升级，以及中国互联网广告市场的逐步规范，互联网营销市场仍然有很大的增长空间。

伴随企业电子商务的发展，一批以大宗商品贸易为特征的平台大量涌现，以平台经济为代表的流通和交易模式创新深入发展，成为传统市场转型升级的重要方向。近年来工业电商规模逐年扩大，企业的积极性和主动性越来越高，依托工业电商聚合的产业链上下游社会资源也越渐丰富，工业电商发展质量和效益不断提升。

综合型电子商务平台，如1688、慧聪网、敦煌网等行业性工业电子商务服务平台，如欧冶云商、找钢网、快塑网、易煤网、上海有色网等的业务范围均已向网上交易、物流配送、信用支付等方向延伸。

截至2016年，上海市已经培育形成100多家平台型企业，其中千亿级平台5家、百亿级平台21家，2016年平台交易额1.8万亿元，增长14.1%，平台交易撮合、金融服务、价格发现等功能进一步增强，有力促进了流通效率的提高和流通成本的降低。2016年7月，首批94家贸易型总部得到认定，并获颁证。在首批认定的94家贸易型总部企业中，有15家是平台型企业①。

1.2.3 跨境电子商务持续增长，推动"一带一路"建设不断深入

由于2016年4月8日跨境电子商务新政的出台，跨境电商行业产生剧烈动荡。但跨境进口行业克服重重困难，仍保持了快速发展的势头。2016年实现跨境电子商务交易额约5.85万亿元，同比增长28.2%。上海市全年跨境电商试点模式进口订单达到1150万单，金额达到25亿元，同比增长6倍。

随着90后年轻人开始迈入社会，跨境电商网购消费主体正在悄然发生着改变，90后年轻人正在成为跨境电商的主力消费群体，其占比已经超过50%，尤其是在三

---

① 上海市商务委员会. 2016上海市电子商务报告［M］. 北京：中国商务出版社，2017.

四线城市，年轻人群已经成为跨境消费的主要构成人群。跨境消费者构成的变化导致大量新需求的出现，数码家电、美妆、服饰与零食饮料等成为 2016 年跨境消费者的新宠。年轻人群在关注价格的同时更加在乎商品品质和时效诉求，这也体现了跨境电商网购市场下新的消费观。

2015 年，国务院在杭州设立首个跨境电商综合试验区，随后在 2016 年 1 月，扩展到天津、上海、重庆、合肥、郑州、广州、成都、大连、宁波、青岛、深圳、苏州等 12 个城市。跨境电商综合试验区将在业务流程、监管模式、信息化建设等方面先行先试，通过制度创新、管理创新、服务创新，推动跨境电商不断发展，也为其他城市的跨境电商发展提供借鉴经验。2016 年，各个跨境电商综合试验区在政策红利下纷纷进行大胆创新，取得了相对不俗的成绩。

在推动"一带一路"建设的过程中，沿线国家和地区已经逐渐成为中国跨境电商的主要目标市场，越来越多的企业开始对这些国家和地区进行重点布局。

2014 年敦煌网发起了"跨境电商能力建设项目—APEC CBET"。到 2016 年，该项目已发展成为 21 个经济体参与的全球合作项目，连续三年被写入给 APEC 领导人的政策建议，2016 年写入给 G20 会议的政策建议，并获得联合国 ITC 组织高度关注。该项目累计培训了覆盖亚太地区 21 个国家的 3000 余家中小企业。

2016 年，在二十国集团领导人杭州峰会上，阿里巴巴构建全球电子商务平台（eWTP）的倡议写进了会议公报。eWTP 由以企业为代表的私营部门主导，旨在促进公私对话，推动建立相关规则，为跨境电子商务的健康发展营造切实有效的政策和商业环境。这将为全世界中小企业打造一个自由公平开放贸易的平台，让中小企业和年轻人更方便地进入全球市场，参与全球经济。

截至 2016 年底，全球 340 家跨境零售企业中，已有 180 余家入驻上海，数量仅次于伦敦和迪拜，列全球城市第三，上海已成为全球商业开放程度最高的城市之一。在全球跨境零售企业争相入驻的背后，是中国持续增长的庞大的消费市场。商业领域的开放与聚焦魅力对国际商旅游客的吸引力不断攀升，并有效地引导了部分境外消费回流。

2016 年 12 月 13 日，联合国国际贸易法委员会通过了《关于网上争议解决的技术指引》[①]。经过 5 年多的艰苦谈判，中国代表团在联合国国际贸易法委员会平衡欧美，协调各方，成功推动联合国国际贸易法委员会网上争议解决工作组达成以中国方案为基础的非约束性法律文件。这是中国引导国际贸易规则制定的重要尝试。

1.2.4 农村电商进入快速发展期，电商扶贫成为国家扶贫新模式

中国政府高度重视农村电子商务发展，2016 年中共中央、国务院、各部委累计出台相关政策文件共计 40 余个，基本完成了中国农村电子商务的顶层设计和配套政策部

[①] 联合国.《关于网上争议解决的技术指引》（2016 年）［EB/OL］（2016-12-13）［2017-06-23］. http://www.uncitral.org/pdf/chinese/texts/odr/17-00381_C_ebook_Technical_Notes_on_ODR.pdf.

署。2014—2016 年，连续三年的中央一号文件均明确提出发展农村电子商务。国务院办公厅发布《关于促进农村电子商务加快发展的指导意见》，指出要"培育和壮大农村电子商务市场主体，加强基础设施建设，完善政策环境，加快发展线上线下融合、覆盖全程、综合配套、安全高效、便捷实惠的现代农村商品流通和服务网络"。

2016 年各类企业加速进入农村电子商务领域。阿里巴巴、京东、苏宁等行业巨头加快布局"农村电商"阿里巴巴"千县万村计划"已覆盖约 500 个县 2.2 万个村，合伙人超过 2 万人。菜鸟物流由县到村当日送达服务范围已覆盖 40% 的县，次日送达服务已覆盖 99% 的县。京东在 1700 余个县建立了县级服务中心和京东帮扶店，培育了 30 万名乡村推广员，覆盖 44 万个行政村。苏宁在 1000 余个县建设了 1770 家直营店和超过 1 万家授权服务点。中国邮政集团的"邮掌柜"系统已覆盖 20 多万个农村邮政服务站点。供销总社旗下的"供销e家"电商平台，致力于打造以县域为基础、全国互联的农村供销电商生态。金正大、诺谱信、辉丰股份等近 20 家涉农上市企业也纷纷进军农资电商领域。

2014 年，农业部联合财政部启动实施新型职业农民培育工程，目前全国共培育各类新型职业农民 260 多万人。2016 年，中央财政安排资金 13.86 亿元，用于支持新型职业农民培训。2017 年，中央财政投入 15 亿元，重点实施现代青年农场主培养计划、新型农业经营主体带头人轮训计划、农村实用人才带头人和农业产业精准扶贫培训计划，全年计划培育 100 万人以上。

2016 年商务部批准电子商务进农村综合示范县 240 个。截至 2017 年 6 月底，全国共批准电子商务进农村综合示范县 496 个，其中内蒙古、甘肃、新疆、四川、贵州、广西、云南等省市自治区示范县数目超过 15 个[①]。示范县主要加强了 6 个方面的工作，包括县级电子商务公共服务中心建设、农村电子商务服务站点建设、县域电子商务物流仓储分拣配送中心建设、农村电子商务培训体系建设、农产品电子商务供应链体系建设、开展农村电子商务的规划和宣传累计建设。

2016 年，国务院印发《"十三五"脱贫攻坚规划》，将农村电子商务纳入扶贫开发工作体系，作为精准扶贫的重要载体，引导电商平台企业拓展农村业务，加强农产品网上销售平台建设，提升贫困户运用电子商务创业增收的能力。各地加快了实施电商精准扶贫工程，逐步实现对有条件贫困地区的三重全覆盖：一是对有条件的贫困县实现电子商务进农村综合示范全覆盖；二是对有条件发展电子商务的贫困村实现电商扶贫全覆盖；三是第三方电商平台对有条件的贫困县实现电商扶贫全覆盖。贫困县正在形成较为完善的电商扶贫行政推进、公共服务、配套政策、网货供应、物流配送、质量标准、产品溯源、人才培养等体系。

1.2.5 民生电商迅速拓展，共享经济强势崛起

民生电商是指为满足居民日常生活需求提供服务的电子商务业态，包括餐饮住

---

① 商务部. 全国 2016 年电子商务进农村综合示范县名单［EB/OL］（2016-07-29）［2017-06-23］. http://www.hncom.gov.cn/cs_scjsc_xygl/show/93165.aspx.

宿、短途交通、商超宅配、社区社群、家教家政、医疗护理、美容美发、休闲娱乐等领域。

截至 2017 年 6 月底，中国手机网民规模达 7.24 亿，较 2016 年底增加 2830 万人。网民中使用手机上网人群占比由 2016 年底的 95.1%提升至 96.3%①。移动端设备的普及与移动技术的发展推动消费场景多元化，民生电商得以渗透居民生活的每个角落，服务范围向更广更深扩散，满足了消费者更为个性化、舒适化的体验需求。民生电商持续向精细化、集成化、平台化发展，在满足居民不断增长的消费需求，扩大电子商务的覆盖领域和就业面的同时，也大大提高了城市电子商务的自身竞争能力，为城市开展电子商务展现出更加广阔的前景。

过去两年，中国涌现出了大量 O2O 平台，O2O 市场高度发展。2016 年，在线旅游市场交易规模增长迅速，达到 6026 亿元，同比增速 34.3%；本地生活 O2O 市场规模达 3271 亿元，同比增长 28.2%，其中餐饮 O2O 市场规模为 1927 亿元，占餐饮行业总体的比重为 5.3%②；外卖 O2O 市场规模为 1102 亿元，同比增长 141.1%③。

生鲜电商等特色行业网上异军突起。2016 年，中国生鲜电商交易规模为 913.9 亿元④，增速有所趋缓，但同比增速仍然高达 68.6%。

餐饮市场由于本身线下体量巨大且具有高频、刚需、容易规模化的特征，用户培育与市场拓展难度相对较小，发展最为成熟，餐饮 O2O 占本地生活 O2O 整体市场份额不断上升，2016 年细分领域市场规模达到 3.5 万亿元，占比高达 54.9%。

少儿英语在线教育市场迅速发展。2016 年以来，以 VIPKID、哒哒英语、51Talk、青少英语等为代表的线上品牌英语培训机构迅速占领市场，新东方、学而思等传统线下机构也都纷纷布局线上市场，在线少儿英语培训市场呈激烈竞争态势。其中，一二线城市因为经济水平较高、父母教育观念较先进、互联网科技较发达等原因成为在线少儿英语教育的主导消费区域，未来三四线城市发展空间较大。

共享经济起步较晚，但迅速进入加速发展期。截至 2017 年 6 月底，共享单车用户规模已达 1.06 亿，占网民总体的 14.1%，其业务覆盖范围已经由一二线城市向三四线城市渗透，融资能力较强的共享单车品牌则开始涉足海外市场⑤。共享单车企业通过移动互联网和物联网技术，整个使用环节全部在手机上完成，有效解决了城市"最后一公里"的出行问题。数据显示，2016 年中国共享经济市场交易额约为

---

① 中国互联网络信息中心. 第 40 次中国互联网络发展状况统计报告［R/OL］(2017-08-05)［2017-07-29］.
http://www.cnnic.net.cn/hlwfzyj/hlwxzbg/hlwtjbg/201708/P020170803598956435591.pdf.

② 艾瑞咨询. 2016 年度数据发布集合报告［EB/OL］(2017-01-19)［2017-06-23］.
http://report.iresearch.cn/report/201701/2889.shtml.

③ 易观. 中国互联网生活服务平台年度分析 2017.［EB/OL］(2017-03-31)［2017-06-23］.
https://www.analysys.cn/analysis/8/detail/1000701/.

④ 易观. 中国生鲜电商市场发展趋势预测 2016-2019［EB/OL］(2017-03-16)［2017-06-23］.
https://www.analysys.cn/analysis/22/detail/1000641/.

⑤ 中国互联网络信息中心. 第 40 次中国互联网络发展状况统计报告［R/OL］(2017-08-05)［2017-07-29］.
http://www.cnnic.net.cn/hlwfzyj/hlwxzbg/hlwtjbg/201708/P020170803598956435591.pdf.

34 520 亿元，参与总人数达 6 亿之众①，共享经济的触角也已延伸到电子信息、交通出行、住宿餐饮、文化创意、教育培训等多个第三产业细分领域。共享经济在推进供给侧结构性改革，优化经济发展结构，实现中国经济高端化、轻型化、信息化方面，正发挥着日益重要的作用。

2016 年 6 月，中国首个"互联网+生活性服务"创新试验区落户上海市长宁区。成立之初，区域内聚集了全市乃至全国有影响力的"互联网+生活性服务业"企业 60 余家，有"互联网+本地生活"方向的大众点评、易果生鲜，"互联网+文化娱乐"方向的格瓦拉、蜘蛛网，"互联网+旅游休闲"方向的携程旅行，"互联网+航空服务"方向的春秋航空、东方航空，"互联网+时尚创意"方向的南瓜车，"互联网+金融"方向的银联电子支付等，以及苏河汇、财富天地等一批创新创业孵化基地。至 2016 年底，试验区内"互联网+生活性服务业"新设企业 501 户，同比增长 21.23%，新增注册资本 34.32 亿元，产业集聚度进一步提升。同时，重点企业不断集聚扩展，区域内"互联网+生活性服务业"重点企业，已从试验区新设时的 60 家扩展到 102 家②。

2017 年 3 月，由中国个体劳动者协会网络交易平台工作委员会制定的《互联网企业生活服务类平台服务自律规范》正式发布，对生活服务类电商、在线生活服务商和生活服务类电子商务平台经营服务提出自律要求。该规范的发布对于在民生电商中紧跟社会发展需要，不断开拓创新，倡导并践行高标准的服务质量，全面提高消费者的生活品质具有很好的指导作用。

1.3 中国电子商务的发展趋势

1.3.1 跨境电商将成为电子商务新的发展重点

中国正在通过"一带一路"建设项目推动全球经济发展，跨境电商将在新形势下发挥重要作用。从大的环境来看，政府部门推进跨境电商的政策强势特征非常明显，主基调是大力扶持与推广。特别是"一带一路"和"供给侧改革"思路的提出，跨境电子商务成为一个重要抓手，整个中国的制造业产业将在跨境电商的带领下跟随"一带一路"走向全球。

跨境电商的产品供应链生态体系将逐步趋于完善。拥有世界级的电子、3C、服装、鞋帽、家私、眼镜、珠宝、智能设备等中国加工制造产业链在跨境电商的引领下将真正实现"买全球、卖全球"。跨境电商将进一步拉动贸易增长，促进国内产业结构优化升级，充分对接国外优质需求，将更多物美价廉的商品输出到国外。跨境电商也将通过构建"网上丝绸之路"，扶持优质跨境电商企业，推动新时期外贸

---

① 人民日报海外版. 共享经济，新常态下新动能［EB/OL］(2017-07-27)［2017-08-07］.
　http://caijing.chinadaily.com.cn/2017-07/27/content_30268648.htm.

② 上海市商务委员会. 2016 上海市电子商务报告［M］. 北京：中国商务出版社，2017.

发展和国际合作。随着中国跨境电商走向全球，越来越多的跨境电商企业在思考，中国跨境电商欠缺什么？需要布局什么？从单纯的卖产品转向引进世界最先进的产品和技术，从贴牌销售到培育自己的品牌，从前端的营销投入到后端的制造投入，从中小企业的产品销往国外到国际航空母舰级的大企业布局跨境电商，中国的跨境电商将在这些领域开辟越来越广泛的发展领域。

跨境电子商务综合试验区（简称综试区）建设将迈上一个新台阶。经过几年的建设，综试区改革发展进入到攻坚阶段和关键时期。上海市提出的"建设具有全球影响力的电子商务中心城市"，杭州市提出的"打造'网上丝绸之路'重要战略枢纽城市和国际重要商贸中心"等目标，对综试区的发展提出了更高要求。各个综试区将进一步推进理念创新、技术创新、制度创新、文化创新，紧密联系"互联网+"行动计划，全面提升综试区发展的核心竞争力，通过先行先试，扬长补短，持续创新，努力开发出一批可复制可推广的新成果，促进对外贸易发展方式转变和外贸企业转型升级，实现中国跨境电子商务在更高层次、更大范围的发展。

加快建立适应跨境电子商务特点的政策、监管和数据标准等体系。各部门将顺应跨境电子商务健康发展的新态势要求，按照加快发展与完善管理相结合、有效监管与便利进出相结合的原则，着力解决现行监管制度与跨境电子商务发展不适应、不协调问题，加快建立符合跨境电子商务发展要求的监管工作体制和机制。商务、海关、工商、港务、民航、税务、外汇管理、邮政等部门将通力协作，实现与跨境电子商务平台、物流企业和相关部门的数据对接和信息共享。针对目前实行的正面清单难以适应跨境电商进口商品种类多样化和快速变化的现状，国家将从重要敏感的商品调控、特殊产业保护及安全健康消费的实际出发，设置负面清单，对清单外的商品放开经营。通过加强检验检疫的事中事后监管，有效监控和预警风险；通过建立质量追溯体系，全面实现跨境电子商务商品的"源头可溯、去向可查"。

全国海关通关一体化改革将围绕"两中心三制度"全面展开。核心是风险防控中心和税收征管中心；全面建立一次申报、分步处置的申报制度，改革现行的税收征管方式的制度，改变以往以关区为区块的监管模式，全国海关通关一体化将全面落地，从而消除申报的关区限制，统一海关执法，提高通关整体效率。

与此同时，中国也将积极参与电子商务国际规则制定。深入参与或发起跨境电子商务规则交流和谈判，积极发挥建设性推动作用。鼓励行业组织及企业参与电子商务国际标准、规范和规则体系建设。通过多双边对话，与各经济体建立互利共赢的合作机制，积极推进多双边及区域电子商务交流与合作，及时化解跨境电子商务进出口引发的贸易摩擦和纠纷。

1.3.2　零售业的新一轮革命将全面铺开

零售业经过百货商店、连锁商店、超级市场三次大的零售革命之后，正在迎来新的一轮革命性的变革。而这一轮的革命是在电子商务的大潮下产生的。

作为电子商务的重要组成部分，网上零售带来了零售业的全新变革。网上零售不仅改变了交易模式，而且开始影响到供应端和供应链，物联网和智能技术的应用正在对整个行业产生深刻的改变。零售业前三次的转变属于同一形式下不同模式的转变，而网上零售的转变却是由实体经营模式向虚拟经营模式的转变。后者对零售业发展的影响要比前者深远得多、广泛得多。而在这样一种转变过程中，现代信息技术是一种非常重要的、关键性的措施和手段，因为它是将传统零售与现代零售连接起来的最有效的桥梁。

阿里巴巴提出的"新零售"概念，京东提出的"第四次零售革命"概念，都认为零售业将发生根本性的变革，以商品为中心的传统零售业将会转变为以消费者为中心的现代零售业，零售业新一轮革命将重点从以下 4 个方面展开：

（1）加深线上和线下融合程度。与传统的电子商务不同，未来的零售业将是线上销售和线下销售的高度融合，线下企业到线下去，线下企业到线上来。国家将建立适应融合发展的标准规范、竞争规则，引导实体零售企业逐步提高信息化水平，促进线下物流、服务、体验等优势与线上商流、资金流、信息流的进一步融合；鼓励线上线下优势企业通过战略合作、交叉持股、并购重组等多种形式整合市场资源，培育线上线下融合发展的新型市场主体。

（2）提高零售业的智能化水平。互联网技术在零售业的普及促使零售业数字化、网络化、智能化水平的显著提高。阿里巴巴无人超市的开张，京东无人机送货的实现，都展示了未来智能技术在零售业中的应用前景。随着电商平台支撑能力的进一步提高，云计算的处理能力也不断加强。大数据技术支持个性化场景，实现了针对不同消费者的定向导购和促销；虚拟现实和增强现实技术逐步成熟，缩短了消费者与物品之间的距离，从而提升用户体验；电子商务企业向实体零售企业有条件地开放数据资源，将有效提高资源配置效率和经营决策水平。

（3）加快创新网络零售营销模式。为应对网络店铺增加和网络流量成本高企带来的挑战，顺应个性化、多样化、品质化的消费趋势，网络零售营销模式创新将进一步加快。精准营销、催化营销、网红+直播营销、场景化营销、定制服务等新模式将不断涌现并迅速推广，图文、音频、视频等手段将全方位应用，各类网络零售企业将投入更大的人力、物力参与无线网络、移动支付、自助服务等网络营销新手段的开发和建设，探索高流量、低成本、高转化的营销新模式。

（4）优化零售供应链。零售行业供应链因网络零售的普及呈现结构扁平化、线上化特征。网络零售企业将通过纵向一体化促进上游产品的研发，打造网络自有品牌，实现包括设计、采购、配送等全产业链的布局；通过横向一体化整合行业内中小企业，为它们提供丰富的多元化服务。数据全流程的网络贯通与分享将促进供应链协同化水平大幅度提高，实现制造商、供应商、零售商、物流商和金融机构的大整合，实现信息流、业务流、资金流、物流全面协同运作。

1.3.3　平台经济的发展将跃上一个新台阶

伴随电子商务的深入发展，中国已经涌现出一批以大宗商品贸易平台、个人消费交易平台、专业服务支撑平台等为代表的平台经济型企业，以平台经济为代表的流通和交易模式创新深入发展，成为传统市场转型升级的重要方向。

未来几年，电子商务平台的发展，无论是在广度还是在深度上，都将跃上一个新的台阶。首先，平台提供的服务更倾向于一种综合而非单一的服务，所涉及的领域将不断拓展，集中度也将更加突出；其次，平台的服务模式将不断创新，呈现出交互的、跨地域的特征；第三，垂直型的交易平台和专业配套服务平台将进一步得到长足发展，这些平台将通过个性化的服务、完善的规则体系、多样化的功能和海量用户之间的互动，为电子商务生态圈的形成奠定坚实的基础。

2016年上海市首批认定的平台型企业表现出三个显著特点：一是大网络，线上线下深度融合，覆盖范围持续拓展；二是大平台，平台广度深度不断拓展，大范围推动大众创业万众创新；三是大产业，平台产业多元化发展，涉及家装、旅游、餐饮、影视娱乐等多个垂直细分领域。这些特点代表了未来平台企业发展的主要方向。

大宗商品现货交易网络服务平台是平台经济发展的重点。依托中国产业集群，在钢铁、化工、纺织、建材、机械、电子等优势产业领域，将涌现出一批集网上信息发布、电子合同、交易支付、商品体验展示、物流售后服务、价格发现、品牌推广及行情监测等功能为一体的跨区域大宗商品现货交易平台。

物流专业服务平台将获得更大的发展。越来越多的物流企业将向专业化第三方、第四方物流服务平台转型，进而促进多式联运现代化物流仓储网络形成，整合物流产业链，为货主和运输方提供公开透明的供需信息和综合解决方案，并通过提供融资、担保、保险、通讯、结算和技术等增值服务，提升物流资源集约化和物流配置社会化水平。

细分服务的民生电商平台将成为电子商务企业关注的热点。这类平台将进一步适应居民消费快速增长的需求，聚焦出行消费、旅游消费、文化消费、健康消费、家政消费等新兴消费领域，为城乡居民提供快速、精准、多样化、本地化服务，打造集创意设计、品牌发布、展览展示、采购交易、支付配送等功能于一体的新型生活服务环境。

1.3.4 IT新技术将在电子商务产业中发挥越来越重要的作用

未来几年，云计算、大数据、物联网、人工智能、虚拟现实等新技术将在电子商务发展中将发挥越来越重要的作用。

云计算将为更大交易量的网络购物节和日常网络交易提供稳定的技术支撑，云服务和大数据将在海关通关、自贸区和跨境电子商务综合实验区中大规模应用，以提高通关效率，实现"一次申报、一次查验、一次放行"，大幅度提高国际贸易便利化水平。

大数据的应用，为系统分析用户消费行为，提升电子商务网站精准营销的水平提供有力的保证，新的数字营销将完成从"消费者洞察"到"需求精准定向"到"线上线下整合"再到"效果精确衡量"乃至"大数据反馈"的闭环。电子商务从依靠流量的门户营销时代到搜索营销时代，如今已经进入到大数据营销时代，个性化营销为电子商务产业链向上下游延伸提供了很好的条件。在网络交易大数据的影响下，更多的定制生产和销售新模式将帮助生产性企业成功转型。

人工智能大潮已经来袭，这一领域的商业巨头布局完毕。阿里巴巴已经推出涵盖语音识别、图像识别、情感分析等技术的机器人和无人商店，京东的无人机送货，腾讯碳云智能公司在医疗保健领域、科大讯飞中文语音技术服务领域也都取得突破。人工智能成为电子商务企业新一轮的发展机遇。

人工智能技术驱动在线教育产业升级。2017年人工智能教育产品陆续问世，从沪江网的"Uni智能学习系统"到学霸君的"高考机器人"，再到英语流利说的"AI英语老师"，人工智能技术开始进入和影响在线教育，基本覆盖了"教、学、考、评、管"全产业链条。

虚拟现实技术（VR技术）的发展更深刻地改变了人们认知世界的方式，成为电子商务提供场景重现的重要解决方案。虚拟现实技术正在向游戏、视频、零售、教育、医疗、旅游等领域延伸，各类电商企业将继续加快这一领域的资本投入、产品创新和市场推广。

随着光纤带宽的加大和视频技术水平的提高，网络直播越来越流行，现已成为网络营销推广的重要传播手段。2016年中国直播平台达200余家，平台市场规模达90亿元，直播APP日活跃用户量达2400万。截至2017年6月底，网络直播用户共3.43亿，占网民总体的45.6%。其中，游戏直播用户规模达到1.80亿，较2016年底增加3386万，占网民总体的23.9%；真人秀直播用户规模达到1.73亿，较2016年底增加2851万，占网民总体的23.1%[①]。未来的网络直播阿静逐渐走向垂直化和分众化，优质内容也成为直播网站竞争的焦点。2016年11月4日国家互联网信息办公室发布的《互联网直播服务管理规定》将引导这一行业逐渐走向规范和商业化的路径上。

以微信为代表的即时通信产品着力提升其连接服务与内容的能力。在连接服务方面，微信小程序于2017年1月正式上线，初步构建起将自身海量流量分发向各类其他互联网服务的新型生态。在连接内容方面，微信于5月上线"搜一搜"和"看一看"功能，利用即时通信平台上的社交关系链为用户推送优质内容。

电子签名技术的应用取得重大突破。2016年8月，中国银监会、工信部、公安部、国家互联网信息办公室联合发布了《网络借贷信息中介机构业务活动管理暂行办法》。该办法第22条规定各方参与网络借贷信息中介机构业务活动，需要对出借人与借款人的基本信息和交易信息等使用电子签名和电子认证。该办法的颁布使得《中华人民共和国电子签名法》时隔十余年重新回归公众视野，从操作层面上确认了电子签名应用于网贷合同签署中的合法地位。以数字认证为核心技术的法大大、

---

① 中国互联网络信息中心. 第40次中国互联网络发展状况统计报告［R/OL］（2017-08-05）［2017-07-29］. http://www.cnnic.net.cn/hlwfzyj/hlwxzbg/hlwtjbg/201708/P020170803598956435591.pdf.

大家签、中国云签等公司成为 P2P 行业电子签名应用的有力推动者，微贷网、投哪网、借贷宝等知名 P2P 网贷平台也纷纷加入到电子签名的实践中。电子签名的应用将成为 P2P 行业发展全新的增长点，不仅对互联网金融，而且对整个电子商务领域都产生了不容忽视的带动作用。

1.3.5 电子商务的运营环境将更加规范

《中华人民共和国电子商务法（草案）》正在广泛征求意见，正式版本有望在 2017 年下半年或 2018 年出台。相关的法律法规，如《反不正当竞争法》《中小企业促进法》《农民专业合作社法》等已列入全国人大立法计划，电子商务法的运营环境将更加规范。

针对电子商务领域的严重违法违规问题，包括网络欺诈、虚假促销、个人信息泄露等，国家有关部门将强化电子商务监管，继续开展网上打击假冒伪劣专项行动，深入推进重点领域消费维权，积极开展网络交易监管执法，落实消费环节经营者首问制度和赔偿先付制度。国家工商行政管理总局启动的"全国第三方网络商品交易平台监管系统"和"全国电子商务网站监管服务系统"将以信用监管为核心，着力构建事中事后监管新机制，建立健全信用联动监管机制，协调有关部门联合出台惩戒措施；并充分运用大数据资源，建立全国统一的"经营异常名录系统库"和"严重失信名单库"，实现部门和地区间对企业严重失信信息的全面共享和有效利用。

在"互联网+"时代背景下，多元社会治理主体向"线上"扩展。电子商务领域中传统的由政府包揽的"一元化"治理模式逐渐革新为"多元化"的协同治理模式。以政府推动为主，市场化运作为基础，多中心治理主体互动合作"的政府主导+社会协同"电子商务治理模式将成为"智慧民生"的新选择。

中国将把握和顺应全球贸易发展新趋势，充分利用"一带一路"建设重大机遇和制度创新优势，着力在电子商务的技术标准、业务流程、监管模式和信息化建设等方面先行先试。中国将借鉴联合国国际贸易"单一窗口"标准，实施贸易数据协同、简化和标准化，推动国际贸易"单一窗口"的覆盖领域，进一步规范服务贸易的各种行为。

2016 年，中国基于对电子商务领域的商业和法律实践的深入思考和总结，提出了网上争议解决的中国方案。中国方案对美国、欧盟方案进行了整合，提出了进一步的制度创新，得到了联合国国际贸易法委员会成员国的广泛支持，最终推动通过了《网上争议解决的技术指引》出台。在中国的经济发展得益于对外开放，得益于贸法会的法律文件和其他国家法律实践的同时，中国也将为国际社会提供更多的电子商务法律规范的公共产品。

| 第 2 章 |

中国电子商务发展的政策法律环境

随着电子商务的迅猛发展，中国电子商务政策法律环境也在不断地健全和完善。制度的优化和确立，是保障电子商务健康、有序、公平发展的基石，也是中国电子商务高速发展的必备要件。本专题报告介绍了中国电子商务在发展过程中政策法律建设的现状，并同时结合电子商务的法律实践，对电子商务法律政策的发展趋势进行分析。

2.1 电子商务政策法律建设现状

2.1.1 电子商务立法工作取得重大进展

自 2013 年 12 月《中华人民共和国电子商务法》立法工作全面启动后，全国人大财经委推动和执行该立法工作，分 12 个专题对电子商务的监管体制、市场准入及退出制度、数据电文及电子合同、电子支付、在线数据产品知识产权保护研究、消费者权益保护、税收、纠纷解决机制、电子交易信息安全保障制度、跨境电子商务、可信交易环境建设等问题进行了详细研讨，并对电子商务立法进行了国际比较，形成了《中华人民共和国电子商务法（初稿）》

2016 年 12 月 19 日，全国人大常委会向社会公布《中华人民共和国电子商务法（草案）征求意见稿》。该《征求意见稿》分为总则、电子商务经营主体、电子商务交易与服务、电子商务交易保障、跨境电子商务、监督管理、法律责任和附则等八个章节。《征求意见稿》是在全面对电子商务长期调研后对各类电子商务法律问题进行的梳理和归纳，是对电子商务发展中遇到的各种新问题的立法尝试，具有重要的创新性。

2.1.2 电子商务配套政策法律文件相继出台

在国家电子商务立法工作大力推进的同时，各部委对电子商务有关法规的研究和发布工作也在加紧进行，出台了一系列电子商务立法的配套文件。

（1）2015 年 11 月 9 日，商务部出台《电子商务物流服务规范》，该规范以消费者为导向展开，以全面提升消费者购物体验为指导思想。从电子商务物流系统、仓储、运输、配送、退换货等各个环节均作出了规定，以确保电子商务物流服务的服务能力、服务要求和作业要求。

（2）2016年1月19日，农业部办公厅出台《农业电子商务试点方案》，该方案旨在2016年全年对北京、河北、吉林、黑龙江、江苏、湖南、广东、海南、重庆、宁夏等十省（区、市）开展农业电子商务试点。通过试点，逐步探索出农产品、农业生产资料、休闲农业等不同类别农业电子商务的发展路径，为推进农业电子商务快速健康发展提供可推广、可复制的做法和经验。

（3）2016年3月17日，商务部、国家发改委、交通运输部、海关总署、国家邮政局、国家标准委联合出台《全国电子商务物流发展专项规划》，该规划提出，到2020年基本形成"布局完善、结构优化、功能强大、运作高效、服务优质"的电商物流体系。《规划》还提出了五项要求包括加强规划落实和组织实施，营造良好发展环境，加强和完善政策支持，完善信用和监管体系，健全电商物流统计监测制度等。

（4）2016年3月23日，商务部出台《2016年电子商务和信息化工作要点》，从4个方面确定了2016年电子商务和信息化工作的18项重点任务：一是加强规划引领，推进制度建设；二是突出重点领域，加快创新发展；三是健全示范体系，推广典型经验；四是创新方式方法，提高行政效能。

（5）2016年3月24日，财政部、海关总署、国家税务总局联合出台《关于跨境电子商务零售进口税收政策的通知》。通知对跨境电子商务零售（企业对消费者，即B2C）进口税收政策有关事项作出三点规定。第一，明确了跨境电子商务零售进口商品按照货物征收关税和进口环节增值税、消费税，购买跨境电子商务零售进口商品的个人作为纳税义务人，实际交易价格（包括货物零售价格、运费和保险费）作为完税价格，电子商务企业、电子商务交易平台企业或物流企业可作为代收代缴义务人。第二，明确了跨境电子商务零售进口税收政策适用范围。第三，明确了跨境电子商务零售进口商品的单次交易限值、个人年度交易限值以及征税比例、退税规则等问题。由于过渡期较短，导致跨境电子商务零售业务的波动。2017年3月17日，商务部新闻发言人明确推迟到2018年1月1日起采取新的监管模式；现阶段，保持跨境电商零售进口监管模式总体稳定，对跨境电商零售进口商品暂按照个人物品监管①。

（6）2016年4月7日及2016年4月15日，财政部、发展改革委、工业和信息化部、农业部、商务部、海关总署、国家税务总局、质检总局、食品药品监管总局、濒危物种进出口管理办公室（濒管办）、密码局联合出台《跨境电子商务零售进口商品清单》及《跨境电子商务零售进口商品清单（第二批）》。清单结合了跨境贸

---

① 新华社. 跨境电商新监管模式将于2018年1月1日起实施［EB/OL］. (2017-03-17) [2017-07-29].
http://news.xinhuanet.com/fortune/2017-03/17/c_1120649733.htm.

易电子商务服务进口试点情况，根据相关主管部门的意见予以统一规范。根据相关主管部门的意见，该清单内的商品将免于向海关提交许可证件，检验检疫监督管理按照国家相关法律法规的规定执行；直购商品免于验核通关单，网购保税商品"一线"进区时需按货物验核通关单、"二线"出区时免于验核通关单。

（7）2016年5月15日，国家质检总局发布《关于跨境电商零售进口通关单政策的说明》，强调了跨境电商网购保税进口商品的属性为"货物"，检验检疫应依法签发通关单，只有跨境电商直购商品可以免于签发通关单。说明中指出，实际上，需要通关单的产品只占正面清单的36%，同时，为了提高通关效率，质检总局在通关单的管理上会采取一系列便利措施。例如将通关单的签发环节设定在"一线"，避免在"二线"出区时对小包裹逐个签发通关单，缩短通关时间、降低企业成本。三是实施通关单联网核查，检验检疫机构将通关单电子数据直接发送海关，尽最大可能实现通关单无纸化，进一步提高通关效率。

（8）2016年5月20日，国家发展改革委办公厅、商务部办公厅、人民银行办公厅、海关总署办公厅、税务总局办公厅、工商总局办公厅、质检总局办公厅联合出台《关于推动电子商务发展有关工作的通知》，要求各部委切实发挥电子商务对促进经济增长和产业转型升级的作用，带动大众创业和万众创新，加快培育经济发展新动力，国家发展改革委、商务部、人民银行、海关总署、税务总局、工商总局、质检总局将启动第三批电子商务示范城市创建工作，并组织实施国家电子商务示范城市电子商务重大工程。

（9）2016年5月24日，海关总署办公厅出台《关于执行跨境电子商务零售进口新的监管要求有关事宜的通知》，明确了跨境电商"新政"过渡期政策的执行细节。通知明确，从2016年5月24日到2017年5月11日的一年过渡期内，在上海、杭州、宁波、郑州、广州、深圳、重庆、福州和平潭等十个试点城市，继续按照税收新政实施前的监管要求进行监管，即"一线"进区（货物入境）时暂不验核通关单，暂不执行"正面清单"备注中关于化妆品、婴幼儿配方奶粉、医疗器械、特殊食品的首次进口许可证、注册或备案要求。《通知》同时规定，在过渡期内，直购模式同样可暂不执行《跨境电子商务零售进口商品清单》（"正面清单"）备注中有关化妆品、配方奶粉等的首次进口许可证、备案等要求。但新政中关于税率的调整保持不变。

（10）2016年7月11日，商务部办公厅出台《农村电子商务服务规范（试行）和农村电子商务工作指引（试行）的通知》，在指导各地加快发展农村电子商务方面起到了非常巨大的作用。该通知共提出了六方面的具体建议，并对功能、建设和服务等要求进行了系统阐述，便于开展农村电子商务的县级人民政府和相关企业参考。通知所载规范为非强制性要求，授权了各地可结合自身实际情况，进行调整、优化和完善。

（11）2016年7月18日，财政部、商务部、国务院扶贫办联合出台《关于开展2016年电子商务进农村综合示范工作的通知》，要求省级主管部门要高度重视电子商务进农村综合示范工作，在深入总结之前综合示范工作的基础上，进一步完善工作协调机制，突出重点，推动体制机制创新，促进综合示范和农村电子商务工作持续健康加快发展。

（12）2016年8月29日，食品药品监管总局办公厅出台《关于食品跨境电子商务企业有关监管问题的复函》，首先，明确了食品跨境电商企业在线下开设展示（体验）店，但实际不销售食品的，不需要办理食品经营许可证，但该展示（体验）店应当在其营业场所设立提示牌，提醒消费者现场不销售食品。其次，明确了食品跨境电商企业在线下开设展示（体验）店，但实际有销售行为的，需要按照规定办理食品经营许可证，所销售的食品需符合食品安全法律法规、食品安全标准的规定。

（13）2016年9月6日，林业局出台《关于推进全国林业电子商务发展的指导意见》，提出了中国林业电子商务发展的"四大任务"，即搭建全国林业电子商务平台、培育林业电子商务经营主体、加强林业产业大数据应用和完善林业电子商务基础环境。《指导意见》还强调，发展林业电子商务应着重建设"五大体系"，即林业电子商务服务体系、物流配送体系、林产品交易诚信体系、林产品认证和质量追溯体系、林业电子商务标准体系。《指导意见》还提出了大力开展林业电子商务的"五大示范"要求，即林业电子商务应用创新、林业电子商务示范、电子支付创新应用、跨境林业电子商务、林业电子商务扶贫。

（14）2016年9月27日，商务部相继出台《电子商务物流信用评价体系》和《电子商务物流服务信息系统成熟度等级规范》。其中，评价体系旨在推进中国电子商务物流行业信用体系的建设，其实施将有效推动电子商务物流行业在企业信用征集、信用评价、信用信息披露以及守信奖励、失信惩戒等方面形成比较完备的管理机制，对促进中国电子商务物流的发展和改善行业环境具有现实意义。等级规范规定了电子商务物流服务信息系统成熟度的等级规范，但其不适用于评估个体电子商务物流服务供应商的服务水平及信息化水平。

（15）2016年11月9日，商务部、民政部、国土资源部、住房城乡建设部、质检总局联合出台《关于推进电子商务进社区促进居民便利消费的意见》。意见提出，要主动适应居民消费需求的变化，坚持市场为主、政府引导，以服务民生为宗旨，以线上与线下融合、商品与服务融合为导向，大力提升社区商业信息化、标准化、规范化、集约化水平，拓展服务功能，提升服务品质，打造核心竞争力，推动社区商业从销售商品为主向提供居民生活综合服务转变，更好地满足社区居民便利化、个性化消费需求；意见提出了六方面重点任务，即促进便利消费、提升服务品质、提高管理效率、倡导绿色环保、引导有序规范、推进功能融合。为保障主要目标的实现和重点任务的落实；意见还提出了以下主要措施，包括加大政策支持力度、加大用地保障力度、优化商业网点布局、完善标准规范体系等。

（16）2016年11月23日，国务院扶贫开发领导小组办公室、国家发改委、中央网信办、农业部、商务部、工业和信息化部、交通运输部、人力资源社会保障部、财政部、人民银行、银监会、共青团中央、全国妇联、中国残联、供销合作总社、中国邮政联合出台《关于促进电商精准扶贫的指导意见》。该意见要求进一步创新扶贫开发体制机制，将电商扶贫纳入脱贫攻坚总体部署和工作体系，实施电商扶贫工程，推动互联网创新成果与扶贫工作深度融合，带动建档立卡贫困人口增加就业和拓宽增收渠道，加快贫困地区脱贫攻坚进程。

（17）2016 年 12 月 6 日，国家发改委办公厅、中央网信办秘书局、商务部办公厅联合出台《促进电子商务发展部际综合协调工作组工作制度及三年行动实施方案（2016—2018 年）的通知》。通知指出五大主要任务，包括电子商务基础设施建设专项行动、电子商务创新发展专项行动、电子商务促进区域发展专项行动、提升电子商务对外开放水平专项行动、电子商务政策体系建设专项行动。

2.1.3 国家各部门制定的电子商务领域政策法律文件

（1）2016 年 12 月 24 日，商务部、国家网信办、发展改革委联合出台《电子商务"十三五"发展规划》。规划全面总结了"十二五"期间电子商务发展取得的成果，分析了"十三五"期间电子商务发展面临的机遇和挑战，明确了电子商务发展的指导思想、基本原则和发展目标，提出了电子商务发展的五大主要任务、十七项专项行动和六条保障措施。同时，规划以"创新、协调、绿色、开放、共享"的发展理念贯穿全文，树立"发展与规范并举、竞争和协调并行、开放和安全并重"三大原则形成明确的政策导向，首次赋予电子商务服务经济增长和社会发展的双重目标，确立了 2020 年电子商务交易额四十万亿元、网络零售总额十万亿元和相关从业者五千万人三个发展指标。

（2）2015 年 12 月 28 日，中国人民银行出台《非银行支付机构网络支付业务管理办法》，进一步规范了非银行支付机构网络支付业务，解决防范了支付风险，以此来更好保护当事人合法权益。全文分为七章，分别从总则、客户管理、业务管理、风险管理与客户权益保护、监督管理、法律责任和附则等多角度进行了规范化说明。旨在促进支付服务创新和支付市场健康发展，进一步发挥网络支付对互联网金融的基础作用。

（3）2016 年 2 月 1 日，国家知识产权局发布《关于深化电子商务领域专利执法维权协作机制的通知》，进一步明确了国家知识产权局将进一步深化电子商务领域专利执法维权协作调度机制，建立电子商务领域专利执法维权协作调度（浙江）中心，负责有关执法主体与浙江省内电子商务平台间专利保护举报投诉案件的衔接和协作调度。要从以下三方面提出工作要求：一是提高线上案件侵权判定的效率，二是提升线上案件移送与执行中的协作水平，三是做好线上转线下案件的衔接工作。通知还强调，各地方知识产权局和知识产权维权援助中心应明确责任，注重落实，有效发挥全系统法律、技术等专业人才资源和信息资源优势，共同提升电子商务领域专利执法维权协作的效率与水平。

（4）2016 年 4 月 14 日，国务院办公厅出台《推进"互联网+政务服务"开展信息惠民试点实施方案》，该方案以问题导向，创新服务、信息共享，优化流程、条块结合，上下联动、试点先行，加快推广为基本原则，以"一号"申请、"一窗"受理、"一网"通办为工作目标，以"一号"申请，简化优化群众办事流程；"一窗"受理，改革创新政务服务模式；"一网"通办，畅通政务服务方式渠道为主要任务，推进了"互联网+政务服务"，促进部门间信息共享，是深化简政放权、放管结合、优化服务改革的重要内容。

（5）2016 年 4 月 21 日，国务院办公厅出台《关于深入实施"互联网+流通"行动计划的意见》，用以部署推进"互联网+流通"行动，促进流通创新发展和实体商业转型升级相关工作。意见明确了七项工作任务，一是加快流通转型升级；二是推进流通创新发展；三是加强智慧流通基础设施建设；四是鼓励拓展智能消费新领域；五是大力发展绿色流通和消费；六是深入推进农村电子商务；七是积极促进电子商务进社区。同时，意见提出 5 个方面的保障措施，一是加快完善流通保障制度；二是发挥财政资金引导带动作用；三是增强流通领域公共服务支撑能力；四是健全流通法规标准体系；五是营造诚信经营公平竞争环境。

（6）2016 年 4 月 22 日，农业部、发展改革委、国家网信办、科技部、商务部、质检总局、食品药品监管总局、林业局联合出台《"互联网+"现代农业三年行动实施方案》，为有力有序有效推进"互联网+"现代农业行动，加强农业与信息技术融合，提高农业信息化水平，引领驱动农业现代化加快发展。方案提出，到 2018 年，农业在线化、数据化取得明显进展，管理高效化和服务便捷化？基本实现，生产智能化和经营网络化迈上新台阶，城乡"数字鸿沟"进一步缩小，大众创业、万众创新的良好局面基本形成，有力支撑农业现代化水平明显提升。

（7）2016 年 5 月 5 日，国家工商行政管理总局发布《工商总局关于印发 2016 网络市场监督专项行动方案的通知》，决定在全系统开展 2016 网络市场监管专项行动，坚决打击网络市场中出现的各种违法侵权行为，包括治理互联网虚假违法广告，打击网络商标侵权等违法行为等。通知明确了互联网金融专项整治的九项具体措施：针对重点商品领域，强化监测监管；落实网店实名制，规范网络经营主体；加强网络交易商品质量监管；打击网络商标侵权等违法行为；治理互联网虚假违法广告；强化竞争执法，维护公平竞争秩序；集中整治网络交易平台问题；畅通网络维权渠道，打击侵犯消费者权益行；强化信用监管，实施网络违法失信惩戒。

（8）2016 年 5 月 13 日，国务院出台《关于深化制造业与互联网融合发展的指导意见》。意见的主要任务是：打造制造企业互联网"双创"平台；推动互联网企业构建制造业"双创"服务体系；支持制造企业与互联网企业跨界融合；培育制造业与互联网融合新模式；强化融合发展基础支撑；提升融合发展系统解决方案能力；提高工业信息系统安全水平。

（9）2016 年 5 月 18 日，国家发改委、科技部、工业和信息化部、国家网信办联合出台《"互联网+"人工智能三年行动实施方案》。该方案贯彻落实创新、协调、绿色、开放、共享发展理念，以提升国家经济社会智能化水平为主线，着力突破若干人工智能关键核心技术，增强智能硬件供给能力。着力加强产业链协同和产业生态培育，提升公共创新平台服务能力。着力加强人工智能应用创新，引导产业集聚发展，促进人工智能在国民经济社会重点领域的推广。加快发展"互联网+"新模式新业态，培育壮大人工智能产业，为打造大众创业、万众创新和增加公共产品、公共服务"双引擎"提供有力支撑。

（10）2016年6月14日，国家版权局、国家互联网信息办公室、工业和信息化部、公安部联合出台《关于开展打击网络侵权盗版"剑网2016"专项行动的通知》。通知旨在加大网络版权执法力度，提高网络版权保护水平，保障有关权利人的合法权益，维护网络版权正常秩序，营造网络版权良好生态。其以开展打击网络文学侵权盗版专项整治行动；开展打击APP侵权盗版专项整治行动；开展规范网络广告联盟专项整治行动为三大重点任务，严厉打击侵犯知识产权和制售假冒伪劣商品。

（11）2016年6月24日，国务院办公厅出台《关于促进和规范健康医疗大数据应用发展指导意见》。意见指出，要坚持以人为本、创新驱动，规范有序、安全可控，开放融合、共建共享的原则，以保障全体人民健康为出发点，大力推动政府健康医疗信息系统和公众健康医疗数据互联融合、开放共享，积极营造促进健康医疗大数据安全规范、创新应用的发展环境。

（12）2016年6月28日，国家互联网信息办公室出台《移动互联网应用程序信息服务管理规定》。该规定规范了移动互联网应用程序信息服务管理，明确了网民在使用移动互联网信息服务中的合法权益，为构建移动互联网的安全、健康、可持续发展的长效机制提供了制度保障。规定明确，移动互联网应用程序提供者应当严格落实信息安全管理责任，建立健全用户信息安全保护机制，依法保障用户在安装或使用过程中的知情权和选择权，尊重和保护知识产权。另外，规定还要求，移动互联网应用程序提供者和互联网应用商店服务提供者不得利用应用程序从事危害国家安全、扰乱社会秩序、侵犯他人合法权益等法律法规禁止的活动，不得利用应用程序制作、复制、发布、传播法律法规禁止的信息内容。同时，鼓励各级党政机关、企事业单位和各人民团体积极运用应用程序，推进政务公开，提供公共服务，促进经济社会发展。

（13）2016年7月4日，国家工商行政管理总局出台《互联网广告管理暂行办法》，规范了互联网广告活动，保护消费者的合法权益，促进互联网广告业的健康发展，维护公平竞争的市场经济秩序。《暂行办法》还规定了互联网广告程序化购买经营模式中，各方参与主体的义务与责任，互联网广告活动的行为规范，工商、市场监管部门在查处互联网广告违法行为时可以行使的职权，以及实施违法行为的法律责任等内容。

（14）2016年7月27日，中共中央办公厅、国务院办公厅出台《国家信息化发展战略纲要》，强调要围绕"五位一体"总体布局和"四个全面"战略布局，牢固树立创新、协调、绿色、开放、共享的发展理念，贯彻以人民为中心的发展思想，以信息化驱动现代化为主线，以建设网络强国为目标，着力增强国家信息化发展能力，着力提高信息化应用水平，着力优化信息化发展环境，让信息化造福社会、造福人民，为实现中华民族伟大复兴的中国梦奠定坚实基础。

（15）2016 年 7 月 27 日，交通运输部、工信部等七部委联合出台《网络预约出租汽车经营服务管理暂行办法》。《暂行办法》立足城市生态化发展全局，适度调控网约车运营服务标准，化解了网约车急速发展带来的不公平竞争，促进行业进一步规范、协调、有序发展。《暂行办法》共分七章四十条，涵盖总则、网约车平台公司、网约车车辆和驾驶员、网约车经营行为、监督检查、法律责任，以及附则等七方面内容，明确了"网约车运价实行市场调节价，城市人民政府认为有必要实行政府指导价的除外""网约车行驶里程达到 60 万千米时强制报废"，要求司机要"无暴力犯罪记录"等具体要求。《暂行办法》还删除了"网络预约出租汽车不得同时接入两个或两个以上的网络服务平台提供运营服务"等征求意见稿中的要求。

（16）2016 年 7 月 29 日，国家发改委出台《"互联网+"高效物流实施意见》，《意见》提出，构建物流信息互联共享体系；提升仓储配送智能化水平；发展高效便捷物流新模式；营造开放共赢的物流发展环境等四项主要任务。《意见》还提到，完善相关领域市场准入制度，鼓励各类社会资本参与互联网和物流业的深度融合，推动物流业规模化、集约化、网络化发展。探索电商物流企业等级评定和信用分级管理，支持建立以消费者评价为基础，以专业化第三方评估为主体的市场化电商物流信用评级机制。

（17）2016 年 8 月 1 日，交通部出台《网络预约出租汽车运营服务规范》，提出网约车车内设施配置及车辆性能指标应明显高于主流巡游出租汽车。驾驶员不应巡游揽客，不应在机场、火车站等设立统一巡游车调度服务站或实行排队候客的场所揽客。约车人或乘客可通过现金或非现金支付方式进行结算；到达后，主动向乘客提供相应本地出租汽车发票。

（18）2016 年 8 月 2 日，最高人民法院出台《最高人民法院关于人民法院网络司法拍卖若干问题的规定》。该司法解释全文共 38 条，明确了实施网络司法拍卖的主体为人民法院；明确最高人民法院统一建立全国性网络服务提供者名单库，具体个案中由申请执行人选择拍卖平台；明确了网络司法拍卖中人民法院、网络服务提供者、辅助工作承担者各自的职责；明确了一人竞拍有效的原则；通过规则设计努力促成一拍成交，对同一拍卖标的只有无人出价时才再次拍卖；结合网络拍卖的特点，改变了传统的拍卖竞价模式，充分保证竞买人和优先购买权人的权利；确定了悔拍保证金的处置规则；明确网络司法拍卖撤销的情形和责任承担；明确了网络司法拍卖中各主体的相关责任，严禁网络服务提供者违规操作、后台操控的行为。

（19）2016 年 8 月 3 日，中国人民银行出台《条码支付业务规范（征求意见稿）》，要求支付企业要遵循客户实名制的准则，并对支付过程中的条码生成和受理提出了系列操作规范和移动支付技术安全标准。此外，开展条码支付业务所涉及的业务系统、客户端软件、受理终端/机具等，应当持续符合监管部门及行业标准要求，支付机构还应通过协会组织的技术安全检测认证。

（20）2016 年 9 月 9 日，国家新闻出版广电总局出台《关于加强网络视听节目直播服务管理有关问题的通知》。通知要求，开展网络视听节目直播服务的单位应具备相应的技术、人员、管理条件，以及内容审核把关能力，确保播出安全与内容安全，在开展直播活动前应将相关信息报属地省级以上新闻出版广电行政部门备案。通知还对直播节目内容，相关弹幕发布，直播活动中涉及的主持人、嘉宾、直播对象等作出了具体要求，直播节目应坚持健康的格调品味，不得含有国家法律法规规定所禁止的内容，并自觉抵制内容低俗、过度娱乐化、宣扬拜金主义和崇尚奢华等问题。

（21）2016 年 9 月 27 日，国家工商总局出台《网络购买商品七日无理由退货实施办法（征求意见稿）》。该办法提出，商品能够保持原有品质、功能，商品本身、配件、商标标识等齐全的，视为商品完好。消费者基于查验需要而打开商品包装，或者为确认商品的品质、功能而进行合理的调试不影响商品的完好。同时，该办法按照不同商品品类明确了"不完好"的判定标准。为了增强可操作性，还详细规定了七日无理由退货程序，并强化了网络商品销售者和网络交易平台提供者落实七日无理由退货规定的责任。

（22）2016 年 10 月 13 日，国务院办公厅出台《互联网金融风险专项整治工作实施方案》。该方案对规范发展互联网金融是国家加快实施创新驱动发展战略、促进经济结构转型升级的重要举措，对于提高中国金融服务的普惠性，促进大众创业、万众创新具有重要意义。

（23）2016 年 10 月 20 日，国家发展改革委出台《互联网市场准入负面清单（第一批，试行版）》，明确网络借贷信息中介机构不得提供增信服务，不得直接或间接归集资金，不得非法集资，不得损害国家利益和社会公共利益，并列出了十三项网络借贷信息中介机构不得从事或接受委托从事的活动。

（24）2016 年 10 月 25 日，国家发展改革委出台《网络交易价格举报管辖规定（试行）》。该规定的出台，提高了网络交易价格举报办理质量和效率，切实维护消费者和经营者的合法权益。

（25）2016 年 11 月 11 日，国务院办公厅出台《关于推动实体零售创新转型的意见》。该意见从调整商业结构、创新发展方式、促进跨界融合三个方面明确了创新转型的九项主要任务。从优化发展环境、强化政策支持两个方面提出了七类政策措施。对实体零售企业加快结构调整、创新发展方式、实现跨界融合、不断提升商品和服务的供给能力及效率作出部署。

（26）2016 年 12 月 3 日，国务院印发《"十三五"脱贫攻坚规划》，将农村电子商务纳入扶贫开发工作体系，作为精准扶贫的重要载体，引导电商平台企业拓展农村业务，加强农产品网上销售平台建设，提升贫困户运用电子商务创业增收的能力。由国务院扶贫办等 16 家中央单位联合发布《关于促进电商精准扶贫的指导意见》，提出到 2020 年在贫困村建设电商扶贫站点六万个以上，约占全国贫困村 50% 左右；扶持电商扶贫示范网店 4 万家以上；贫困县农村电商年销售额比 2016 年翻两番以上。

（27）2016 年 12 月 15 日，国务院出台《"十三五"国家信息化规划》，确定了打破信息壁垒和"孤岛"，构建统一高效、互联互通、安全可靠的国家数据资源体系，打通各部门信息系统，推动信息跨部门跨层级共享共用，加快高速宽带网络建设，打通入户"最后一公里"，进一步推进提速降费。实施宽带乡村和中西部地区中小城市基础网络完善工程，采取移动蜂窝、光纤、低轨卫星等多种方式，加快农村及偏远地区 4G 网络覆盖、构建网络和信息安全监测预警、应急处置等保障体系，依法加强监管，顺应群众呼声，重点加大网络电信诈骗等违法行为打击力度，让群众安全放心使用网络以及开展 5G 关键技术研发和产业化、北斗系统建设应用、网络扶贫、普惠性在线教育等 12 项优先行动。推动信息技术更好地服务经济升级和民生改善四大重点。

（28）2016 年 12 月 27 日，国家互联网信息办公室出台《国家网络空间安全战略》，明确当前和今后一个时期国家网络空间安全工作的战略任务是坚定捍卫网络空间主权、坚决维护国家安全、保护关键信息基础设施、加强网络文化建设、打击网络恐怖和违法犯罪、完善网络治理体系、夯实网络安全基础、提升网络空间防护能力、强化网络空间国际合作等九个方面。

（29）2017 年 1 月 10 日，中央网络安全和信息化领导小组办公室出台《国家网络安全事件应急预案》，建立健全了国家网络安全事件应急工作机制，提高了应对网络安全事件能力，预防和减少了网络安全事件造成的损失和危害，保护公众利益，维护国家安全、公共安全和社会秩序。

（30）2017 年 2 月 4 日，中央网络安全和信息化领导小组办公室出台《网络产品和服务安全审查办法（试行）》，基于网络产品和服务的安全性、可控性直接影响用户利益、关系国家安全。该办法意在提高网络产品和服务安全可控水平，防范供应链安全风险，维护国家安全和公共利益。

（31）2017 年 4 月 7 日，国家新闻出版广电总局出台《互联网视听节目服务业务分类目录（试行）》，调整后的《互联网视听节目服务业务分类目录（试行）》最大的变化体现在对"专网及定向传播视听节目服务"的界定在调整后的分类目录中，IPTV、互联网电视等已被明确定义为"专网及定向传播视听节目服务"，而非公共互联网服务。该分类目录将互联网视听节目服务业务分为四类，并对每一类业务的界定作出详细阐释。

（32）2017 年 6 月 1 日，国家互联网信息办公室出台《互联网新闻信息服务管理规定》，意在规范互联网新闻信息服务，满足公众对互联网新闻信息的需求，维护国家安全和公共利益，保护互联网新闻信息服务单位的合法权益，促进互联网新闻信息服务健康、有序发展。

（33）2017 年 6 月 1 日，国家互联网信息办公室出台《互联网信息内容管理行政执法程序规定》，意在规范和保障互联网信息内容管理部门依法行使职权，正确实施行政处罚，促进互联网信息服务健康有序发展，保护公民、法人和其他组织的合法权益，维护国家安全和公共利益。

2.1.4 各地政府制定的跨境电商综合试验区政策法律文件

2016年，各地政府继续加大对跨境电子商务的推动力度。各级政府在资金、土地、市场准入、人才、金融、配套服务等方面提出了具体的政策措施，积极推进跨境电子商务创新、实施跨境电子商务示范工程，把推动跨境电子商务大力发展作为促进经济转型升级的新举措。

（1）2016年4月12日，安徽省人民政府办公厅出台《关于印发〈中国（合肥）跨境电子商务综合试验区建设实施方案〉的通知》，明确目标将在2016年引进培育5家以上跨境电子商务龙头企业，实现进出口额5亿美元以上；到2017年，引进培育20家以上跨境电子商务龙头企业，实现进出口额达20亿美元以上；到2020年，全市聚集跨境电子商务企业1000家以上，线下园区10个以上，实现进出口额100亿美元以上。

（2）2016年5月11日，广东省人民政府出台《关于印发〈中国（广州）、中国（深圳）跨境电子商务综合试验区实施方案〉的通知》，方案明确了广州综试区打造成为跨境电子商务创新发展先行区、外贸优化升级加速器，建设成为全国跨境电子商务中心城市和发展高地。

（3）2016年6月1日，上海市人民政府办公厅出台《关于印发〈中国（上海）跨境电子商务综合试验区实施方案〉的通知》，明确了五大目标，即建设跨境电商公共服务平台，提升服务能级；推进跨境电商园区建设，促进线下线上协同发展；集聚跨境电商企业主体，培育完整产业链；完善跨境电商监管制度，促进多种模式协同发展；加强开放合作，探索形成国际通用规则。

（4）2016年7月29日，北京市商务委员会和财政部联合出台《关于2016年度支持北京地区跨境电子商务发展的通知》，旨在发挥首都区位资源优势，引导北京跨境电子商务加快发展，推进对外贸易转方式、调结构，对北京地区跨境电子商务建设项目进行扶持的政策。

（5）2017年2月5日，重庆市人民政府办公厅出台《关于印发〈中国（重庆）跨境电子商务综合试验区实施方案〉的通知》，进一步明确到2017年形成适应跨境电子商务发展的体制机制和综合保障体系，形成具有内陆特色的跨境电子商务产业体系，实现跨境电子商务总额100亿美元。

（6）2017年2月5日，四川省人民政府出台《关于印发〈中国（成都）跨境电子商务综合试验区实施方案〉的通知》，要求按照"一窗二区三体系""线上线下联动、多维一体支撑"的思路，探索实践跨境电子商务发展新举措。

（7）2017年2月5日，辽宁省人民政府出台《关于印发〈中国（大连）跨境电子商务综合试验区实施方案〉的通知》，明确到2020年把中国（大连）跨境电子商务综合试验区（以下简称综合试验区）建设成为东北跨境电子商务发展的先行区、外贸转型发展的引领区、老工业基地振兴的示范区和东北亚跨境商品的集散区。

（8）2017年2月5日，山东省人民政府出台《关于印发〈中国（青岛）跨境电子商务综合试验区建设实施方案〉的通知》，明确目标将突出青岛口岸优势，创新借鉴杭州经验，建设"两大平台、六个体系"；突出青岛本土特色，构建五大发展机制，推进"四合一"发展模式。

2.2 电子商务法律实践的展开

2.2.1 重点打击互联网侵权假冒、刷单等行为

2016—2017年国家工商总局连续两年开展打击侵犯知识产权和制售假冒伪劣商品工作，加大互联网领域侵权假冒治理力度，重点打击侵权假冒、刷单炒信、虚假宣传等违法行为。

2016年，北京市强化网络交易商品的质量监管工作，组织对京东、天猫、亚马逊等16家网络交易平台上销售的服装、小家电、玩具、纸制品等9个类别商品进行了抽检，共计抽检商品665组。上海市对网络市场主体的所有监督检查通过随机抽取检查对象、随机选派执法检查人员的方式进行，减少对市场主体正常经营活动的干扰。抽查检查结果信息通过国家企业信用信息公示系统向社会公示。

2016年国家工商部门严厉打击网上滥用、冒用、伪造涉农产品地理标志证明商标行为。山西、宁夏、黑龙江等地分别开展了对"汾酒""中宁枸杞""五常大米"等品牌线上线下集中整治行动，立案调查相关违法案件237件。

2017年7月，深圳龙岗公安分局联合深圳市市场稽查局破获一起网络销售假药案，抓获犯罪嫌疑人2名，缴获名称为"CROWN3000""K哥""黄秋葵牡蛎合效浓缩胶囊"以及"牡蛎蛹虫草庄片糖果"等假壮阳药1500余盒。

2017年7月，成都市公安局龙泉驿区分局抓获宋某等人利用微信平台在网络上贩卖假烟，现场查获中华、南京、黄鹤楼等23种假冒注册商标的卷烟共计2000余条，市场价值70余万元。

2017年7月，全国首例电商平台起诉售假网店案件公开宣判，被告姚某售假店铺被判向淘宝网赔偿12万元。这一公开宣判被认为具有示范意义，意味着中国网络打假又向前跨越一大步。

阿里巴巴组建了专业队伍追踪刷单团伙的线下行踪。仅2016年，即配合执法部门连续查处了"整点抢""牛刷刷""领啦网""蓝天碧水""蓝天网"等大型炒信平台。

2016年8月29日，上海市工商行政管理局发布2016年第2号处理《虚假违法广告公告》对上海某健康科技有限公司在企业自有网站宣传某能量仪（家用电器类）具有显著疗效，构成虚假广告，最终被依法处罚款20万元。上海某贸易有限公司在网络商品交易平台宣传该卫浴产品，当事人在无事实依据的情况下，虚构宣传"超过80%的五星级酒店选择某卫浴产品"，构成虚假广告，被依法处广告费用三倍，即5万元的罚款。2016年9月1日，国家工商总局委托浙江省工商局建立的

互联网广告监测中心开始试运行。

2016 年 11 月，湖南省某法院判决了一起网络购物合同纠纷案，张女士于 2015 年 11 月先后两次在某电子商务平台中某公司开设的"旗舰店"购买了共计 3000 余元的商品，该商品的网页内容有"天然蚕丝，柔软贴肤，透气性极佳"等宣传字样。2016 年 1 月 27 日，经宁波出入境检验检疫局技术中心检测，该款商品为"100%再生纤维素纤维"。法院认定该公司的行为构成欺诈，支持了张女士退一赔三的诉讼请求。

2.2.2　探索网上争议解决新模式

2017 年 6 月，中央全面深化改革领导小组第三十六次会议审议通过了《关于设立杭州互联网法院的方案》。这是司法主动适应互联网发展大趋势的一项重大制度创新。近年来，杭州电商平台自身年处理纠纷数以百万计，各基层法院受理电子商务案件数也呈现快速增长态势，而且逐年增加。

为了适应互联网和电子商务的发展，推进多元化争议解决机制，杭州法院早在 2011 年就开始积极探索新型网络空间治理模式。2015 年 4 月，浙江省高级人民法院确定由西湖、滨江、余杭三家基层法院和杭州市中级人民法院作为电子商务网上法庭试点法院，当年 8 月浙江法院电子商务网上法庭正式上线，专门审理涉网纠纷案件①。原告仅需上网在电子商务网上法庭界面点击"我要起诉"，注册登录并完成缴费后，电子商务平台会自动提取当事人的身份信息、网上交易过程及单据，并利用第三方技术平台，对全面数据进行固定。文书的送达和开庭也是通过网上完成。

2017 年 4 月，最高法院批复同意由杭州铁路法院集中管辖杭州地区 5 类涉网案件，截至 6 月 20 日，该法院共收到涉网案件申请 1896 件，正式立案 1446 件。导诉、立案、收发材料、证据扫描一站式完成；点击辅助诉讼"小程序"，当事人足不出户就能完成诉讼；智能诉状生成系统，有力地帮助当事人完成起诉状书写。

除电子商务网上法庭外，为了提高电子商务纠纷案件办案效率推行微信庭审，即法官创建微信办案群，邀请各方原被告及相关诉讼参与人进入该群，法官借助微信群，以聊天方式进行审判的模式。微信庭审模式作为"互联网+审判"影响下庭审模式创新的一次尝试。

随着电子商务的发展，"网上仲裁"的概念应运而生。只要电子交易、电子合同在经过双方当事人合意后或符合法律规定的前提下，便可以利用网上仲裁解决交易过程中的合同纠纷。2017 年 7 月 29 日，全国第一个大数据仲裁中心——大数据（深圳）仲裁中心正式揭牌成立。深圳仲裁委员会在全国率先启动"云上仲裁"，成功打造中国首个集电子证据固化、在线公证保全和网络裁判为一体的智慧平台，为互联网交易各方提供安全便捷、公正高效的一站式权威数据证明及争议解决方案，打造了全国在线法律服务创新实践样本。

---

① 孟焕良. 浙江法院"互联网+审判电子商务网上法庭正式启动"[J]. 杭州：今日科技. 2015 (5), 22.

2015年9月，广州仲裁委员会牵头发起的中国互联网仲裁联盟在广州成立。2016年10月，中国互联网仲裁联盟云平台正式上线。该平台为联盟成员提供独立管理后台，设置个性化配置功能，实现自主管理。仲裁机构可以根据自己的实际需求，设置人员架构、审批流程、权限配置。除了实现所有案件全程线上处理外，云平台还拥有强大的统计分析功能：同类案件统计查询和推送、立案结案的数量统计、案件延期监控、收退费情况提醒、组庭开庭情况查询等。当事人、代理人也可通过云平台，随时随地了解案件资讯、进行案件管理。

2.2.3 电子签名的应用取得突破性进展

为了规范P2P行业的发展，2016年8月，中国银监会、工信部、公安部、国家互联网信息办公室联合颁布了《网络借贷信息中介机构业务活动管理暂行办法》。该办法第22条规定："各方参与网络借贷信息中介机构业务活动，需要对出借人与借款人的基本信息和交易信息等使用电子签名、电子认证时，应当遵守法律法规的规定，保障数据的真实性、完整性及电子签名、电子认证的法律效力。"[①] 这从操作层面上确认了电子签名应用于网贷合同签署中的合法地位。

电子签名的应用正成长为P2P行业发展全新的增长点，对整个商业领域都产生了不容忽视的影响。

深圳法大大网络科技有限公司电子合同已被阿里巴巴、微软（中国）、携程、众安保险、美团网等众多知名平台所采用，并正在为金融、保险、第三方支付、旅游、房地产、人力资源管理等行业及领域的1500万用户提供多元化的电子合同服务。截至2017年7月，其平台每天平均产生80万份电子合同，累计签署电子合同破亿。

上海市数字证书认证中心有限公司运营的"大家签"电子签名服务平台，应用领域涵盖G2B、G2C、电子商务、网络借贷等。截至2017年2月底，终端用户激增至200万，平均一天签署电子合同近6万份，用户量和日签署量均呈现大幅增长的良好势头。

2017年6月，上海市互联网金融行业协会发布了《上海市网络借贷电子合同存证业务指引》，这是全国首个针对网络借贷电子合同存证业务的指引性文件，其对电子合同存证保证了数据的准确性和公平性，符合网贷平台监管中关于投资人保护、信息披露等核心原则。该《指引》共五章二十五条，业务规范部分明确了在网络借贷电子合同存证业务中存证人进行存证的内容需要包含的主要原始信息，存证人提供的出证报告需要包含的主要内容，存证合同需要包含的主要内容，还包含委托人开展网络借贷电子合同存证业务中的其他要求。

---

① 中国银监会，工信部，公安部，国家互联网信息办公室. 网络借贷信息中介机构业务活动管理暂行办法
[EB/OL]（2016-08-24）[2017-03-19].
http://www.cbrc.gov.cn/govView_37D312933F1A4CECBC18F9A96293F450.html.

2.2.4 共享单车混乱问题得到初步整治

网络大数据环境下共享技术兴起，共享单车应运而生。绿色、节能、健康的共享单车出行模式解决了"最后一公里"的用户痛点，也提高了社会公众服务的质量，受到社会普遍欢迎。然而在这种新型的电子商务模式下，用户与单车提供者的租赁法律关系、骑行共享单车的责任承担问题以及私人占有共享单车的法律问题都亟待解决与认定。

2017 年 1 月，北京的冯先生在租用 ofo 共享单车时，遇到刹车失灵造成失控摔伤。冯先生因此将 ofo 运营方北京拜克洛克科技有限公司诉至北京市朝阳区法院，索赔医疗费。2017 年 5 月，经过调解双方达成和解。在共享单车的运作模式中，用户在使用前缴纳一定的押金，公司对共享单车享有所有权和支配权，用户则作为承租方通过支付租金进行使用，二者之间是法律上的租赁关系。为减少纠纷，目前共享单车运营平台大都为骑行者购买了保险，并明确规定 12 岁以下小孩禁止使用共享单车。

在另一方面，在共享单车使用过程中也会出现用户私自换锁或涂改、更换二维码等现象。对于此类行为在法律上可以定义为"欺诈"。同时，也存在对共享单车的恶意破坏的情况。对于此类行为的防范、如何保护用户和单车公司的合法权益等问题也是亟待解决的问题。

为解决共享单车运营存在的诸多问题，深圳市交委于 2017 年 4 月 6 日正式发布《关于鼓励规范互联网自行车发展的若干意见》，明确要求共享单车投放规模要与全市或者区域设施承载能力、市民出行需求以及企业线上线下管理水平相适应。同时，对单车投放数量进行管控。该意见要求相关企业，建立用户行为规范和信用评价管理制度，通过对用户不良行为采取扣减信用积分、提高车辆使用的收费标准等措施，引导用户形成良好的骑行、停放习惯，并明确要求租用互联网自行车的市民，应当遵守《中华人民共和国道路交通安全法》等相关法律法规，对违反自行车道路交通通行有关规定或违规停放自行车的行为，公安交警部门、城管部门依法进行处罚，并将其违法违规信息计入个人征信体系。

2017 年 4 月 18 日，深圳宝岗派出所破获一起恶意破坏共享单车案件。ofo 运维工作人员发现一名中年女子骑着改装后的小黄车，运维人员随即到派出所报警。涉事女子对改装车辆的事实供认不讳，最后警方以盗窃罪，对其处以 5 日行政拘留处罚。4 月 22 日，宝安区共享单车运维工作人员发现一中年男子将路边摆放整齐的共享单车集中摔砸、丢弃，工作人员随即拍照取证、报案。警方经调查后，确定该男子违反《治安管理处罚法》第四十九条，以损毁公共财物罪对该男子处以行政拘留 5 日的处罚。

2017 年 7 月，南昌市城管委发布了《促进共享单车规范停放的管理规定》①。

---

① 江西省人民政府网. 南昌发布《关于促进共享单车规范停放的管理规定》[EB/OL] (2017-07-28)
[2017-08-19]. http://www.jiangxi.gov.cn/xzx/jxyw/sxyw/201707/t20170728_1355926.html.

《规定》要求，督促共享单车运营企业履行停车管理义务，加强非机动车停放秩序的监管。对巡查发现、数字化采集和市民举报的共享单车乱停放及其他违法行为，由数字城管监督指挥中心通知共享单车运营企业在规定时间内自行整改，逾期不整改的由城管执法机关予以拖离。

2.2.5 营造消费者网上权益保护的良好氛围

2016—2017年，各地工商机关按照简政放权、放管结合、优化服务改革的部署，以商事制度改革为突破口，围绕百姓消费升级趋势和消费诉求热点，创新监管方式，强化事中事后监管，规范企业生产经营行为，维护公平竞争，优化消费环境。

（1）强化流通领域商品质量监管。指导各地突出监管重点，全面开展线上线下商品质量抽查检验。强化抽检结果的运用，依法查办销售假冒伪劣和不合格商品违法案件。针对质量问题突出的情形，集中执法力量开展专项整治。

（2）重点推进网络交易商品质量抽检。工商总局组织北京、内蒙古、上海、浙江、重庆等地对在淘宝、天猫、易迅网、京东商城等国内市场主要电商平台上交易的商品进行质量专项抽检，针对抽检情况专门约谈十大电商平台，指出问题并提出整改要求。

（3）积极推进互联网领域消费者权益保护工作。组织召开了全国工商和市场监管部门互联网领域消费者权益保护工作现场会，制定下发《工商总局关于加强互联网领域消费者权益保护工作的意见》，部署各地用3年左右时间，开展网络消费维权重点领域监管执法，有效遏制互联网领域侵权假冒行为。

（4）明确将儿童用品列入流通领域商品质量监管重点。从2015年6月至2016年5月，全国工商和市场监管部门在儿童用品质量监管工作中，共检查经营主体46.7万户次，查处违法案件5579件，案值1004万元。

（5）开展网络交易监管执法。2016年国家工商总局印发《2016网络市场监管专项行动方案》，要求各地按照线上线下一体化监管原则，重拳整治网络市场乱象。据统计，专项行动期间各地网上检查网站、网店191.8万个次，实地检查网站、网店经营者26.7万个次，删除违法商品信息66 918条，责令整改网站19 455个次，提请关闭网站3183个次，责令停止平台服务的网店23 896个次，查处违法案件13 391件，其中，移送公安机关198件。

2.2.6 全面维护电子商务的网络安全

随着互联网使用率的急速攀升和电子商务的爆炸性成长，电子商务的网络安全问题越来越突出。目前中国网络安全产业发展势头强劲，攻防技能不断加强，网络安全形势整体向好。但依然有网络安全保障体系不完善、网络安全关键技术不强等问题。这就需要加快网络安全体系建设，特别是要加强网络安全核心技术的研发，全面增强网络安全防御能力。

2016年12月27日，经中央网络安全和信息化领导小组批准，国家网信办正式发布《国家网络空间安全战略》，强调继续扩大对外开放，立足于开放维护网络安全。2017年6月1日，《中华人民共和国网络安全法》正式施行，这是中国第一部全面规范网络空间安全秩序的基础性法律，它的出现将使得网络安全行业在合规性和强制性方面有重大突破。

就电子商务的网络安全而言，2016—2017年各部门重点落实了以下工作：

（1）网络安全威胁监测预警、态势感知、攻击防御与技术处置。要求大型电子商务网站具备网络攻击监测、漏洞发现、威胁情报收集等能力，实现政企联动、及早预警、态势感知、攻击溯源和精确应对，有效防范了"勒索"等病毒的危害，降低系统安全风险、净化公共互联网网络环境。

（2）数据安全和用户信息保护。电子商务网站加强了交易数据和用户信息的防泄漏、防篡改，在数据收集、处理、共享和合作等环节加强了安全保护。

（3）新业务及融合领域网络安全。加强了面向公共云服务、物联网、车联网、工业互联网、智慧城市、智能家居、互联网支付等电子商务新型领域典型应用场景的安全防护，对各种应用场景提供特定、可行、有效的安全保护手段。

（4）网络安全创新应用。大型电子商务网站应用云计算、大数据、人工智能、区块链、机器学习以及安全可靠的密码算法（如SM系列算法）等技术，明显提升了网络安全防护、威胁预警、事件处置的效果，提高网络安全技术保障水平。

（5）网络与信息安全应急基础平台。为了保证电子商务网络运行安全，部分地区根据《网络安全法》的要求，组建了网络与信息安全应急基础平台，针对城域互联网交互节点、区政务外网出入口、重要信息系统互联网出入口等重要网络节点。平台将作全天候、全方位监测，在不影响正常连接、不读取通信数据的前提下，持续捕捉病毒、恶意代码、异常行为等威胁。尝试打造一个由政府、第三方机构、安全企业等多方参与、共建共治的网络安全生态。

上述工作的开展，有效提高了电子商务交易的安全性。苏宁金融全面推行风险管理的"三道防线"，基于丰富的大数据积累及反欺诈模型，7×24小时全天候对盗刷等可疑行为进行实时监控、及时预警、有效核查及快速处理，全方位保护客户资金和交易安全。据不完全统计，仅2016年，苏宁金融共核实可疑交易5万多笔，协助警方打掉24个犯罪团伙，抓获犯罪嫌疑人100余人。蚂蚁金服的智能风控大脑，可以7×24小时对每一笔交易进行风险识别，识别速度只需人眨眼时间的1/10，支付宝的资损率已长期小于百万分之一，而运用"人脸+眼纹"等生物识别技术后用户身份识别率则达到99.99%，超过人眼的97%。

2016年4月，越权登录公司数据库系统，非法获取京东商城客户个人信息9313条后出售给电话诈骗犯罪分子的3名京东商城员工被北京市大兴区人民法院以非法获取公民个人信息罪判处有期徒刑1年6个月至1年。

中国的电子商务网络安全正在从"单维治理"升级为"生态联动"。涉及电子商务各类企业、科研部门、执法部门等不同主体间的全面合作，有效提高了电子商务企业、互联网金融机构、交易商户的安全防范能力。

第 3 章

中国产业互联网发展新动向

产业互联网泛指以生产者为用户，以生产活动为应用场景的互联网应用，主要体现在互联网对各产业的生产、交易、融资、流通等各个环节的改造。近几年来，中国的产业互联网逐步兴起。本报告介绍了产业互联网的发展现状，探讨了其发展模式、特点，分析存在的问题，并展望了发展的趋势。

3.1 中国产业互联网的发展现状

产业互联网的快速发展，有效提升了中国产业在全球价值链中的地位。2016年，中国产业互联网延续了持续增长的强势特征。

3.1.1 各省市积极落实"互联网+"行动计划

2016 年，为贯彻落实《国务院关于积极推进"互联网+"行动的指导意见》精神，促进互联网与经济社会各领域深度融合，各省市结合自己的实际情况，纷纷提出加快推进"互联网+"行动实施细则，推动技术进步、效率提升和组织变革，提升实体经济创新力和生产力，形成更广泛的以互联网为基础设施和创新要素的经济社会发展新形态。

山东省发布《山东省人民政府关于贯彻国发〔2016〕28 号文件深化制造业与互联网融合发展的实施意见》，明确提出，山东将开展制造业与互联网融合发展试点示范行动、智能制造培育行动、企业两化融合管理体系标准普及行动、核心技术研发和产业化行动等专项行动，深化制造业与互联网融合发展，加快新旧动能转换，实现由山东制造向山东创造转变、由制造大省向制造强省跨越。

浙江省嘉兴市制定了深化制造业与互联网融合发展的具体目标：到 2019 年底，实现全市"两化"深度融合发展指数达到 85 以上；实现规模以上企业工业增加值率达到 20%，全员劳动生产率年均增长 8%，新产品产值率达到 40%；重点制造业企业机联网率达到 40%、装备数控化率达到 60%；实现培育制造业与互联网融合"双创"平台 17 个，培育市级以上协同制造、服务型制造、个性化定制等新模式企业 100 家；实现制造业企业"上云"用户达到 10 000 家。为此，嘉兴市将坚持分行业推进，围绕机电装备、智能家居、五金机械（标准件）、时尚产业（箱包、纺织服装）、经编、汽配、化工等重点行业，选择一批行业开展先行试点，积极培育新模式，分批次有效推动。

2017 年 7 月，湖南省与中国电信集团公司签署推进"互联网+"战略合作协议。根据协议，未来 3 年，中国电信计划在湘投入 260 亿元，用于信息基础设施建设以及"互联网+政务""互联网+民生服务""互联网+工业制造"等领域项目建设。双方将全面深入推进"互联网+"在湘落地，实现强强联合、合作共赢。一是全面提升湖南省信息基础设施支撑能力，构建全省高速泛在的智能网络，继续加快光网建设，打造中部一流的云及大数据平台能力，打造三网融合产业链；二是深化推进"互联网+"行动计划，全面推进"互联网+政务"，积极实施"互联网+民生服务"，大力发展"互联网+工业制造"；三是共同推进"互联网+"战略深化落地。

3.1.2 B2B 电子商务总体规模持续扩大

2016 年，中国全社会电子商务交易规模达到 26.1 万亿元，其中 B2B 电子商务交易额达到 20 万亿元，在整个电子商务交易额的比例占到 76.6%。

2016 年，中央企业电子商务发展迅速。据国务院国资委统计，其监管的 101 家中央企业中，有 71 家企业电子商务取得规模化发展，占中央企业总数的 70%，形成了国网商城、中粮我买网、欧冶云商等一批具有代表性和市场影响力的电商平台。2016 年，央企电子商务交易总规模比 2015 年增长了近两倍，注册用户总数比 2015 年增长 45%[①]。

2016 年，上海市 B2B 电子商务延续了持续增长的强势特征，交易额达到 14 445.6 亿元，同比增长 17.3%，在整个交易额中占比达到 72%。其中，钢铁交易占比达 47%，石油化工类交易占比达 31.7%，有色金属类交易占比达 13.7%，汽车交易占比达 1.37%（参见图 3-1）[②]。这种状况意味上海几大优势制造行业已跨入电子商务时代，钢铁、石化、有色金属、成套设备等交易市场已实现了转型升级。同时，大宗商品电子商务交易持续向汽车、农产品、医药等新领域拓展。

3.1.3 中小企业 B2B 平台服务营收规模稳步增长

2016 年，中国中小企业 B2B 平台服务营收规模稳步增长，达到 236 亿元，同比增长 17.1%（参见图 3-2）[③]，规模以上 B2B 的交易平台营收规模为 294 亿元。

在 2016 年中国中小企业 B2B 电子商务运营商平台营收市场份额中，9 家核心企业占比为 72.9%（参见图 3-3）。其中：

① 中国新闻网. 中国央企打造电商平台，去年交易规模超 1.4 万亿元 ［EB/OL］.（2017-07-26）［2017-08-18］. http://www.chinanews.com/cj/2017/07-26/8287935.shtml.

② 上海市商务委员会. 2016 上海市电子商务报告 ［M］. 北京：中国商务出版社，2017.

③ 艾瑞咨询. 2016 年度数据发布集合报告 ［EB/OL］.（2017-01-19）［2017-02-18］. http://www.iresearch.com.cn/report/2889.html.

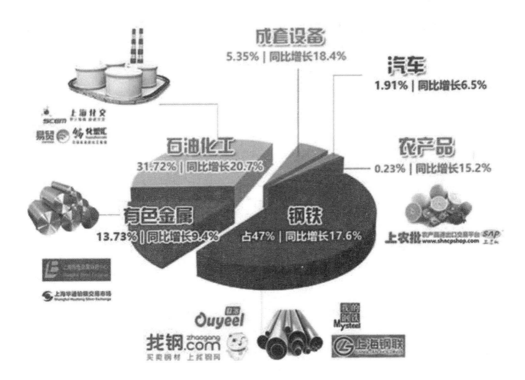

图 3-1　2016 年上海市大宗商品电子商务交易向各个领域扩展情况

资料来源：上海市商务委员会.

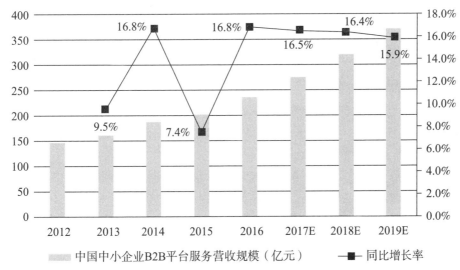

图 3-2　2012—2016 年中国中小企业 B2B 平台服务营收规模

资料来源：艾瑞咨询.

（1）阿里巴巴占 B2B 电子商务运营商平台营收的比例为 47.5%，稳居首位，继续领跑中小企业 B2B 电子商务市场；

（2）环球资源和金泉网位列第二、第三，平台占比分别为 5.6%、5.1%，市场份额均有所提高；

（3）敦煌网和慧聪网分别为第四、第五，占比为 4.8% 和 4.6%，敦煌网和慧聪网 2016 年均有业务调整，政策落地到变现仍需一段时间；

（4）其他 B2B 电子商务运营商表现相对平稳，市场份额变化较小（参见图 3-2）。

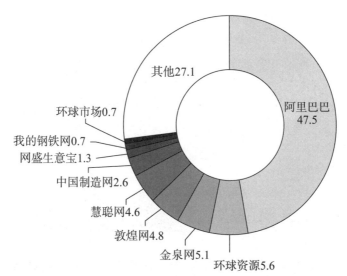

图 3-3　2016 年中小企业 B2B 电子商务平台运营商市场份额（%）

资料来源：艾瑞咨询.

3.1.4　产业互联网辐射作用日益增强

以云计算、大数据、物联网、人工智能为代表的新一代信息技术加速孕育、蓬勃兴起，互联网成为创新驱动发展的先导力量，占据了国际竞争的主动权。2013—2016 年，中国互联网行业保持高速增长态势。规模以上互联网接入及相关服务、互联网信息服务、软件和信息技术服务、其他互联网服务企业营业收入分别年均增长 21.5%、32.4%、17.5% 和 28.0%。

在电子商务的带动下，快递业、包装服务业等行业快速成长。2013—2016 年，全国邮政业务收入和快递业务收入年均增长分别为 28.4% 和 39.3%，2016 年新增快递业务收入已经占到全国邮政新增业务收入的 89.9%，规模以上包装服务业企业营业收入年均增长 22.0%。

高技术服务业创新水平不断提升。2013—2016 年，规模以上高技术服务业企业营业收入年均增长 13.5%，对实体经济的支撑面进一步扩大。无线传输技术更趋成熟，网络电视、移动电视迅速普及；北斗导航、风云系统应用领域逐步拓展，对生产生活影响深化；专业化设计、规划管理能力明显提升；专利保护意识显著增强，知识产权服务业飞速发展。2013—2016 年，规模以上卫星传输服务、无线广播电视

传输服务、专业化设计服务、规划管理服务和知识产权服务企业营业收入分别增长
7.3%、12.5%、13.5%、15.7%和20.1%。2016年，全国授予专利权175万件，其
中发明专利40.4万件，分别比2012年增长39.8%和86.1%。

3.2 产业互联网的发展模式

3.2.1 集合采购模式

集合采购模式是集合下游企业采购需求，抱团向上游供应企业发起采购的交易
模式。目前，主要有商贸集采B2P2B、工厂集采F2P2F等方式，这些采购信息都会
聚合线上，集采资金大都通过线下，信息撮合交易是集合采购的主要形态。中摩联
是典型的线上撮合、线下支付的交易模式。

集合采购的主要有三个特征：

（1）平台主导，智能匹配。产业互联网平台是集合采购的发起者和组织者，买
卖双方是集合采购的参与者和受益者。平台通过商业模式、交易规则、链供贷款、
质量控制、物流统筹、联盟协议等利益驱动机制和公平运行制度，聚合买卖双方，
形成供需集聚市场。实现集采的基本条件是同网、同品、同期，在传统采购方式中
很难实现"三同"，而在互联网背景下，同类产业的海量采购信息，则比较容易实
现"三同"。当买方通过IERP软件的标准制式将需求信息上传网络之后，软件智能
集合并统计相同的SKU产品信息，按照统计采购数量发出公开招标信息，卖方根据
采购数量、合同工期公开报价，平台软件智能过滤生产能力、信用评价不达标和供
需产品不匹配的卖方企业，并将卖方企业报价送买方企业选择。

（2）节约成本，防治腐败。采购成本较高、采购腐败严重是当前企业面临的普
遍问题。根据目前集合采购平台的经验，可以为买方企业节省5%～15%的产品价格
成本和1%左右的采购运营成本，建筑材料采用集采模式，可以降低10%以上的成
本，机械配件可以降低6%以上的成本，医药原料可以降低12%以上的成本，中国
电信义乌集中采购中心采购的商品，价格降低30%～40%。而且由于信息公开透明，
较好的制约了采购人员"吃回扣"的现象。"吃回扣"现象腐败在企业采购中相当突
出，绝大多数采购人员都是老板的亲信，面对"吃回扣"多数老板选择保持沉默。某
知名公司的一位采购经理，三年时间通过"吃回扣"获得赃款超过2亿美金。

（3）市场驱动，调减产能。集合采购是一种优胜劣汰的模式，其结果必然导致
行业的采购业务向优秀的卖方企业集中，价格优、质量好、信誉好的企业将在竞争
中胜出，否则将被淘汰。集合采购实际上是供给侧结构性改革的市场化运作模式，
一些产能较大而业务量小的企业将会逐步退出市场，而一些质量较好、能力较强的
企业将会越来越多。

3.2.2 扁平销售模式

扁平销售模式是生产工厂（品牌）与消费用户直接发生买卖的交易模式。主要

有 C2F 和 F2C 两种方式；C2F 是消费用户直接向生产工厂（品牌）发起个性定制需求的交易；F2C 是工厂（品牌）产品直接卖给消费用户的交易情形。段记西服是最典型的 C2F 模式。

扁平销售模式有两个重要特征，即产品直销可以减少流通环节，个性定制可以扩大细分市场。传统销售链存在多级批发问题，每增加一个经销环节，就会增加运输、装卸、仓储房租、管理人员等成本。据调查，多数产业每增加一个经销环节就会增加 20% 以上的流通成本。而产品直销模式，使得中间流通成本减少，产品价格必然较低，市场竞争优势也就明显。传统销售模式还存在市场反应迟缓问题，消费用户和生产工厂不能直销链接，造成消费者的个性化需求不能得到满足，消费者被迫被动选择工厂批量生产的产品，多数消费者只能买到相对满意的产品，而不能买到非常满意的产品，工厂失去了个性定制细分市场。

3.2.3　企业链管理模式

企业链管理模式就是以企业自身为核心，链接具有交易关联的上游和下游，并形成产业链系统内部管理的一种方式。企业链管理模式一般是大型企业管理内部供应链体系的局域联网模式。这种模式的主要功能是进行供应链内部的配套采购、物流配送、质量管控、库存管理、支付结算、融资贷款、信息沟通等。长安汽车等大型企业是这类模式的典型代表。

企业链管理水平取决于企业内部的管理水平和上游下游的整合程度。目前，企业链管理最先进的工具就是 ERP 系统，ERP 包含了企业的进、销、存和人、财、物等管理要素，ERP 系统将信息技术与管理思想集于一身，可以从多个方面提高企业的管理效率和降低企业的运行成本。但是，ERP 系统有两个致命的弱点。首先，系统开发较贵。价格昂贵导致 ERP 系统成为大型公司的"专利"，无法普及到绝大多数中小企业。其次，不能实现供应链管理。ERP 系统是个独立的信息管理系统，主要功能是企业内部资源的管理，无法实现与上游企业和下游企业的无缝衔接，产业链的整体效益很难发挥。为了解决这个问题，产业互联 CIP 模式提出了 IERP 的概念。IERP 系统是指产业互联环境中的 ERP，是基于 Internet 的 ERP 系统，是在 ERP 系统基础上的创新和升级。IERP 系统具有以下特点。

（1）全链无缝链接。在产业互联 CIP 背景下，无论是纵向交易还是横向交易，整个产业都使用同一套 IERP 系统，其技术思路、通信格式、使用功能、操作界面等都一样，上游企业和下游企业都处于同一个系统环境中，每个企业都可以无缝链接上游和下游企业，上游的供应和下游的需求直接传进企业系统，不需要人工录入，没有信息孤岛问题。

（2）内外同台操作。IERP 除了满足 ERP 企业内部资源管理，还具有 ERP 系统不具备的外部信息收集、对外信息发布和关联企业交易功能。IERP 系统可以直接将非标配件采购信息传送到上游链供工厂（F2F），将标准配件采购信息上传到产业采购平台（FP），将产品销售信息上传到产业销售平台（CP），产品配送信息上传到物流资源配置平台（LP）。同时，企业可以接收来自平台、销售、采购、设计、金融等主体的信息，实现了外部信息接收、内部信息外传和交易信息处理等功能。

（3）内部信息保密。内外同台之后，内部信息的保密问题就显得特别重要。其实，现在的网络技术高度发达，云技术的成熟应用，意味着已经较好地解决了这一问题。只有你输入密码时，才能进入自己的操作系统。只要密码不泄露，别人很难破解你的密钥。因为软件设计和云处理系统都编制了科学复杂的密钥。目前，还没有泄密事件的消息。

（4）进行数据分析。在激烈竞争的市场环境下，企业需要通过不断获取最新的市场数据来改变自己，这不仅需要广泛快捷的信息来源，还需要精准科学的数据分析处理。IERP系统凭借其先进的智能处理功能，能够智能统计分析销售、采购、库存等数据，为企业制定生产计划和研究产品战略提供依据。企业链管理模式是大型企业管理内部供应链体系的局域联网模式。这种模式的主要功能是进行供应链内部的配套采购、物流配送、质量管控、库存管理、支付结算、融资贷款、信息沟通等。

3.2.4　云端服务模式

云端服务模式是以SaaS软件为载体，为各类中小企业提供产业互联网交易和服务工具的全域联网模式。这类模式一般由软件公司开发工具，企业自主下载使用软件。这类模式的优点是中小企业不需要开发产业互联网软件，一般只需交纳软件服务年费，其缺点是不能较好地实现产业集聚。

3.2.5　产业平台模式

产业平台模式是聚焦某一产业，按照"纵向全链打通，横向产业集聚"的思路，以中小企业为主、平台专业服务的同类产业公共服务模式。神摩网是这一模式的典型代表。

产业平台模式主要有以下几个特征：

（1）全链打通，就是以总装企业为核心的上下游产业链全部进入平台，包括设计研发企业、原料生产企业、多级配套企业、产品总装企业、终端销售企业、物流配送企业、仓储管理企业和众多消费用户，形成链供企业组合。

（2）产业集聚，将同一产业集群的不同链供企业集聚到一个平台。以神摩网为例，全国有200多个摩托车品牌企业，这些品牌企业都有各自的上下游链供企业，他们将200多个品牌的数千家链供企业集聚到了一个平台，在交易信息完全对称的情况下，有效实现了设计、研发、采购、资金、物流、数据等资源的整合，为企业发展创造了大量机会

（3）产品直销，消费用户可以直接购买或者定制生产工厂的产品。由于实现了工厂直销，平台可以预防假货。平台还可以实现个性定制。

3.3 产业互联网的发展特点

3.3.1 从纵向上看，链端突破多、全链打通少

从目前的情况看，产业互联网的实践集中在产业链最上游的较多，而将整个产业链全链打通的较少。最上游的有以钢材采购为主的找钢网，以塑料采购为主的互港通，以化工采购为主的摩贝化工等，它们都是产业互联网的重要组成部分。他们之所以只运营最上游的产品，是因为这些产品的市场规模足够大。这些发展理念还停留在以撮合为主的 B2B 电商阶段，虽然实现了产业整合，但是没有实现全链打通。神摩网等平台已经按照"全链打通、产业整合"的思路运行，企业全面解决摩托产业的产品销售、配套采购、技术研发、数据融资、市场预测、营销渠道、智能制造等方面的问题，发展势头很好，只是平台形成产业影响力还需要时间。

3.3.2 从横向上看，企业互联多、产业互联少

2016—2017 年，以大型企业牵头，通过互联网将配套企业进行垂直整合的企业互联网已经出现。企业互联网是链接企业的上游和下游，实现上下游信息对称和产品交易的一种模式。海尔集团、长安汽车、红领西服都是企业互联网的代表。他们的动力来源是销售自身产品和实现链供管理，而且上线成本较低、自身需求较大。一些中小企业也开发了企业互联网，但是，中小企业开发的成本相对于收益较高，而且效益较低，很难实现垂直整合，流量规模和影响范围有限。一些软件公司从节约企业成本角度考虑，开发了企业互联网的 SaaS 软件，但是由于产业特性的不同，SaaS 软件尚难满足不同产业的需要。

3.3.3 从模式上看，点状突破多、系统突破少

目前，在产业互联网部分环节上进行点状突破的平台较多，全面系统突破的较少。猪八戒网在创意领域的技术外包模式，找钢网等找字辈的上游集采模式，京东的平台定制模式，都在一定程度某个点位上实现了产业互联网的模式。但是，以整个产业为基础全面突破模式的平台比较少见。虽然点状突破给企业带来了一些便利，但是产业互联网的整体效益难以发挥，不能全面解决企业运行成本高、产品销售难、融资贷款难、技术创新难、资源整合难等主要问题。

3.3.4 从思考上看，实践创新多、理论创新少

在产业互联网领域，虽然已经存在大量的实践创新，但是这些实践缺乏理论支撑。很多产业互联网领域的创新都能看到消费互联网的影子，而消费互联网与产业互联网有着太多的区别，完全用消费互联网的思路破解产业互联网的问题是行不通

的，这正是一些企业创新失败的原因。例如，在营销模式上，烧钱模式不一定适应产业互联网；在运营主体上，以第三方为主体的搭台聚商模式比以企业自身为主体的建台自唱模式更加合理；在软件开发上，以 IERP 为中枢的平台系统比以交易网站为中心的系统更加科学。

3.4 产业互联网发展存在的问题

3.4.1 运营人才紧缺问题

产业互联网是个系统工程，涉及产品生产、市场销售、配套采购、企业管理等多个环节，对人才的要求很高。领军人才应该是具备战略、产业、网络、金融、营销、软件、管理、物流等多个学科背景和实践经验的综合性专业人才，没有经过产业实践和网络浸润的人才，很难承担运营产业互联网平台的重任。目前，产业互联网刚刚起步，经过实践锻炼的人才非常短缺。懂网络的人才往往不懂产业，懂产业的人才往往不懂软件，懂软件的人才又不懂网络运营，这些原因造成了产业互联网人才奇缺，甚至平台企业花重金也请不到合适的 CEO。

3.4.2 操作思路局限问题

由于人才紧缺，发展操作思路必然受限。目前产业互联网的操作思路，大多还停留在以消费互联网、企业互联网、区域互联网和全域互联网思路为主导的发展状态，真正满足某一产业集群企业运行需要的网络平台，还正在探索中前行。"找字辈"产业平台，虽然运营的产业链的上游产品，但是它们很难深入到企业的管理、生产、配套甚至网上支付等环节，实际上还是以产品买卖为中心的消费互联网思路。一些以提供软件工具为主业的 SaaS 系统，声称能够满足所有企业的需要，实际上由于没有置入产业特性和缺乏平台统筹集聚，所以难实现网络效应和企业效益最大化，最终只能成为"吃大锅饭"的粗放型全域互联网。

3.4.3 创业平台信誉问题

产业互联网平台企业，基本上都是近些年才出现的小型初创企业，而他们的服务对象往往是存续多年的实体企业，即使网络平台能给实体企业带来诸多利益，实体企业也有理由担心资金安全、商业泄密以及平台前景等问题，初创平台企业面临着信誉的考验。"小马拉大车"的效果还需要时间来检验，实体企业观念的改变也需要时间来磨合。

3.4.4 政府推动力度问题

产业互联网犹如高速公路，是国家重要的产业基础设施，需要政府大力支持。但是，目前各地政府的认识水平和服务能力参差不齐，人们习惯按照传统企业的投资规模、用地数量、财税政策来引进和支持平台企业，政府的开放程度和思维深度还有一个较长的过程。

3.4.5 发展理论滞后问题

目前，关于产业互联网的发展理论相对滞后，从事产业互联网实践的平台企业，往往缺乏研究人才，而理论研究能力较强的大学和研究机构又缺乏研究素材，导致发展理论的滞后。一些初创平台企业，在没有理论和经验的指导下，很容易进入"沼泽地带"。

3.5 产业互联网的变化趋势

2016—2017年，中国产业互联网发展中出现了许多新的动向。

3.5.1 从横向整合向双向整合转变

互联网的本质就是资源整合。多年来，人们已经习惯用消费互联网的思维整合资源，用消费互联网的思维认识和操作产业互联网。消费互联网的思维是横向整合，而产业互联网的思维是纵向与横向高度融合的双向整合。纵向整合可以形成交易，横向整合可以获得机会。产业互联网整合的是同一产业交易链上实现交易和同一产业供应链上寻求机会的企业，不是同一个产业的企业没有整合的价值。服装与食品两个产业，一个交易的是布料，一个交易的是猪肉，它们不会进入同一产业互联网。对于消费者而言，无论是服装还是食品，都是生活用品。为此，消费互联网可以进行横向整合，而产业互联网则可以根据产业定位对同一产业进行纵向和横向融合的双向整合。产业互联网需要精而专，而消费互联网可以大而全。摩托产业的神摩网，服装产业的八购网，他们是双方整合的先行者，发展势头良好。

3.5.2 从企业互联向产业互联转变

如果说消费互联网是将产品搬上网，那么产业互联网就是将企业搬上网。企业互联网实现了将企业搬上网的目标，它是产业互联网的一种形态。大型集团的企业互联网可以将配套企业搬上网，形成自成一体的链供管理网络体系，而中小企业独自上网后，则存在投入资金占比太大、运营团队成本太高、引流客户能力太弱等诸多问题。无论是大型企业还是中小企业，企业互联网都没有充分体现互联网边际成本无限小和承接资源无限大两个重要特点。为此，从企业互联网向产业互联网转变已成必然的趋势。这个道理，正如城市、园区、公路、机场需要集中建设一样，分散的人们应该向城市靠近。从这个意义上讲，产业互联网犹如产业公共基础服务设施，也有人将产业互联网称为网上工业园区。产业互联网服务的不应该是一个企业，而是全国性甚至全球性的一个产业。随着资本市场的不断介入，实体企业的不断参与，运营人才的不断成熟，未来几年内，将出现以大型龙头企业驱动的企业互联网和以专业平台企业驱动的产业互联网并驾齐驱的状态，两种发展模式都将形成成熟的商业模式和技术能力，产生数家产业互联网的标杆企业，对国家工业经济的发展作出重要贡献。上海市、重庆市、深圳市的工业互联网的发展势头良好，逐步从摸索走向成熟，这些地区最有可能成为产业互联网的风向标。

3.5.3 从工具服务向平台服务

虽然软件公司开发的网络软件工具，可以满足企业的部分需要，但是仍然存在许多问题：第一，缺乏产业基因。多数软件公司的开发思路是以满足所有企业需求的 SaaS 系统，而忽略了不同产业的特点和差异，软件功能只能满足企业的共性需求，很难做深、做专、做精，这是消费互联网大而全思维导向的结果。第二，缺乏产业统筹。企业使用软件工具时，由于没有运营平台，商业模式难以统一，横向整合十分困难，只能"孤军奋战"。犹如一支部队只有武器，没有首长，尽管单兵作用发挥最好，但是没有战略、战术和号令，也不能发挥部队整体作战效益。缺乏产业统筹的产业互联网，本质上还是企业互联网。第三，缺乏产业聚集。由于使用软件的企业属于不同产业，而且没有专业平台支撑，其结果是每个产业都不能实现高度集聚，都不能充分发挥网络的聚集整合效益。由此可见，工具服务应该向平台服务转变。平台是产业互联网的龙头企业，它用商业模式和运行规则将产业的共同利益捆绑在一起，在利益驱动下促进企业上网交易。

3.5.4 从先产后销到先销后产

传统电商平台一般链接的是经销商与消费者，运行方式是先产后销。而产业互联网可以直接链接生产商与消费者，可以实现先销后产。产业互联网不仅可以实现产品直销，而且可以实现个性定制，即 C2F 和 F2C 两种交易模式，去中间化效果明显，产品自然便宜。而目前大部分产业互联网还是一个简单的 B2B 模式，而且是没有实现线上交易的撮合方式，B2B 实际上就是一个企业级的消费互联网。产业互联网的先销后产主要体现在两个方面，对于个性定制 C2F 模式而言，自然是用户先交钱工厂再生产，这是完全意义上的先销后产；对于产品直销 F2C 模式而言，虽然是工厂先生产用户再购买，但是由于用户的每笔交易数据都能够秒传至工厂，工厂可以通过数据及时分析预测终端市场未来销售情况，较好地避免产品积压和材料积压等问题，节约了资金成本，虽然没有完全实现先销后产，但是实现了以销定产。

3.5.5 从单点突破向系统突破

目前，多数产业互联网平台都在一个点上做文章，或者采购，或者销售，或者技术创新，或者个性定制，或者智能制造，希望以此满足不同产业的企业。之所以出现这种现象，是因为平台希望争取更多的上线企业。而企业与平台的想法完全不同，企业希望平台在一个产业做精、做深，全面解决它们面临的一高九难问题，即：

运行成本高、产品销售难、生产计划难、技术创新难、数据融资难、个性定制难、假冒防治难、智能制造难、链供管理难、资源整合难。也就是多数平台希望把一个点做大，而多数企业希望把一根线做透。一些正在运行供应链管理的平台企业，多数是以供应链金融切入，没有太多的商业模式和系统解决方案。部分平台已经认识到今后的发展方向是供应链与销售链的高度融合，是互联网与物联网的高度融合，是智能生产与智能管理的高度融合，只有这样，才能使产业互联网的效益最大化，才能系统解决企业转型问题。

第 4 章

农村电子商务发展的十大新模式

农村电子商务作为一种新兴业态，已经渗透到农业产业链全过程，逐渐改变着中国农村经济发展方式和农民生产生活方式。它牵涉到农业经济发展、农村基础设施建设、农村物流、农民就业、农民生活品质提升等事关"三农"的全方位课题。发展农村电子商务是大众创业、万众创新的一个重要平台，也是加快建设现代农业的必然要求。农村电商的发展将极大改变农村商业模式。随着工业品网货下乡和农产品进城双向渠道的开通，电子商务将进一步带动乡村旅游、农村医疗和金融服务等市场，更好地改善农民生活，推动城乡一体化发展。

4.1 农村电商发展现状

4.1.1 农村电商发展背景

中国是农业大国，农产品资源丰富、品种繁多、分布广泛，农产品产值在全国的生产总值中一直占有一定的比重。随着市场经济的不断发展，农业生产中的问题日益突显出来，农产品流通不畅已成为当前阻碍农业和农村经济健康发展，影响农民增收乃至农村稳定的重要因素之一，农产品难卖，其实质问题是中国农业生产分散式经营与大市场、大流通不相适应的矛盾。信息技术、网络技术以及电子商务这种新型商务模式的应用，为解决农业生产分散式经营与大市场、大流通不相适应矛盾提供了新的思路，给中国的农产品流通注入了新的生机和活力。

《国务院办公厅关于促进农村电子商务加快发展的指导意见》和《农业部、国家发展和改革委员会、商务部关于印发〈推进农业电子商务发展行动计划〉的通知》提出，要"创新农产品流通方式"，积极推进"互联网+"流通行动，"支持电商、物流、商贸、金融等企业参与涉农电子商务平台建设"，"开展电子商务进农村综合示范"，"加快流通网络化、数字化、智能化建设"。中国农产品流通体系建设落后、效率低，农产品卖难、价低、品牌缺失，成为影响农民脱贫增收的关键问题。

农村电子商务是"互联网+"现代农业的重要内容，是转变农业发展方式的重要手段，是精准扶贫的重要载体。加快以发展农产品进城为核心内容的农业电子商务，对于创新农产品流通方式、构建现代农业生产经营管理体系、促进农民收入特别是贫困地区农民收入较快增长、促进区域农业农村经济社会发展，推动传统农村流通模式创新和农业转型升级，实现全面建成小康社会具有重大意义。

4.1.2　农村电商发展成就

1995 年以来，中国农村电商经过 20 余年的发展，已初步形成了包括涉农网上期货交易、涉农大宗商品电子交易、涉农 B2B 电子商务网站，涉农 B2C 第三方电商平台产品网站，以及微商、微店等在内的多层次涉农电子商务市场体系和网络体系。

截至 2016 年 12 月，中国农村网民占比为 27.4%，规模为 2.01 亿，较 2015 年底增加 526 万人，增幅为 2.7%。

2016 年，中国农村网上零售额达 8945.4 亿元，约占全国网上零售额的 17.4%，其中实物型网上零售额 5792.4 亿元，服务型网上零售额 3153.0 亿元。农村网店超过 800 万家，占全网的 25.8%，带动就业人数超过 2000 万人。农村网上零售单品（SKU）数达到 2.93 亿个，占全网的 20.3%①。

2017 年上半年，农村实现网上零售额 5376.2 亿元，同比增长 38.1%，高出城市 4.9 个百分点，在全国网上零售额中占比为 17.3%。其中实物型网上零售额 3286.4 亿元，服务型网上零售额 2089.8 亿元②。

2017 年上半年，农村服务型网上零售额同比增速高达 44.4%，高出实物型网上零售额增速（34.3%）10.1 个百分点，服务型在农村网上零售总额中占比达到了 38.9%，比去年同期提升了 1.7 个百分点，服务型带动农村网上零售额增速达到了 16.5 个百分点。在服务型行业中，在线旅游、休闲娱乐、在线餐饮引领服务型电商发展，分别实现网上零售额 841.9 亿、81.7 亿、689.5 亿元，同比增长率分别达到 61.6%、58.3%、56.6%，其中在线旅游同比增速高出全国 23.4 个百分点，大幅超过全国发展水平；服务型电商中的在线旅游、在线餐饮行业直接带动农村网上零售额增速分别达到了 8.2、6.4 个百分点，成为统计的 19 个行业中对增速贡献最大的 2 个行业。

2017 年上半年，中国东部、中部、西部、东北农村分别实现网上零售额 3418.6 亿、1079.5 亿、759.6 亿、118.4 亿元，同比增速分别达到 30.6%、46.4%、63.1%、60.8%。中西部及东北农村共实现网上零售额 1957.6 亿元，合计同比增速高达 53.3%，高出东部农村增速 22.7 个百分点，在农村网上零售额中占比达到 36.4%，比上年同期提升了 3.6 个百分点；中西部及东北农村实现服务型网上零售

---

① 商务部市场体系建设司. 2016 年农村实现网络零售额 8945 亿元［R/OL］(2017-02-28)［2017-07-20］.
http://scjss.mofcom.gov.cn/article/cx/201702/20170202524031.shtml.
② 商务部市场体系建设司. 2017 上半年全国农村电子商务运行情况［R/OL］(2017-07-21)［2017-08-10］.
http://scjss.mofcom.gov.cn/article/cx/201707/20170702613151.shtml.

额 925.0 亿元，同比增速达到 71.2%，高出实物型同比增速 31.0 个百分点，在网上零售中占比达到 47.3%，较上年同期提升 4.9 个百分点。

2017 年上半年，496 个电子商务进农村综合示范县实现网上零售额 1699.4 亿元，同比增长 45.4%，高出农村增速 7.3 个百分点。示范县以不到四分之一的县市数量贡献了约三分之一的农村网上零售额，而且 93.2% 的示范县位于中西部地区，52.6% 的示范县为国家级贫困县。

在全国 832 个国家级贫困县中，2017 年上半年，实现网上零售额 532.8 亿元，同比增长 60.1%，高出农村增速 22.1 个百分点。其中，示范县中的 261 个国家级贫困县实现网上零售额 343.4 亿元，同比增长 67.7%，平均网上零售额达 1.3 亿元，是国家级贫困县平均网上零售额（0.6 亿元）的 2.2 倍。

随着智能手机在农村的普及以及互联网在农村的渗透不断加深，城乡信息鸿沟逐渐缩小，农村电子商务的发展步伐不断加快，这不但丰富了农民的物质生活，也使农产品通过网络销往全国甚至全球。农村电子商务的发展提高了农民收入，反过来，农民收入的提高又使他们有更强的消费能力，这样相互促进，形成良性循环，推动农村电子商务加速发展。

4.2 中国农村电子商务发展特点

4.2.1 农村电商成为推动农业供给侧改革新支点

2016 年 3 月 5 日，国务院总理李克强在《政府工作报告》中强调[1]："推动电子商务进农村""推进 5 万个行政村通光纤""完善物流配送网络"等，力挺农村电子商务发展。

2017 年《中共中央国务院关于深入推进农业供给侧结构性改革加快培育农业农村发展新动能的若干意见》（一号文件）更进一步明确了推进农村电商发展的各项具体任务[2]：促进新型农业经营主体、加工流通企业与电商企业全面对接融合，推动线上线下互动发展。加快建立健全适应农产品电商发展的标准体系。支持农产品电商平台和乡村电商服务站点建设。推动商贸、供销、邮政、电商互联互通，加强从村到乡镇的物流体系建设，实施快递下乡工程。深入实施电子商务进农村综合示范。鼓励地方规范发展电商产业园，聚集品牌推广、物流集散、人才培养、技术支持、质量安全等功能服务。全面实施信息进村入户工程，开展整省推进示范。完善全国农产品流通骨干网络，加快构建公益性农产品市场体系，加强农产品产地预冷等冷链物流基础设施网络建设，完善鲜活农产品直供直销体系。推进"互联网+"现代

---

[1] 李克强. 2016 年政府工作报告［R/OL］（2016-03-05）［2017-07-20］.
　　http://www.gov.cn/premier/2016-03/05/content_5049372.htm.

[2] 中共中央，国务院，关于深入推进农业供给侧结构性改革加快培育农业农村发展新动能的若干意见
　　［EB/OL］（2017-02-05）［2017-07-20］. http://www.gov.cn/zhengce/2017-02/05/content_5165626.htm.

农业行动。

《国务院办公厅关于建设第二批大众创业万众创新示范基地的实施意见》要求①，通过发展农村电商平台，利用互联网思维和技术，实施"互联网+"现代农业行动，开展网上创业。

农业部办公厅印发的《2017年农业信息化工作要点》明确②：发展农业农村电子商务。创新农产品流通方式，大力发展农产品电子商务，加强基础条件建设，在深入做好试点工作的基础上，组织大型电商平台与优势农产品主产县和特色农产品基地开展对接活动。

上述一系列政策措施在各省、市、自治区的落实给予农村电子商务发展注入了强大推动力。

4.2.2　农村电商成为推动农村经济社会发展新动能

农产品电商带动农村日用工业品电商、农资电商、再生资源电商发展。贫困地区立足农村当地资源，加快优质农副产品上线进城农产品通道逐步被打通，各地特色农产品慢慢开始走进千家万户，变成了畅销品。许多农产品的销售渠道被打通，逐渐树立起了品牌。

农产品上网营销，借助电商平台，拓展优质农产品销售渠道，促进规模扩大和品质提升，增加当地农民收入。建设涉农电商平台，拓宽农产品、民俗产品、乡村旅游等市场，在促进工业品下乡的同时为农产品进城拓展更大空间。加快农村电商发展，把实体店与电商有机结合，使实体经济与互联网产生叠加效应，有利于促消费、扩内需，推动农业升级、农村发展、农民增收。

（1）农村电商带动区域经济转型。中西部地区农村人口比例较高、龙头企业相对少，但有美丽的自然人文景观和丰富的土特产。农村电商深入的发展打通农产品外销渠道，促使中西部地区的农民收入大幅提升，从而带动区域经济的发展与转型。

（2）农村电商带动产业结构转型升级。项目是加快产业结构转型升级的根本，加快投资拉动、项目带动，是加快结构调整、扩充经济总量、提振经济的关键所在。农村电商随着"互联网+"时代的到来而产生，能够调整产业内部资源配置不合理，解决产业发展遇到多重约束，形成新的产业结构以满足产业长远发展的需要，促进经济的均衡发展。

（3）农村电商促进资源优化配置。由于区域经济发展的不平衡以及各地区产业结构的不同，电子商务可以促进信息的流通，进行资源配置的优化，特别是广大农村地区，需要进行资源的开发和重新配置。正是农村电商的应运而生，促进了资源

---

① 国务院办公厅，国务院办公厅关于建设第二批大众创业万众创新示范基地的实施意见［EB/OL］（2017-06-26）［2017-07-20］. http://www.moa.gov.cn/ztzl/scw/scdtnc/201706/t20170626_5727313.htm.

② 农业部办公厅，农业部办公厅关于印发2017年农业信息化工作要点的通知［EB/OL］（2017-03-09）［2017-07-20］. http://www.moa.gov.cn/sjzz/jgs/cfc/tzgg/201703/t20170309_5513076.htm.

优化配置和经济协调发展。

（4）促进经济增长方式的转变。近年来中国经济增长速度放缓，而中国经济总体也跃居世界第二位，原来的经济发展方式已经不再适用于现行的经济发展，需要有新的经济发展方式和发展项目带动经济的发展，而"互联网+"正是这个时代新兴的产业，对于拥有广大农村地区的中国来说，农村电商很大程度上会是引领下一阶段中国经济发展的领头项目，农村电商同时也是将农村从第一、二产业带向第三产业转变的纽带。

4.2.3　农村电商扶贫成为国家扶贫新方式

中国确立了到2020年全面消除极端贫困的战略目标。近几年来，随着"互联网+"的发展，农村电商成为扶贫减困新方式，并屡创奇迹。贫困地区的农民借助互联网工具，在市场的推动下，爆发出了惊人的创新力和生产力，他们迅速摆脱贫困，对接并融入现代生产和生活方式。

2015年以来，国家扶贫办着力推进精准扶贫工作，将电商扶贫工程列为2015年扶贫开发十项工程之一。在全国各地的电商消贫实践中，探索出了多种多样的方式，有的立足山区，有的扎根边疆，有的探索农商旅结合，有的尝试消费引领，有的依托传统产业转型升级，有的培育草根创业形成内生动力，这些实践为更多贫困地区的消贫致富提供了宝贵的经验。如陕西省武功县初步构建了电子商务"买西北、卖全国"营销模式，打破电商重"卖"轻"买"的营销方式，聚集整合陕西渭北苹果、核桃、陕北红枣、杂粮，以及新疆瓜果、干果类、西藏牦牛肉30多类300多种特色农产品等西北货源。河北省清河县通过建立B2C模式的"清河羊绒网"、O2O模式的"百绒汇"网，吸引100多家商户在此平台设立网上店铺。建成新百丰羊绒（电子）交易中心，吸引国内近200家企业进行羊绒电子交易。重庆市秀山县通过自主研发"村头"农村电商平台，吸引全国31个区县加盟，上线农特产品2800余款，日均成交3万余单，运营5个月销售额突破1亿元。采取"流水席"的方式，累计培训农村电商从业者1.5万人，孵化电商创业者400余人，培育农村电商企业、网店4200余户，创建成为武陵山区首个"中国电子商务人才服务中心"。

各个贫困地区正积极探索利用市场化的手段和互联网技术进行扶贫，依托传统商贸流通体系，探索各种商业模式，破解影响电商扶贫的各种难题，培育电商扶贫的土壤，农村电商扶贫为实现扶贫工作的六个精准提供了一条全新的途径，使扶贫工作正实现由"授人以鱼"到"授人以渔"的转变。

4.2.4　"三品一标"产品成为农产品电商新主角

无公害农产品、绿色食品、有机农产品和农产品地理标志统称"三品一标"。"三品一标"与电子商务有机结合，以消费者为导向，以市场为中心，促进"三品

"一标"农产品的深化发展。

首先，"三品一标"发展规模逐步扩大。随着国家和政府的高度重视，以及百姓食品安全意识的提高，"三品一标"农产品以其安全、优质的品牌形象越来越受大众的追捧与青睐，其生产规模也逐步扩大。其次，"三品一标"产品质量稳定可靠，生产组织化程度高。"三品一标"推行标准化生产和全程控制，实施严格的产品、产地认证制度，并加以有效的证后监管，较好地实现了上市产品的"生产有记录、流向可追踪、信息可查询、质量可追溯"，保障了生产的规范化和产品的质量安全。规模化生产和产业化经营是其认证前提。申请者须为面向生产和消费的生产经营主体。再次，"三品一标"具有品牌影响力，促进农业增效和农民增收。近年出现的几次食品安全事件，消费者更加注重食品的质量安全问题。"三品一标"作为安全、优质农产品的代名词，越来越多地被消费者认识与接纳。其规范化的管理，使得效益增加，带动农民增收。

4.2.5 网上网下融合成为农产品流通渠道新创新

2016年，农产品批发市场发挥线下实体店的物流、服务、体验等优势，推动实体与网络市场融合发展，实现线下实体市场的转型。

网商批发市场已经成为连接卖家和传统销售市场的重要中介组织。消费者往往需要多品种、小批量，而农产品则以小品种、大批量为主要特色。网商的需求与当地供应商之间存在着信息不对称。网商批发市场解决了这一问题。一方面，以多品种、多数量的方式进货，以多品种、少数量的方式为网商提供产品，解决了网商所面临的商品需求与供给信息不对称的问题。另一方面，对于农产品而言，产品的存储是保障产品质量的重要环节，实体批发市场以专业的仓储、库存进一步为网商降低了存货成本和经营风险。此外，越来越多的农村网商卖家进驻第三方电商平台，通过代工、与线下实体销售商合作、建立直销平台，进一步拓展销售渠道；或者利用国内微商、微信等网络平台，通过社交网络平台推广产品。涉农电商借助线上和线下的融合将成为农业领域一个稳定的经济增长点。

阿里巴巴大力推进的"千县万村计划"顺利推进，淘宝注册地在农村（含县）的网店达到203.9万个，比2015年增长24.9%。京东凭借着工业品进农村（Factory to Country）、农村金融（Finance to Country）、生鲜电商（Farm to Table）组成的"F战略"持续扩张。一大批生鲜农产品网络公司得到较大的发展，如一号店、我买网、顺风优选、沱沱工社、菜管家、优果网等，生鲜农产品成为继图书、3C电子产品、服装之后的第四大类网上热销产品。

4.2.6 农产品交易—批发/零售形成农村电商市场新体系

大宗商品交易—批发、交易—零售交易市场是现货交易，大宗商品交易不是准期货，而应是现货交易，否则会出现相应的问题。

2015 年中国有各类大宗商品交易市场 538 家，其中农产品大宗商品电子类交易市场有 161 家，大宗农产品电子交易额达到 10 万亿元。大宗商品交易模式归纳起来主要有 13 种，如买方挂牌交易、卖方挂牌交易、电子竞买交易、电子竞卖交易、托管储销交易、RAT 交易、双向竞价交易、在线洽谈交易、现货递延交易、集合竞价交易、招标拍卖（买）交易、专场交易、中远期交易（其中包括期现货式、准期货模式、渤海模式、糖网模式等）。

2015 年国家粮食局系统有粮食市场 65 家（国家粮食交易中心 25 家，其他各类粮食交易市场有 40 家），网上交易额超过 2000 亿元，其中"中华粮网"交易粮食近 500 亿元，郑州粮食批发市场交易量达 1197 万吨，比上年增长 106%，2015 年黑龙江粮食交易市场网上粮食成交数量达 197 万吨（其中小麦 30 万吨，大豆 167 万吨），交易金额 81.4 亿元，温州网上粮食市场 2010 年至 2015 年，积极吸纳全市网上交易粮源，共组织了 349 场次的网上粮食交易，成交量 52.14 万吨，成交额 14.83 亿元，交易成功率 91%。中国网上粮食市场等也表现突出。其主要模式是 G2B（政府抛售）或者 G2B（政府采购），具体模式是网上竞价交易、撮合交易、招投标交易等形式。

4.2.7　农产品冷链物流形成农村电商发展基础新保障

2016 年中央一号文件中明确提出要完善跨区域农产品冷链物流体系，开展冷链标准化示范，实施特色农产品产区预冷工程。

2016 年 4 月 6 日国务院常务会议上，李克强总理提出要突破信息基础设施和冷链运输滞后"硬瓶颈"，再次引起市场对冷链关注。商务部全面铺开农产品流通全程冷链系统的建设，重点加强全国重点农业产区冷库建设。同时，商务部和国家发改委、国家标准委开展了农产品冷链标准化示范工作。国家的高度重视，冷链发展有望进一步提速。

（1）冷链物流市场稳步快速增长，预计未来 2~4 年年均增速 21%。其中，农村市场需求激活，以及农产品进城、出国，将进一步刺激冷链的发展。与电商结合、冷链一站式解决方案服务商成为市场新宠。

（2）电商下乡推动冷链下乡新思维，城乡接合部的冷库建设迎来大的发展机遇，农产品进城、出国需求加快 F2C 模式的发展（生鲜产品深加工和品牌建设提上日程，类似阳澄湖大闸蟹、东北五常大米、褚橙类产品会增多）。

（3）冷链物流的服务形态也更加多元化。传统围绕运输展开的服务，如冷链干线运输、冷库、冷链宅配等冷链包装产业、冷链认证服务（产品溯源、供应商等级评定）、生鲜产品交易中心建设、IT 技术商（全程质量监控，如温度、湿度等）全产业链构建正在形成。

（4）完善跨区域农产品冷链物流体系，开展冷链标准化示范，实施特色农产品产区预冷工程。

4.3 空间区域电子商务发展对比分析

4.3.1 中国与世界各国农村电商发展对比分析

1. 农村电商对中国的价值

从 2013—2016 年农村电商的交易额统计来看，如图 4-1 所示，农村电子商务的发展迅速且市场潜力巨大。2016 年，中国农村网上零售额达 8945.4 亿元，约占全国网上零售额的 17.4%。近年来的爆发式增长对国内经济的稳定发展有着重要的作用，农村市场的拓展将吸引政府、企业、消费者对农村市场的信心。从消费结构上看，产品多是农村无法购买的生产资料、服装和家电等品类；服务需求则是社保、资金转存和水电煤缴费。因此，电商提供给农村居民的是无法购买的商品而不是价格低廉的商品。从网购人群上看，目前主力消费群体是 20~29 岁的年轻人，这批年轻人的成长和消费习惯会带给农村市场网购消费金额的增长。国家出台文件扶持，多地县级政府主动探索电商发展之路。企业把资源转移至农村，培养农村人才，优化当地产业结构，发展现代服务业。对于消费者而言，越发成熟的农村电商意味着高品质农产品和服务。

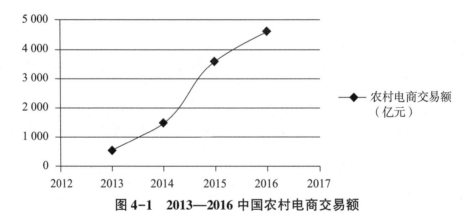

图 4-1　2013—2016 中国农村电商交易额

2. 中国与其他发展中国家农村电商发展对比分析

截至 2017 年 6 月，中国网民中农村网民占比 26.7%，规模为 2.01 亿；城镇网民占比 73.3%，规模为 5.50 亿，较 2016 年底增加 1988 万人，半年增幅为 3.7%。中国农村网民规模持续增长，但城乡差距仍然较大。普及接入层面，农村互联网普及率上升至 34.0%，但低于城镇 35.4 个百分点（参见图 4-2）[①]；互联网应用层面，城乡网民在即时通信使用率方面差异最小，在 2 个百分点左右，但商务交易类、支

---

① 中国互联网络信息中心. 第 40 次中国互联网络发展状况统计报告［R/OL］(2017-08-05)［2017-07-29］.
http://www.cnnic.net.cn/hlwfzyj/hlwxzbg/hlwtjbg/201708/P020170803598956435591.pdf.

付、新闻资讯等应用使用率方面差异较大，其中网上外卖使用率差异最大，为26.8%。很明显，农村互联网市场的发展潜力依然较大。而在一些其他发展中国家，比如孟加拉国、加纳和印度尼西亚，网购人数只占总人口的2%，甚至低于这个数字，所以中国农村电商的发展较其他发展中国家有较大的比较优势。

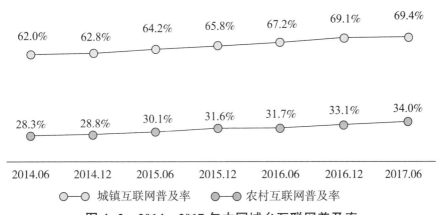

图4-2 2014—2017年中国城乡互联网普及率

资料来源：中国互联网络信息中心.

3. 中国与发达国家农村电商发展对比分析

中国农村电商的发展主要存在以下几点不足：农村网络普及率低、农民可支配收入低、农民对网络信任度低、农村人口结构失衡负增长。这些都是由于中国互联网经济起步比较晚、技术人员素质普及和近年来第二产业大发展等因素带来的结果，而发达国家网络覆盖率高，几乎是全覆盖，同时互联网起步较早，群众对互联网的接受程度和依赖度都相对较高。从网购来看，发达国家网购人数超过总人口的70%，而中国的网购人数只有总人口30%左右。

4.3.2 中国农村电商与城市电商对比分析

总的来看，中国农村电商与城市电商发展不平衡，农村电商发展与城市电商发展差距较大。

1. 基础设施薄弱

随着农村经济的快速发展，人们的生活水平不断提高，"互联网+农业"的迅猛发展，农村基础设施建设明显滞后，远远不能满足农业生产和农民生活的需求。自身的基础设施建设还不够完善，发展农村电商的基础设施条件还远未能达到。

农村基础设施与城市基础设施建设起步不同。多年来，农村基础设施建设投入一直不足，导致农业基础设施普遍落后、老化陈旧，很难对农业生活及农产品电商提供持续的保障和促进作用。政府实施了一系列的扶贫政策，虽然产生了一些效果，道路交通条件有了大大改善，光纤、4G的覆盖率有所提高，但没能从根本上改变农村贫困和基础设施薄弱的现状，例如饮水、商贸流通和信息交流依旧困难，这严重制约了农村经济的发展。另外一些城市市场中趋于饱和的产业和产品，在农村还有很大的发展潜力，就需要加强农村基础设施建设。缩小城乡差距，让城市和乡村使用共同的路网、电网、互联网，完善农村基础设施势在必行。

2. 电子商务意识淡薄

由于农村人口较多，农村教育相对落后，农村人口文化素质较城市人口偏低，人们更为习惯传统的生产方式和交易方式，信息化意识淡薄，农村互联网使用率较城镇水平相对偏低，对电子商务的认识和接受程度还不够深刻，使农村的电子商务难以得到应用和发展。中国人"眼看、手摸、耳听"的购物习惯已经根深蒂固，农村人口更是如此，对于网上购物这种看不见、摸不着的购物方式，许多农村人感到不适用和难以接受，这就从根本上导致农村人口电子商务意识的淡薄，也就没有了这方面的需求，这就需要人们观念转变的过程。特别是在经济出现疲乏的时期，需要通过增加内需来持续发展经济。发展农村电商，需要为农村人口提供网络设备和基础设施，鼓励和帮助农民上网，引导农村人口积极参与电子商务，搭建多种形式的信息服务平台，提高农村人口的信息运用能力。

3. 快递物流问题

中国的物流业近年来也得到了一定的发展，但还属于无序阶段，物流资源整合度低，社会物流成本高，严重影响经济社会发展水平的提升，成为制约电子商务发展的瓶颈。人们对快递物流的观念落后，物流行业管理体制不健全。其次，物流的基础设施滞后，设备设施陈旧。此外，中国农村通信业发展较为落后，互联网普及率较低，较少相关的商贸企业网站建设，导致物流服务与电子商务脱节。还有，中国农村物流市场"多、小、散、弱"，物流服务质量不高，价格不统一，不能形成综合、高效、便捷的社会服务网络。特别是农村的快递物流，成本高，而效率极低。对一些民营物流企业来说，村镇快递布点成本过高，出于利润考虑，大部分快递和物流企业不愿涉足村镇快递网点建设。随着基础设施的不断改善，中国农村大部分区县快递物流在镇是站点全覆盖，但是乡下快递物流站点较少，目前乡下只有达到一定的快递物流量才会设立站点。

4. 农产品的消费特征不利于电子商务发展

中国农业正处于传统农业向现代农业的转变之中，在电子商务活动中，为了减少买方的不确定性的顾虑，商务中都是包含保质期或者生产日期等标准化或可鉴别产品，然而绝大部分农产品都不符合要求，消费者在购买前不能准确得知农产品的保质期、质量等信息，只有使用后才能得知这些信息，因此农产品的这种非标准化大大阻碍了电子商务的开展。农产品在标准化生产方面相对落后，在食品安全方面尚有负面作用，不利于和其他产品在电商竞争，面临着很多问题。

农产品电子商务主要产品是大宗产品、季节性产品。农产品的生产对自然条件和资源的依赖性非常强，对存储和运输的条件要求高。此外，农产品的同质化现象比较明显，没有像工业品那么多种类和品牌可供选择。农产品生产商很难了解消费者的偏好。而这些都不利于电子商务优势的实现。

5. 个体农户难以便捷享受到电子商务带来的资金结算的好处

城市有各种网上银行、电子银行为进行电子商务提供便利，而这些银行在农村少之又少，很难为农村人口服务。农户还是依靠传统的邮政储蓄、信用合作社等机构来实现资金的结算，并且资金不能实时到账，转账也十分不方便。由于对互联网使用率较低，对网上资金结算的认识和掌握程度不够，在农村实现移动支付还是有很多困难的。

6. 农村电商人才短缺，对电子商务缺乏足够的认识

电子商务发展的迅猛，与专业人才的匮乏形成了鲜明的矛盾。各行各业的发展都少不了人才，农产品电商也是如此。农产品电商的发展主要需要三大类人才，即电商类人才、农业类人才和食品类人才。当前，农产品电商行业的发展又进入了一个新的黄金发展期，但很多从业者对农村电商的认识和才能不够，很多电商企业既没有培训专业的、优质的农村电商人才，也没有专业的研发团队，不能满足电子商务的快速发展。而已有的电商专业毕业生大都学习的是电子商务的理论知识，不能按市场需求培育出合格、匹配的电商人才。

4.4 加快农村电商发展政策建议

4.4.1 加大宣传力度提升认可度

农村电商相对于城市电商在发展的过程中投入的宣传推广几乎是微乎其微的，其主要原因在于：第一，农产品的利润薄，而广告宣传投入资金太多；第二，农村的宣传难度大，地理位置和交通设施的阻碍；第三，农产品的售卖太过零散化，缺乏统一或者较为正规的宣传。所以，在农产品的宣传推广方面还有很大的提升空间，进而提高农产品的的销售量并促进农村电商快速发展。

4.4.2 加强农产品基础设施及物流体系建设

农产品物流的发展和完善有利于提高农产品市场的反应能力，通过农产品物流方式进行宣传也会节约成本，增加利润。完善物流发展体系，应将实体系统和信息网络系统建设好，将公路建设、铁路建设、内河航运建设作为主要的物流体系运输载体，不仅仅是城市范围，对于一些偏远地区进行基础设施建设也是非常有必要的，节约物流时间以及交易成本，扩至每一县每一村，最后做到一公里服务。建立农产品交易物流信息平台，根据农产品的种类来发展多种物流产业，从信息、加工、装卸搬运、储存运输等技术入手，在保证农产品于物流过程中保值的前提下节约生产成本和交易成本，建立规模化现代农产品物流中心。

4.4.3 开展模式创新，整合农产品供给侧资源

1. 推进商品集聚

设立农村电商服务站，为农民提供网络代购服务和便民生活服务，还可以作为农产品从分散到集聚的节点使用。村服务站运营人员从村民手中收购农产品，统一集中到县域运营中心，依托互联网平台，以县为单位对农产品进行包装、销售，活跃的农村电商合伙人可以通过众筹的模式成立农产品销售公司，出售农产品。

2. 推进网商集聚

建立电商地区特色馆，发挥线上线下融合优势，通过特色馆运营商将其服务的农产品网商集聚到电子商务园区内，形成具有产业特点、地方特色的农产品电商集聚区，形成规模效应，节约电子商务企业生产成本和运营成本。电商园区与特色馆运营商联动，划出相应的专用区域予以支撑，并提供商务服务、政务服务、生活服务等公共服务资源，建立满足农产品需求的仓储和物流体系。地方政府可派专人入驻，负责农产品的品质把控和溯源建设。

3. 推进产业集聚

通过大数据手段整理出具备电商发展基础的行政村名单，进行有针对性的培育。通过深入发掘"萌芽村"、整合提升"规模村"、重点培育"示范村"等方式，全面培育发展电子商务专业村，从而降低交易成本，提高交易效率，推动农村电商的稳定发展。

4.4.4 开展品牌培育，扩大农产品需求侧市场

品牌培育是优化农业结构的有效途径，是提高农产品质量安全水平和竞争力的迫切要求，也是实现农业增效农民增收的重要举措。

1. 培育产品品牌

打造农产品品牌的过程就是实现农产品增值的过程，是促进传统农业向现代农业转变的重要手段。好的产品品牌是从生产到销售的一整套科学管理的结果，充分整合地区内各类涉农资源，通过优化品种、生产区域和生产方式，严控产品品质；通过对农产品进行加工、包装、运输、标准、检验检疫等一系列标准化商品化处理，形成品牌商品进入市场，优化营销方式，进而形成农产品商标注册及保护机制，加快农产品品牌化建设。

2. 培育区域品牌

进一步强化对获得农产品地理标志产品的管理和保护，建立地理标志产品品牌质量追溯体系。保护优势品种资源和环境，传承地方传统生产、加工工艺，开发历史文化民俗资源，扩大传统产地声誉，加强品牌经营资源整合。挖掘品牌资源潜力，打造具有国际竞争力的农产品品牌。

3. 培育渠道品牌

在电商飞速发展的大背景下，不少农产品电商专业销售平台崭露头角，在农产

品上行领域发挥了积极作用。企业通过买手对农产品进行品质把控，采用前置仓模式满足最高频品种的顾客需求。这种渠道品牌的催生逐步淡化了地域品牌的概念，打造了"某某出品，必属精品"的渠道品牌。

4.4.5　开展物流试点，提升农产品连接端效率

1. 建设农村电商物流配送中心

进一步合理规划和布局农村物流基础设施，搭建城乡仓储物流平台，有序建设农村电商物流"最后一公里"和"最初一公里"农产品配送—归集中心。积极实施快递下乡工程，鼓励快递企业在乡镇设立分支机构或利用超市、小卖部从事快递代投业务。大力发展产地预冷、冷冻运输、冷库仓储、定制配送等全冷链物流。有效整合农村现有物流资源，鼓励供销、邮政等发挥原有优势，参与农村电商物流发展，探索多种方式的物流配送服务。

2. 建设电商公共仓储设施

积极协调相关部门保障供地指标，利用农村集体留用地等土地资源建设电商公共仓储设施。开展"仓配一体化"试点，支持快递企业投资或者与仓储企业合作建设公共仓储。引进专业化仓储运营机构，加强与公共仓储的管理，引导电商经营户的货物入仓统一管理。进一步降低仓储物流成本，提升农村电商市场竞争力。

3. 积极发展农村电商物流新模式

开展"互联网+众包模式"试点；探索大数据模式下的集中+分布式的立体供应链体系；加强冷链物流的新模式与技术研究，解决生鲜农产品所面临的销售障碍。

4.4.6　规范代理商及第三方支付信誉评级制度

完善的信用体系是农村电商发展的重要保障，加强代理商信用体系的政策扶持，明确买卖双方的责任，制定和实施农产品标准化与市场相结合，并在物流运输环节严格执行。第三方支付机构的规范和监管力度的加大也会对农村电商的信用起到加强的作用。针对出台政策跟踪评估的力度加强从而降低信用风险，制定信用认证机制，加强对卖家的约束和监督。加强网络支付信息保密工作，加强买卖双方的交易安全意识，加强网络支付安全环境的建设，加强对病毒的防护及检测，使卖方、第三方支付机构以及监管机构的紧密配合，建立安全的支付系统以此保障用户的合法权益。

4.5　中国农村电子商务发展十大模式

根据农村电子商务发展指标体系，结合中国农村电商发展现状进行调查和研究，总结出了十个具有代表性的农村电子商务模式，具体分布如表4-1所示。

表4-1　中国农村电子商务模式诞生地地域分布表

	区域	省（直辖市）	县（市）
中国农村电子商务十大模式区域分布	东部地区	河北	清河
		浙江	丽水
			桐庐
			海宁
			义乌青岩刘村
			遂昌
		山东	博兴
	西部地区	陕西	武功
		甘肃	成县
		重庆	秀山

4.5.1　浙江丽水——"互联网+绿水青山"模式

1. 发展背景

浙江丽水生态优势突出，环境得天独厚。从2012年开始，丽水市委、市政府依据自身山区城市发展的实际和电子商务快速兴起的大环境，着眼于互联网技术的快速发展和本土优质的生态农特产品销售，决定充分发挥丽水共青团组织联系青年紧密的优势，以团市委为牵头单位在全市大力开展农村电子商务建设工作，在促进青年就业创业、改善农村居民购物环境、扩大丽水优质生态农特产的网销渠道上探索出一条既要金山银山，也要绿水青山的"互联网+绿水青山"丽水特色的农村电子商务发展之路。

2. 发展规划：七大体系

浙江丽水农村电商七大体系见表4-2。

表4-2　浙江丽水农村电商七大体系

政府规划	具体措施
打造政策支撑体系	成立了农村电子商务建设工作领导小组，陆续出台扶持农村青年电商创业的保障政策，不断整合资源，强化政策保障
打造示范创建体系	大力推动示范模式建设，通过制定《丽水市农村电子商务示范企业、示范村镇创建办法》，逐步形成了"淘宝+协会+公司+农户"的"遂昌模式"和龙头企业带动农户创业的"北山模式"
打造培训见习体系	开展不同班次、不同类别的网上创业培训。加强电商企业的青年就业创业见习基地建设，为网创青年提供就业创业见习实习机会
打造综合活动体系	积极构建本土网创特色品牌活动，积极对接淘宝特色网创项目，承办了两届中国淘宝村高峰论坛，率先在全国试点开展"一村一店"项目

政府规划	具体措施
打造平台服务体系	打造电商集聚平台，建立电商创业园。打造公共服务平台，成立农村电子商务服务中心。打造电商营销平台
打造外引内联体系	积极与阿里巴巴、京东、1号店等电商平台进行对接、合作，特别是与阿里集团就丽水馆的运营、农村电商的培训等项目展开了深度合作。积极吸引在外成功创业的电商回归创业
打造村级服务体系	率先开展"赶街"——农村电子商务服务站建设，通过在广大农村的服务站点布设，提供"工业品下乡"和"农产品进城"的双流通解决方案

3. 发展现状

（1）2015年，丽水市实现农村电子商务销售额60.61亿元，同比增长58.8%，其中农特产品网上销售额为23.41亿元，同比增长41.9%。

（2）村级信息网络有效覆盖、农村快递物流网络不断完善。全市2725个行政村，通宽带率为88.8%。

（3）农特产品质量安全和电商品牌建设不断加强。丽水市先后出台《关于进一步加强农产品质量安全监管工作的实施意见》《关于丽水市农产品质量安全追溯体系建设的实施意见》等一系列监管政策，同时在全省率先开展农产品质量安全放心示范市创建工作。

（4）公共服务平台不断健全。一是农村电商服务率先基本覆盖。二是公共服务能力不断增强。

4. 指标评价

浙江丽水农村电商评价指标数据如表4-3所示。

表4-3　浙江丽水农村电商指标数据

	评价指标	具体数据
定量指标	农村电商网上交易额（亿元） 注：以上数据以2014—2015年的数据为基础标准	23.47
	网商数量（个）	24 526
	生产企业数量（个）	9 792
	销售品类（种）	6
	基地（个）	8
	网络品牌数量（个）	2 800
定性指标	宣传力度	√
	推广力度	√
	建立领导机构	√

（注：以上数据来自于实地调研和网上数据搜集）

丽水的实践，证明了经济欠发达地区通过互联网、借助新经济，完全有可能实现"弯道超车"。丽水的成绩，证明"绿水青山就是金山银山"的发展思路完全是行得通的。丽水的经验，说明了政府治理"有所为，有所不为"的重要性。

4.5.2 浙江桐庐——"外贸转内销"模式

1. 发展背景

随着国际市场低迷、代工市场向东南亚转移等大环境影响，桐庐的传统产业面临着前所未有的挤压。为了谋求生存，桐庐政府和企业一致认为，该从"外贸"向"内销"拓展。在这样艰难的探索下，浙江省"电商换市"战略让桐庐有了希望。它凭借其"开放性、平等性、知识性、虚拟性、快速性"的特征，完全区别于传统商业营销模式，能够帮助企业以更低廉的成本、更快捷的速度获取国内外市场信息、宣传推广自有品牌，实现与全国甚至全球消费者的无缝对接，从而迅速打开销售市场。自此，桐庐开始驶上电子商务"一切皆有可能"的道路。

2. 发展规划

表4-4是浙江桐庐农村电商发展规划。

表4-4　浙江桐庐农村电商发展规划

发展阶段	目的	具体措施
启动阶段：2012年8月至2013年底	"启蒙计划"，给理念、给氛围、给信心	出台《关于加快电子商务应用发展的若干意见》，全方位、系统化推进电子商务普及应用
初步发展阶段：2014年	"1234计划"，主要是给支撑、给配套、给服务	推进"两大中心"建设。加快三大园区建设。突出"四大平台"建设
提升发展阶段：2015年	"燎原计划"，主要是抓扩面、抓提质、抓突破	实现"两个突破"，主要是指向下突破发展农村电商和向外突破发展跨境电商

3. 发展现状

（1）截至2016年底，全县仅在天猫和淘宝平台上的活跃卖家就有5100多个；年销售超过500万元的电商骨干企业达52家，网上销售14.54亿元，增长142%。

（2）电商企业数量不断增加。桐庐目前有3个县级核心电商产业园，入驻专业电商公司47家；建成6个乡镇孵化园，培育电商企业165家。

（3）电商平台搭建工作顺利进行。建成8个本地电商支撑平台，县内应用企业（商家）达4600余家；建成9个电商仓储物流平台，日均发货量突破40 000单。

（4）电商人才队伍不断壮大。设立6个电商人才公共培训基地，2014年组织各个层面的电商培训5800余人次；还有183个农村淘宝村级服务站投入运营，2015年6月底，桐庐成为全国第一个实现农村淘宝村级服务站行政村全覆盖的县。

4. 评价指标

表4-5是浙江桐庐农村电商评价指标。

表4-5 浙江桐庐农村电商评价指标

	评价指标	具体数据
定量指标	农村电商网上交易额（亿元） 注：以上数据以2014—2015年的数据为基础标准	14.54
	网商数量（个）	>5 000
	生产企业数量（个）	≈4 600
	销售品类（种）	8
	基地（个）	9
	网络品牌数量（个）	78
定性指标	宣传力度	√
	推广力度	√
	建立领导机构	√

（注：以上数据来自于实地调研和网上数据搜集）

桐庐是阿里巴巴全国首个农村发展战略试点县，"农村淘宝"项目的第一个县级运营中心和"农村淘宝"第一单就产生在桐庐。桐庐确立了"政府主导，企业主体，立足生态，从无到有，全面谋划，系统推进"的原则，在建立机制、转变理念、营造氛围、编制规划、出台政策、寻找资源、设计载体、搭建平台等方面采取了一系列举措，一步一步推动电商发展。

4.5.3 重庆秀山——"三台阶四措施五体系"模式

1. 发展背景

重庆秀山位于渝东南，与湘、鄂、黔交界。长期以来，这里虽有几省（市）交界的区域优势，却受武陵山区地势险峻、交通不便的制约，贫穷落后。互联网的高速度、广覆盖、低成本、大海一样的市场容量，这些特质深深地吸引了秀山的人们，也促使该县决心下大力气发展电子商务。

2. 政府措施

秀山县采取四方面的措施，大力助推20亿元级农村电商产业发展：

（1）支持主体培育，对入驻电商产业园的企业给予仓储、办公场地等费用"3免2减半"补助；对外发快递实行"首重"全国3元包邮补贴。

（2）支持技术创新，对投资50万元以上的技术研发或成果推广项目，给予投资额30%、最高不超过50万元的补助；对电商平台建设投资在500万元以上的，给予30%、最高不超过500万元的补助。

（3）支持品牌建设，对创建知名电商品牌给予2万~5万元/个一次性补贴；对新入驻的3钻级以上网商卖家，给予1元/单、最高不超过10万元搬迁补贴。

（4）支持业务拓展，对产业园内企业年交易额首次超过5000万元、1亿元、5亿元和10亿元时，分别给予2万元、5万元、10万元和20万元奖励；对年销售

2 万单的电商企业给予 2 元/单、最高不超过 50 万元营销补助。

在落实上述措施的过程中，秀山县逐步形成了电子商务发展的五大体系，有力地推动了秀山农村电商精准扶贫（参见表 4-6）。

表 4-6　秀山农村电商"五大体系"

体系	名称	具体内容
体系一	"T+1""1+T"的物流快递体系	一是建设乡村网点；二是优化城乡配送；三是构建全国物流网络
体系二	"培训+孵化+培育"的人才培养体系	一是校企合作，专业导师教学；二是依托县党校开展基层干部"农村电商，精准脱贫"培训班；三是依托县职教中心等教学资源培养本土电商人才
体系三	"基地+品牌+加工"的农产品上行体系	一是建设特色农产品基地；二是以"武陵遗风""边城故事"为主的品牌体系；三是提供组货、加工、包装、仓储、快递等上行服务
体系四	以"村头"为核心的电商平台体系	"云智网商城""村头""武陵生活馆"等
体系五	全方位、多层级的企业服务体系	一是建议电商领导小组；二是依托物流园建议电商孵化园；三是依托电商孵化园，投用农村电商服务中心

四方面措施和五大体系的形成，使秀山县的电子商务形成了"三台阶"发展阶段（参见表 4-7）。

表 4-7　秀山农村电商的"三个台阶"

"三个台阶"唤醒"武陵深山"	内　容
打通商贸渠道	发展农村电商，打通农产品上行渠道
搭建平台体系	建立农村电商平台体系，构建"互联网+三农"新模式
构建物流中心	发展立体化商贸物流平台，形成良性循环

3. 发展现状

截至 2016 年底，秀山县总共建立了 123 家武陵生活馆，200 多家乡镇服务点覆盖秀山 90%以上乡镇，同时还建有 4 个武陵山区域分发配送中心，2016 年"村头"平台实现交易额 2 亿元，全县实现农产品网络零售交易额 46.9 亿元。

目前，秀山的农村电子商务已初步形成"买武陵，卖全国；买全国，卖武陵"的模式，并基本建成武陵山区域性商贸物流中心。

4. 评价指标

表 4-8 是秀山县农村电商评价指标。

表 4-8　秀山县农村电商评价指标

数据	评价指标	具体数据
定量指标	农村电商网上交易额（亿元） 注：以上数据以 2014—2015 年的数据为基础标准	46.9
	网商数量（个）	15 000
	生产企业数量（个）	300
	销售品类（种）	12
	基地（个）	16
	网络品牌数量（个）	500
定性指标	宣传力度	√
	推广力度	√
	建立领导机构	√

（注：以上数据来自于实地调研和网上数据搜集）

4.5.4　山东博兴——"传统文化接轨电商"模式

1. 发展背景

2002 年，山东博兴县湾头村通过阿里巴巴 B2B 平台开始进行内贸销售，农村电商由此起步，逐步带动全县农村电商蓬勃发展。

2. 发展规划

（1）企业规划。博兴县锦秋街道围绕服务型党组织建设要求，大胆创新，积极探索"红色淘宝"发展新模式，将党旗插在电商新领域，助力农村电商健康快速发展。

（2）政府规划。博兴县锦秋街道山东博兴草柳编文化创意产业园开工建设，该园区坚持高起点定位、高标准规划，目标是建设全国一流的高端电子商务产业园。这是博兴县委、县政府顺应发展趋势，力推传统产业插翅电子商务转型升级重点项目，是将传统文化产业与互联网融合的具有博兴特色"传统文化接轨电商"的农村电子商务发展之路。

3. 发展现状

（1）发展成效。截至 2016 年底，博兴县已拥有 1 个淘宝镇、16 个淘宝村，淘宝商户突破 1 万户，直接从业人员 3 万人，带动间接就业 10.3 万人。老粗布家纺电商园区、草柳编创意产业园已成为产业特色鲜明、服务体系完备的多业态现代电子商务集聚区。淘宝村的成功，进一步推动了博兴县传统企业的网上转型。目前，博兴 85% 的工业企业开展了网上贸易。2016 年全县电商交易额达到 320 亿元，其中农村电商突破 10 亿元。从业农民年均增收 5600 元，带动了 4100 户低收入户增收、680 名贫困人口实现脱贫。

（2）发展特点。一是突出当地特色，深挖地方民俗文化，树立品牌效应，做大做强规模，带动农户和周边地区发展；二是目标定位明确，按照产品的独有性和特色性，打造具有浓厚文化氛围、创意体验新模式为一体的草柳编聚集地和交易地；三是产业园规划建设充分尊重民意，广泛听取经营户的建议，突出当地文化内涵，让独有的非物质文化遗产元素符号充分展现出来，与旧村改造提升相互配套衔接，形成功能齐全一体化新格局。

4. 评价指标

表4-9是山东博兴农村电商评价指标。

表4-9　山东博兴农村电商评价指标

	评价指标	具体数据
定量指标	农村电商网上交易额（亿元） 注：以上数据以2014—2015年的数据为基础标准	320
	网商数量（个）	20 000
	生产企业数量（个）	830
	销售品类（种）	6
	基地（个）	7
	网络品牌数量（个）	27
定性指标	宣传力度	√
	推广力度	√
	建立领导机构	√

（注：以上数据来自于实地调研和网上数据搜集）

5. 典型案例分析

（1）湾头村草柳编产业。博兴草柳编有数百年历史，是全国草柳编工艺品出口基地。博兴县湾头村于2002年开始通过阿里B2B进行内贸销售，长期对外贸易使当地村民观念开放，同时使电商经济迅速发展。2008年于淘宝开设网店，逐渐形成规模，各家分工生产互相拿货，形成了区域品牌效应，拉动了周边产业的发展，如物流等，使之成为名副其实的"淘宝村"。2013年湾头村列入全国20家"淘宝村"。

（2）顾家村手织粗布产业。在首届"淘宝村"高峰论坛上，顾家村被阿里巴巴研究中心和中国社科院信息化研究中心授予首批"中国淘宝村"称号，全国共有20家淘宝村山东省即有4家。顾家老粗布市场现有经营业户220户，50%的业户在淘宝网开设了网店。据阿里研究中心公布的数据显示，湾头村拥有网店700余家，年销售额过百万元的网店有30余家，快递公司网点20多家。2016年顾家村老粗布市场批发零售总额达到6.8亿元。

6. 山东博兴模式的启示

博兴县通过政策资金支持、信息物流支持、技术培训支持、载体平台支持等四大"支持"为网商、网企、淘宝户开展电子商务提供政策咨询、业务培训、技术服务、物流配送、信贷融资、供应链管理等服务，持续优化农村电商环境，筑牢电商发展基础，让农民在更高层次上创业，更加精准地脱贫致富。

4.5.5 河北清河——"专业市场+电商公司"模式

1. 发展背景

河北省清河县地处冀鲁交界处，总面积 502 平方公里。改革开放 30 多年来，清河县发生了巨大变化，逐步形成了羊绒、汽车摩托车配件、硬合金、耐火材料等五大产业，成为河北省综合经济实力十强之一和发展县域经济的一面旗帜。其加工的山羊绒占世界总产量的 50%，全县已形成梳、纺、织一条龙生产格局，具有健全的购销网络和较为完善的市场服务体系。羊绒业带动了该县经济的全面发展，提供了劳动力就业的广阔空间。被誉为"中国纺织名城"和"中国羊绒之都"。

2. 发展规划

（1）发展背景。1989 年，由于西方国家联合对中国实行经济制裁，清河的羊绒出口急剧下降，很多中小企业一夜之间被迫停业，清河羊绒走到了发展历程中最为困难的关口。面对困境，一些企业开始从事羊绒梳理，并且通过参加广交会使得一些国外客商尤其是东南亚国家的企业开始了解清河，知道在中国的河北内陆还有一块专门从事羊绒梳理的地方，随着他们对清河认识的加深，也带动了清河羊绒的出口。新的销售市场由此打开，清河羊绒产业逐渐走出低谷。

（2）政府规划。经过多次调研，县委、县政府决定将发展电子商务作为推动全民创业、加速特色产业转型升级的首要惠民实事。为此，该县加大政策倾斜力度，积极搭建电子商务发展平台，强力给予支持发展。在全县组建了电子商务协会，引进电商服务机构，成立了电子商务培训服务中心，建立了 B2C 模式的"清河羊绒网"和羊绒制品专业供货平台"百绒汇网站"。

3. 发展现状

（1）发展成效。截至 2016 年底，全县淘宝村达到 16 个、淘宝镇 2 个，网店数量达到 3 万多家，电商从业人员达到 6 万多人，年销售额超 35 亿元。目前，河北清河已拥有全国 80%、全球 50% 以上的羊绒加工能力；山羊绒产量长期占到全国的 60% 以上，全球的 40% 以上的份额。

（2）发展特点。一是加工生产在内、原料市场两头在外；二是生产经营区域化、规模化；三是区域化专业市场集聚；四是产品向深加工、系列化方向发展。

4. 评价指标

表 4-10 是河北清河农村电商评价指标。

表 4-10　河北清河农村电商评价指标

评价指标		具体数据
定量指标	农村电商交易额（亿元） 注：以上数据以 2014—2015 年的数据为基础标准	35
	网商数量（个）	60 000
	生产企业数量（个）	2 470
	销售品类（种）	5
	基地（个）	3
	网络品牌数量（个）	>100
定性指标	宣传力度	√
	推广力度	√
	建立领导机构	√

（注：以上数据来自于实地调研和网上数据搜集）

5. 典型案例分析

（1）东高庄村——清河县第一个淘宝村。该村 1800 口人、400 余户人家，集合着 300 多家淘宝网店，全村以网络销售羊绒制品闻名。上世纪末，该村在全县率先搞起了羊绒深加工，逐渐成为全县规模最大的羊绒纺纱专业村。"淘宝村"的成功产生了很强的"墨迹效应"，带动了该县更多的羊绒经营业户加入到"淘宝"行列中来。

（2）清河引进易田网购搏杀河北农村电商。2015 年 8 月 12 日，清河县召开农村电子商务推进会，引进易田网购旨在打通农村电子商务"最后一公里"。各地方的农产品对接到销地，销往全国各地市场，给所有农民创造经济收入，产品市场资源的优化配置，改变农村生产经营模式，节约生产及销售成本，提高农村经营者的市场竞争力，提高农村地区人民的生活质量。

6. 河北清河模式的启示

电子商务的迅猛发展，为清河的产业营销插上了信息化的翅膀，加速了产业向市场终端的延伸，走上了一条以电子商务带动产业转型、以产业转型促进电子商务的快车道。当前，清河电子商务正以燎原之势，从羊绒产业延展到汽车及零部件、稀有金属等产业，电子商务交易形式也由传统的固定 PC 平台交易拓展到更为便捷的移动终端平台交易。清河电子商务正以强劲的发展势头向着打造"国家级电子商务示范基地"的目标前进。

4.5.6　甘肃成县——"农户+电商公司"模式

1. 发展背景

甘肃成县地处秦巴山区，山大沟深、人多地少、贫困面大，是国家确定的秦巴山片区扶贫县。发展农产品电子商务具有独特的资源禀赋优势、相对地缘生态优势，而且气候温润、农产品种类凸显出多样性特点，被誉为"宝贝中的黄金地带"，核桃、樱桃、柿饼、中药材等优质农品在省内外都有很好的销路。为了脱贫致富，成县在发展特色富民产业中基本形成了核桃、中药材等一批优势特色产业。

2. 发展规划

（1）企业规划。首先，打造完善的营销渠道，借助电子商务建立生产、加工、销售一条龙服务平台；其次，在打造驰名商标上下工夫，通过网络销售提高产品的知名度，利用电商转型商品销售模式、补充市场销售渠道、扩大产品的市场份额，让深加工产生品牌效应，让特色农产品的资源优势转化为经济优势。

（2）政府规划。首先，结合陇南市下发的方针政策文件，结合本地实际情况，出台了政策机制，强化政府引导和行政推动。其次，通过政府主导的方式，即在基层干部群众对电子商务等新兴商业业态接受较为缓慢的情况下，要求大学生村干部等基层政府工作人员开网店，发挥带头示范作用。最后，在助推电子商务发展的同时强化监管。

3. 发展现状

（1）发展成效。截至2016年底，成县已发展902家网店，22家电子商务企业，40家物流快递公司，建成网络供应平台24家，线上销售产品30多类100个品种，电商销售总额5.16亿元，带动贫困群众就业4100余人，鼓励帮助贫困户开办网店85个，全县265个网店与3862户贫困户建立了结对帮扶关系，帮助贫困群众销售农产品1120万元，电子商务助农增收人均达295元。全县网上网下互动创业的活力，在更大空间里得到了激发。

（2）发展特点。一是爆品路线，从一个单品突围，逐步向多品类发展；二是政府营销。县委书记带头、四大班子、乡村干部齐上阵，用微信、微博等工具进行营销。

4. 评价指标

表4-11是甘肃成县农村电商评价指标。

表4-11 甘肃成县农村电商评价指标

	评价指标	具体数据
定量指标	农村电商网上交易额（亿元） 注：以上数据以2014—2015年的数据为基础标准	5.16
	网商数量（个）	7 000
	生产企业数量（个）	2 470
	销售品类（种）	>30
	基地（个）	5
	网络品牌数量（个）	>10
定性指标	宣传力度	√
	推广力度	√
	建立领导机构	√

（注：以上数据来自于实地调研和网上数据搜集）

5. 典型案例分析

（1）淘宝特色中国·陇南馆。"特色中国·陇南馆"的主题是"陇南美、原生态、珍食材"，旨在为陇南本地的优质网商、供应商、服务商提供全面到位的服务。"陇南馆"注重结合陇南本土文化、旅游、民俗等特色产品进行整体品牌构建，并将其与淘宝网平台进行有效对接，整合宣传本地资源，打造陇南地理名片。其成立初衷是在政府的支持下，提升陇南特色产品的网络营销能力、渠道建设及品牌推广，联合产品供应商、网商、监管部门做好陇南产品互联网渠道的"品牌、品质、渠道"承载及区域特色营销。截至 2015 年 6 月，陇南馆访问量突破 2800 万，总销售额达 3900 万余元。

（2）陇南特色农产品（核桃）交易中心。20 世纪 90 年代，成县将核桃定位为支柱产业，从引进苗圃到育种，全县实现了核桃全覆盖，总面积达到 50 万亩。2013 年 6 月，成县县委书记在淘宝上叫卖核桃之后，成县核桃被越来越多的人知晓。

（3）集散中心、价格形成中心和信息发布中心。为进一步推进核桃产业优化升级，陇南市计划投资 3.8 亿元，将成县建成区域最大的核桃集散中心、价格形成中心和信息发布中心。目前，正在建设小川农产品交易中心，规划将其打造成集核桃销售、储存、加工、商业洽谈等功能于一体的核桃交易中心。

6. 甘肃成县模式的启示

成县制定了电商发展规划、建立电商扶持发展机制、成立电商协会、打造农特产品电商品牌、举办电商知识培训、培养电商专业团队，全面推进，从各个方面为电商发展作出保障。

4.5.7　陕西武功——"集散地+电商公司"模式

1. 发展背景

陕西省武功县地处关中平原西部，县域面积 397.8 平方公里，人口近 46 万人，辖 12 个镇（中心），213 个村民委员会，6 个社区居委会。该县交通十分便利，是关中地区重要的交通枢纽和物资集散地。

2. 发展规划

（1）企业规划。通过旧厂房改造，该县已建成武功县电子商务创业孵化基地，吸引了陕西美农、西域之尚、陕西米豆儿、淘宝西北商盟等 106 家电商企业入驻。

同时，相关部门正在编制电子商务及物流园规划等综合配套设施，加强与阿里巴巴、苏宁易购、京东商城等知名电商的合作。

（2）政府规划。一是规划引领。在电商扶贫方面，该县专门发布一系列政策文件，全力实施电商精准脱贫工作。二是人才培养。该县拓展渠道，大力宣传电子商务发展优势、扶持政策、先进典型等，大力推进电子商务应用人才培训。

3. 发展现状

（1）电商数量剧增。从 2014 年至今，已有 20 家电商入驻，包括赶集网西北总站、陕西美农、地特网等，开设网店达 300 多家。

（2）形成了良好的电子商务氛围。现在网络深入武功的农村，带给人们生活方式的巨大变化，越来越多的农民加入电商的行业；电商的深入发展，吸引了大批外出务工农民返乡创业。

（3）产业建设卓有成效。武功县现在在产业发展和品牌建设方面已经卓有成效，形成了5个省级农业特色产业"一镇一业"示范镇，58个"一村一品"示范村；品牌建设方面，已经创立了30多个农产品知名品牌。

4. 发展特点

（1）思维更开放；

（2）视野更开阔；

（3）目标更深远；

（4）模式更创新。

5. 评价指标

表4-12是陕西武功农村电商评价指标。

表4-12　陕西武功农村电商评价指标

	评价指标	具体数据
定量指标	农村电商网上交易额（亿元） 注：以上数据以2014—2015年的数据为基础标准	40
	网商数量（个）	25 000
	生产企业数量（个）	>100
	销售品类（种）	16
	基地（个）	7
	网络品牌数量（个）	40
定性指标	宣传力度	√
	推广力度	√
	建立领导机构	√

（注：以上数据来自于实地调研和网上数据搜集）

6. 典型案例分析

武功县2015年有80多家企业电商，2016年增至168家，个体网店达到900家。2015年武功县仅有4家电商企业参加"双十一"活动，到2016年增加到23家。主要销售西北地区优质农产品，品种由以往的大枣、核桃、猕猴桃等数百个，增加了服装、电器等种类，品类达到2000多种，比上年增长四五倍，以新疆、宁夏、甘肃等地的农产品居多，西北地区基本已实现全覆盖。

7. 陕西武功模式的启示

首先，武功县发展农产品电子商务带动了一批关联产业，促进了与电商相关的物流、人才流、信息流、资金流在县城周边聚集。其次，农产品电子商务的发展使一大批农户受惠。再次，农产品电子商务促进新民生。

4.5.8 浙江义乌青岩刘村——"产业集群"模式

1. 发展背景

浙江义乌青岩刘村位于金华市义乌市江东街道，该村占地约 28 万平方米，有 200 多幢农民房、586 个楼道、房屋 1800 间。这个原本不到 2000 人的村庄，已发展成容纳 8000 多人就业的村庄。

青岩刘村完成了旧村改造之后，每家每户建成 4 层半结构，但大部分家庭实际只用到一层半。底层店面和 2 层住房就有大量的空余。这种房子相比于同期义乌相同地段房租便宜 20%～30%。并且，青岩刘村地处城乡接合区域，生活成本较低。另外，房屋结构上集住宿、办公、仓储等多功能于一体，结合义乌丰富的商业信息、商品城海量的货源和商贸物流的便捷，整个青岩刘村的创业门槛很低，非常适合缺乏经验、缺乏信息、缺乏途径的草根创业。此时，B2B 电子商务概念刚刚兴起。青岩刘村依靠当地发达的小商品市场以及一路之隔的义乌江东货运市场，开始在村里引进网商开展电子商务交易。从此，村民利用旧村改造后闲置的房屋，想方设法引进网商开展电子商务交易。入住青岩刘村的网商，从最初的几家迅速增加到上百家。

在江东街道政府的支持下，该村组织成立了义乌国际电子商务城筹委会，给创业者提供创作乐土，青岩刘村电子商务旗帜树立后大量的卖家迅速集聚过来。

由于义乌市场是全球最大的小商品集散中心，有着数以万计的货品，"只批发，不零售"的模式使很多网店出现了库存积压的问题。网店逐渐探索形成了 B2B 电子商务平台，即开创进货网，主要在网站上提供全国各地搜寻好的产品图片和资料，供代理商选择。代理商只要将想要的货单发给他们，仓储、发货的事便全由他们代劳。更重要的是，他们采用"厂家—供应商—买家"模式，减少中间环节，价格更加便宜。就这样，一条完整的电子商务产业链在青岩刘村渐趋成型。

2. 政府规划

青岩刘村是农村电商发展的典型代表。义乌市政府发布了青岩刘模式农村电商产业发展的白皮书，其中指出，青岩刘模式的定义就是充分统筹城市和乡村优势资源，借助"互联网+"整合多要素、多产业，将传统产业互联网化、传统贸易电商化、传统农村城镇化，营造大众创业、万众创新的良好氛围。

提供优越的创业环境及服务。紧紧抓住互联网这种电子商务模式，提供了非常好的创业环境，机会非常多门槛非常低，不管什么学历不管什么背景，在义乌只要挥洒汗水都有成功的可能。

实施"以电商换市"的战略。青岩刘模式是线上线下融合的缩影，义乌提出以电商换市的战略，是市场转型的重大战略。

把电商作为城镇化的新途径。实行产业、人口、要素、城市、社会的融合发展，创造一个农村城镇化的新的模式新的途径。青岩刘模式也是新常态下经济转型的重要动力。

3. 企业规划

一是利用"淘宝孵化园"培育电商。青岩街 58 号的马樟良是青岩刘村中比较成功的电商之一，2011 年成立马腾电子商务有限公司。现在公司运营了 2 个淘宝馆、2 个天猫店、3 个阿里巴巴店、1 个京东店铺。马樟良表示，他目前正在提升餐具的包装质量，投资了 2000 万元将所有的餐具包装换成纸塑的环保材料，为做跨境电商做准备，争取到 2018 年实现一个亿的营业额。

二是集聚力量，走出义乌。在青岩刘村，物流、网络、包装、招工以及第三产业都逐渐形成了集聚效应，为商务公司经营提供了很多实在的便利，逐渐形成潜在优势条件。正是因为青岩刘村电商企业的活力与创业的财富神话吸引了一批又一批的年轻人前来。义乌 90% 以上的大网商都是从这儿走出去的，如"福馨""紫薇""汇奇思"等。

4. 发展现状

（1）发展成效。在义乌，这个不大的青岩刘村，聚集了全国各地创业者开出的 3200 多家网店，是不少网络热销物品的始发站，也是浙江乃至中国首个自然生长出来的"淘宝村"。在大众电商创业最活跃的 50 个县中，义乌位居榜首，淘宝店数量居全国第一。义乌青岩刘村被李克强总理赞为"中国网店第一村"。2016 年，青岩刘村拥有网点数 3200 多家，全年销售额达 40 亿元，日均出单量 10 万单。形成完善的物流网络，有快递 23 家，货运专线 160 多条，覆盖全国 260 多个大中城市，年货运吞吐量 440 万吨，成为名副其实的电子商务"淘宝村"。

（2）发展特点。青岩刘模式总结有五大特点，一个是激情活力，在这里每个人都是创业者，是 5+2、白加黑的创业。第二是创新前沿。第三是业态齐全。第四是孵化基地。第五是草根创业。在义乌会提供非常好的配套的完善的措施，助力创业成功。草根创业成功的例子比比皆是。

5. 评价指标

表 4-13 是浙江义乌青岩刘村农村电商评价指标。

表 4-13　浙江义乌青岩刘村农村电商评价指标

	评价指标	具体数据
定量指标	农村电商网上交易额（亿元） 注：以上数据以 2014—2015 年的数据为基础标准	40
	网商数量（个）	25 000
	生产企业数量（个）	>100
	销售品类（种）	16
	基地（个）	7
	网络品牌数量（个）	40
定性指标	宣传力度	√
	推广力度	√
	建立领导机构	√

（注：以上数据来自于实地调研和网上数据搜集）

6. 浙江义乌青岩刘村模式的启示

（1）大众创业万众创新的典范。义乌电商产业发展迅速，青岩刘作为"中国网店第一村"，从青岩刘走出去的电商更是达到了数千家，他们活跃在义乌各地，青岩刘村确实称得上是义乌电商发展的一个"孵化器"。未来，江东街道的电商产业发展，必将站上一个新的高峰，成为大众创业、万众创新的典范。

（2）线上线下融合的趋势。从总体上看O2O引领了新型业态的迅猛发展，以电子商务线上线下为代表的新型业态强势增长，形成了内贸流通发展的新动力，也拓展了流通发展的新空间。当前市场有所波动，但是行业发展没有偏离内在规律。今后一段时间中国O2O市场仍然有较大的发展空间，O2O增长强劲，线上线下融合的空间仍然较大，将继网络零售后成为下一个万亿级的市场。

（3）新常态下经济转型增长的新动力。农村是电商增量市场。中国农村市场消费潜力巨大，未来消费规模可能超过城市。调查显示，农村居民网购接受率高达84.41%，人均年网购金额预测在500~2000元，主要集中于日用品、服装及家电等领域。因此，在城市电商基本已经达到增量天花板之际，新常态下经济转型增长的新动力将转向县、乡及农村这个增量市场。

4.5.9 浙江遂昌——"产业多维度立体化发展"模式

1. 发展背景

随着整体信息化水平提升，互联网覆盖面积更广。主要农村地区都已覆盖宽带和移动网络，上网费用也持续降低。与此同时，大量的打工青年也将上网和网购的风气带回了家乡。而物流网络也不断延伸，为更多的城镇和农村地区提供了服务。这些变化都促使电子商务从城市向农村渗透，并为农村地区创业提供了一种新的可能，本地生活服务和移动电商也顺势而起。

遂昌县隶属于浙江省丽水市，位于浙江省西南部。遂昌山多地少，区位优势不明显，产业规模小且分散。但重重大山没有阻隔老百姓致富路上的激情与梦想。最古老的生态文明和最现代的信息文明、最传统的农特产品和最时尚的营销方式在遂昌找到了最佳结合点。

从2005年始，一些精明的遂昌商人开始涉足淘宝等网上市场，主要经营竹炭、烤薯、山茶油、菊米等富有地方特色的农产品。2010年3月，在县委、县政府的引导下，遂昌网店协会正式成立，串联起了农村电子商务的各个环节。2013年1月，淘宝网全国首家县级特色馆"特色中国·遂昌馆"正式上线，汇集了烤薯、竹炭花生、即食笋、菊米等本土美食，还包含遂昌景点门票、酒店等旅游产品。从此，遂昌电子商务开始步入集群式快速发展期。数据显示，至2016年底，协会卖家会员发展到了2100多家，全年共完成电子商务交易额约6.6亿元。

2. 政府规划

一是坚持以组织创新为基础，建设农村电子商务生态圈。抓住电子商务示范县和美丽乡村的建设机遇，持续进行组织创新，汇集更多主体参与到农村电子商务生态建设中来。使更多人能分享由电子商务带来的社会进步，融入整个电子商务生态圈中。以组织创新带动资源的优化配置，促成参与农村电子商务各方的多赢，带动整体的创新和创业发展。

二是坚持多种类型电子商务并举，带动一二三产业融合发展。继续做大做强农产品电子商务这一核心竞争力。利用创新溢出效应，推动多种类型电子商务形成的共同发展。对于能够逆向推动当地一二三产业发展的电商企业需大力扶持，尤其应选择其中符合绿色环保标准的企业进行大力扶持，推动遂昌县域经济的整体发展。

三是坚持以创业创新为导向，坚持留住与引进相结合。电子商务为个人和小微企业提供了大量的创业机会，也为传统企业二次创业提供了契机。遂昌县电子商务发展必须坚持以创业创新为导向。

3. 企业规划

完善人才管理机制。电商是新兴产业，需要大量专业的、对农业有感情的人才，未来不断拓展业务也需要大量农村电商专业人才。完善人才管理机制，使员工及站长的文化水平和专业的服务相匹配。

把控网货产品质量安全。电商平台不涉及农产品的生产环节，对个体农户小规模的产品应该进行严格的质量安全检查，使消费者容易辨别网上农产品的质量和安全。

规范管理服务站点。服务站大小规模不一，营业时间随意性较大，对于服务站点，应加大规范管理力度，严格实施管理条例，保障消费者的权益。

4. 发展现状

近年来，遂昌的电子商务获得了飞速发展，在全国具备了相当的影响力，被称为"遂昌模式"。这一模式极大地推动了遂昌传统农业经济的转型升级。2012年遂昌获评阿里巴巴第九届全球网商大会年度"最佳网商城镇"，"遂昌馆"亦成为淘宝"特色中国"中第一家县级馆。至2016年底，遂昌已拥有各类网店6000余家。"遂昌模式"得到了政府与社会各界的认可。

5. 发展特点。

（1）由政府和协会推动，实现了公益性和营利性的良好结合。遂昌电子商务的发展并非农民自由组织的产物。在2010年前，遂昌只有少数企业与个人从事电子商务活动，总体规模不大。之后，遂昌网店协会的诞生对当地网商的集群式发展起到了关键作用。加之政府的参与，在遂昌逐渐形成了较为完备的电子商务生态体系，为城乡中青年群体提供了大量的就业岗位。遂昌县以组织创新推动电子商务的整体发展，将农民和城镇居民组织起来，以电子商务为主，从公益着手，走出了一条新农村建设的新道路。

（2）紧扣现代生态农业发展新农村建设的主题。目前农业的简单工业化呈现出破坏生态环境、能耗大、挤压传统乡村文明空间等一系列问题。大部分农村在电子商务活动中制造或销售的还属于低端工业产品，附加值低，对于当地经济转型升级意义不大。而遂昌在网上出售的产品并不以廉价取胜。人们购买遂昌的产品，更多是对遂昌生态环境和农产品质量的认可。此外，政府为遂昌产品做出背书，实行多方负责的监管机制。遂昌电子商务发展过程中，并未破坏当地可持续的农业生产方式，而是极大地促进了当地农业及配套产业的升级、提升了优质农产品的附加值，形成了农业县城的电子商务生态圈，是一种新农村产业发展的样本。

（3）具备更强的可复制性和辐射能力。由于遂昌模式更易于由政府推动，因而具备了更强的可复制性。目前，遂昌模式取得了一系列成果，已经具备了一定的全国影响力，许多地区都前来调研，准备按照遂昌模式来改造自身。同时，许多相关领域的专家和企业家也被遂昌的自然生态环境和电商生态环境所吸引，愿意和遂昌进行多种形式的合作。

6. 评价指标

表 4-14 是浙江遂昌农村电商评价指标。

表 4-14　浙江遂昌农村电商评价指标

	评价指标	具体数据
定量指标	农村电商网上交易额（亿元） 注：以上数据以 2014—2015 年的数据为基础标准	66
	网商数量（个）	6 000
	生产企业数量（个）	164
	销售品类（种）	6
	基地（个）	4
	网络品牌数量（个）	≈80
定性指标	宣传力度	√
	推广力度	√
	建立领导机构	√

（注：以上数据来自于实地调研和网上数据搜集）

7. 典型案例分析

（1）"赶街"。"赶街模式"主要由"赶街网"进行整体的统筹和整合，为每一个村网点提供一台可以上网的电脑，由便利店老板为村民代发、代收包裹、代卖网络产品。遂昌"赶街模式"经过五年在农村电商的探索、创新，破解了农村电商难题。建立线下赶街村级服务站；打造线上交易平台，为消费品、工业品下乡和农产品进城提供网上销售平台；建立县域公共服务体系，在农产品上行过程中，协助政府、整合社会资源，建立县域农产品溯源和品控体系。近年来，遂昌县在农村电商领域积极探索创新，不断完善并建立健全农村电子商务服务体系，使"赶街模式"成为提升农村基础便民服务、提高农村活力、引导农村消费、搞活农村供需流通、促进农民增收和创业就业的重要推手。同时，通过遂昌"赶街模式"破解了农村电商难题，建立线下"赶街"村级服务站，作为破解农村电商难题的核心手段；打造线上交易平台，为消费品、工业品下乡和农产品进城提供网上销售平台；建立县域公共服务体系，在农产品上行过程中，协助政府、整合社会资源，建立县域农产品溯源和品控体系。到目前为止，赶街网总共在遂昌建立起了210个站点用于每天流通交易，二十几个乡镇几乎都有对接人。并且，每个站点由赶街网配备了电脑，每年都会接受专门培训。这样的"村服务站+运营中心"模式，覆盖面广、流动性强，已经成为业内通用标杆。"遂昌的赶街模式新颖灵活，在浙江乃至全国都是首创，它的可复制性高，非常值得推广和学习。

（2）"嘉言民生"。2014年，遂昌嘉言民生事务服务有限公司从一个公共服务县级试点单位，成为以全县203个村级便民服务中心为载体，全面整合各级社会力量与政府职能，构建了"政府主导、企业运营、社会协同""三位一体"的便民服务"政企社共建"模式，包含了社会公共服务、农村电子商务、O2O连锁、冷链物流等服务内容，站在国家政策聚集的风口，备受各部门关注的新型经营主体。嘉言民生获得政策的大力助推、各界的高度关注并非偶然，其"不靠政府拨款，不降低服务标准，不减少服务数量，不向群众收费，不增企业负担"的商业模式、"羊毛出在牛身上"的盈利模式及"扎根农村，服务乡民"的理念针对了当前中国经济发展的"三农"、农村电商、财政等问题，并给出了可行性解决方案。

（3）企协网。遂昌企协网络服务有限公司是由遂昌县企业家协会牵头组建的，主要是帮助传统型生产企业解决产品的网络销售问题。同时，入驻该公司网络平台的企业还可对优势资源进行共享。针对部分企业缺乏产品摄影、图片美工、运营技巧等技能，优势企业定期组织人员对其进行教学培训，形成企业之间"抱团发展、共同进步"的新局面。如今，遂昌已基本形成了赶街、企协网、嘉言民生"三驾马车"并驾齐驱的电商化格局，农村电子商务成为驱动县域经济转型升级和助推山区科学发展的重要力量。

8. 浙江遂昌模式的启示

（1）遂昌模式是一种可以复制的模式，适用于广大的农业地区，向兄弟地区输出经验和模式，促进中国农村电商的整体发展。在此基础上，进一步总结经验、优化资源和利益配置机制、健全政府和社会保障体系，推动多主体合作，建设和谐社会与美丽乡村。

（2）充分利用各种资源和品牌的溢出效应，在全国形成多种电商形态共存、相互补充的局面，鼓励各种电商创新创业行为，鼓励企业合作共同拓展多类型的电子商务营销与销售渠道，形成整个电商产业多维度立体化发展趋势。

（3）充分发挥现有电商产业的溢出效应，推动现有和新兴一、二、三产业和电商主动接轨，形成以电商带动整体产业转型升级的经济圈。

4.5.10 浙江海宁——"电商倒推产业转型"模式

1. 发展背景

海宁工业基础良好，涉及30个大类100多个小类，区域特色经济优势明显。皮革、家纺、经编、太阳能利用、机械装备、食品、化工（医药）等区域特色产业加速扩张和提升，在国内乃至国际同行业中的影响力和竞争力进一步提高。追随网络步伐推动电商发展，成为电商倒推产业转型的典型案例。

2. 发展规划

（1）多平台拓展网络销售。整合线下203个销售平台，建立"海宁农城"农产品电商平台，推进平台农产品追溯制度。组织虹越花卉、盛旭甲鱼等名优农产品企业、网商抱团入驻"淘宝特色馆"，发动实体企业进驻网上农博会。

（2）强化发展体系建设。着力加强海宁市电子商务公共服务平台和上一级电商服务平台对接，向下带动镇级电子商务服务中心和村级服务网点建设；同时积极培育专业化农村电子商务企业，引导农产品企业、农村合作社和农业经纪人等开展农产品网上销售；努力构建农产品网络销售体系，多平台拓展农产品网络批发、零售市场，积极探索生鲜农产品网上直销。

（3）强化特色品牌培育。充分利用海宁本地优质生态农产品资源，借助海宁江南水乡的区位优势，结合海宁独特的人文情怀，以花卉苗木、水产、果蔬、榨菜等传统优势农产品为主，打造一批独具海宁特色的绿色生态农产品品牌；引导有条件的农业企业通过建设"海宁淘宝特色馆"等途径抱团开展电子商务。

（4）强化龙头项目引领。着力引进和培育一批龙头骨干企业，以项目建设新突破引领电商大发展。建设"海宁农城"网上农产品电子商务平台，进一步完善农村网络消费服务体系，推广电子支付业务；引入农产品经营主体入驻海宁农城，建设平台农产品追溯制度；重点加强对全市农业龙头企业电子商务发展的工作指导，充分发挥其示范带头作用。

（5）强化服务网点布局。结合美丽乡村建设情况，推动邮政农村电商推进工作逐步从信息化村邮站向农村小商超延伸，建成村级农村电商服务点（邮掌柜）。选取运营情况较好的点建设为标杆示范站点。目前，海宁市农村电商服务点（邮掌柜）包含手机充值、水电费缴纳、网络代购、平台批销、农产品网上销售等服务功能；在农村电商淘宝村增设服务点，提高对农村电商及淘宝村的支撑服务能力，解决农村最后一公里配送问题。

（6）强化人才培训支撑。加大高层次电商管理团队和人才引进力度。引导有实践经验的电商从业者回乡创业，鼓励电子商务职业经理人到农村发展，加强对大学生村干部、知识农民、返乡创业青年等群体的技能培训，加快打造一支农村电商带头人队伍。利用电商人才培训，培育发展电子商务示范村、农村电商创业孵化园。

（7）强化配套政策扶持。出台《大力促进电子商务发展的扶持办法》中，明确对农村电子商务给予政策扶持，对农村电商服务企业、农村电商便民服务网络及农产品网上销售等方面给予补助或奖励。

3. 发展成效

（1）网络零售额再创新高。2016年海宁市网络零售总额达到250亿元，同比增长近71%，总量位居浙江省第九名，占嘉兴市网络零售总额的22%。据不完全统计，2016 年 1 ~ 6 月份新增电商各类主体近 250 家。在 5 月底阿里研究院公布的"2015 中国电子商务百佳县"中，海宁市排名全国第五。8 月份浙江省商务厅颁布的全省县（市、区）电子商务发展指数中，海宁位居全省第六，电商综合发展水平处于全省相对领先地位。

（2）继续开拓线上平台。整合线下 203 个销售平台，建立"海宁农城"农产品电商平台，推进平台农产品追溯制度。目前，约有 50% 以上农业龙头企业在淘宝网和阿里巴巴等平台上销售农产品，年销售额超 3000 万元。

（3）顺利建设公共服务平台。建设综合服务平台、配送服务中心和农村服务点，壮大"淘宝村"。目前已启用 150 个村级服务网点，185 个村邮站中有 80 个可提供代购代销等服务。

（4）创业氛围得到优化。设立 3 个电商孵化中心。推介宣传创业带头人物。定期举办"电商大讲堂"、企业座谈会等活动。

4. 发展特点

特点一："两个机制"双管齐下，夯实工作基础

（1）完善工作推动机制。继续完善电商市、镇街道两级联动工作机制，出台了《2016 年海宁市电子商务发展工作要点》《海宁市电子商务园区（楼宇）考核管理办法》，加强对主要园区的考核指导。初步编制完成《2016—2020 海宁市电子商务产业提升发展规划报告》，为十三五期间全市电商发展提供了有力支撑。

（2）强化政策扶持机制。研究出台电商扶持政策升级版《关于大力促进电子商务发展的扶持办法》。在原有基础上进行细化，增强了可操作性，加大了对重点电子商务主体培育和电商集聚发展的奖励力度；同时为进一步加快海宁市外贸转型升级，在支持企业开展跨境电子商务，建设海外仓等方面新制定了扶持条款。积极组织相关单位申报市级电子商务扶持资金、第二批中央专项资金、省级电商切块资金，保障电商扶持及时到位。

特点二："三个打造"齐头并进，推动稳步发展

（1）突出打造一批电子商务园区（楼宇）。目前海宁市现有电子商务园区（楼宇）7 个，其中园区 5 个，楼宇 2 个。海宁电子商务产业园、盛天电子商务产业园及皮革城电子商务创新产业园三个市级园区在 2016 年上半年实现销售收入合计约 14 亿元，万营海宁跨境电商产业园、长三角电子商务产业园均已正式启动，招商活动正在进行中。

（2）加快打造一批龙头企业培育。以雪豹、安正、敦奴、上格服饰、虹越花卉、美大、帘到家等为代表的多家大型传统企业在各类专业交易网站纷纷开设旗舰店或自建交易平台，销售业绩快速上升。

（3）重点打造一批本地线上交易平台。继续优化皮革城 O2O 平台和"皮商圈"建设，完善"家纺在线"的支撑体系和相关机制。鼓励支持"漂洋过海""海宁农城""淘科技""光魔网"等本地特色行业平台发展。"海皮城""海派名家""袜业采购服务平台"等一系列专业平台已全面上线运营，为皮革、袜业和家纺等特色产业

跨越式发展创造了有利条件。

特点三："三个推进"协调发展，优化电商环境

（1）推进公共服务平台支撑。发布产品、培训各类信息，服务各电商企业。举办各类电商资源（跨境资源）对接会，实现资源互补。通过行业展会服务，进一步营造海宁市电子商务产业发展环境和氛围。

（2）推进电商人才保障建设。海宁市依托海职高、浙江财经大学东方学院、海宁电大等共建电商人才培育基地，引导海宁市电商协会、进出口电商协会等与海宁市重点电子商务平台、企业合作，大规模组织开展电商人才培训。举办海宁电商大讲堂等一系列活动，通过电子商务创业创新，举办电子商务人才大赛、电子商务与互联网创业创新设计大赛，为电商发展提供有效人才支撑。

（3）推进示范创建工作。中国皮革城电子商务创业园成功争创省级跨境电子商务试点园区。海派国际成功争创第二批省级跨境电子商务公共海外仓，成为嘉兴市首个省级跨境电子商务公共仓项目。海宁许村永福村成功争创省级首批电子商务示范村，老百姓大药房和皮革城O2O两个项目成功创建首批省级电子商务创新试点项目。2016年5月海宁市入选浙江省级产业集群跨境电子商务试点。

9. 评价指标

表4-15是浙江海宁农村电商评价指标。

表4-15　浙江海宁农村电商评价指标

	评价指标	具体数据
定量指标	农村电商网上交易额（亿元） 注：以上数据以2014—2015年的数据为基础标准	250
	网商数量（个）	20 000
	生产企业数量（个）	≈3 000
	销售品类（种）	30
	基地（个）	7
	网络品牌数量（个）	>500
定性指标	宣传力度	√
	推广力度	√
	建立领导机构	√

（注：以上数据来自于实地调研和网上数据搜集）

10. 典型案例分析

案例一：海宁农城

"海宁农城"是海宁市政府整合了线下203个销售平台后，于2015年10月20日推出的首个综合类农产品电子商务平台。这个农产品商城采用官网建设与第三方平台销售相结合的方式，展示、宣传、推广海宁的名特优新农产品，开设传统糕点、

休闲零食、茶冲饮品、粮油干货、生鲜果蔬、花卉园艺等六大系列特色农产品栏目。

"海宁农城"是从政府角度构建农产品网络销售体系的尝试。政府想要多平台拓展农产品网络批发、零售市场，并且进一步完善农村网络消费服务体系，推广电子支付业务，就要尝试做这个综合类的农产品电子商务平台。只要符合条件的海宁特色农产品，均可免费入驻"海宁农城"。

目前，已经有21家单位入驻该平台，尤其是一些农业龙头企业的入驻，起到了很好的带头作用。目前，该平台的产品品种多达180余个，涵盖了海宁大多数名特优农产品，每天的接单量在150单左右。该项目除了在官网和淘宝网上推广外，还建有手机APP客户端、微店、订阅号等，定期开展专场活动。

案例二：许村镇永福村——首批省级电子商务示范村

永福村紧邻许村镇家纺城，村内家纺企业众多，主营产品为窗帘布、沙发布、遮光布，而且经过几十年的产业发展，形成了集生产、加工、销售为一体经营模式。依托优势产业基础及良好的物流、产业发展配套设施，永福村近年来电商产业迅速发展，网销产品主要为窗帘、沙发布、遮光布，现有活跃网店数100余家，2014年电子商务年交易额达到6800万元，网店从业人数2000余人，主要为20~40岁、高中毕业以上人员。在2014年阿里研究院发布的《中国淘宝村研究报告（2014）》中，与海宁市其他四个行政村一起，跻身"淘宝村"行列。

永福村立足集合资源、集中发展，在原有的基础上进一步调整规划、提升改造，走出一条产业及电商发展的有效出路，建设电商服务中心，实现电商资源最优化。其次，计划从原来经营较单一的窗帘、沙发布、被面等向经营多元化的家纺成品发展，以"大家纺"的概念迎合当下不断更新的消费观念。此外，永福村还将加大电子商务领域的投入力度，为电商提供公共仓储中心，依托公园、村文化礼堂等原有设施建设与电商相结合，开展丰富多彩的文化服务宣传活动，努力营造电子商务发展的浓厚氛围。

11. 浙江海宁模式的启示

海宁市不断深化"电商倒推产业转型"的发展模式，利用皮革产业传统发展及城乡一体化先行优势，将农村电子商务发展逐步向拥有丰富产品资源和产业集群优势的花卉苗木、果蔬、畜牧、水产、蚕桑等农产品延伸，以省级产业集群跨境电子商务发展试点和跨境电子商务产业园试点为基础，有效扩大了农村消费、增加了农村居民收入、激发了农村创业，有效带动了经济社会的和谐发展。

第 5 章

走向世界的中国跨境电子商务

中国跨境电子商务业务逆势上扬，成为未来驱动贸易发展的新动力。2016 年中国跨境电商交易规模达到 6.3 万亿元，增速为 23.5%。海淘用户规模达到 4100 万人次。随着国际交流的日益密切，跨境电商平台加强对海外的招商引资，预计 2017 年，中国跨境电子商务交易规模将达 7.5 万亿元，呈现持续稳定增长的趋势，2018 年，中国跨境电商交易规模预计将达到 8.8 万亿元，海淘用户规模达到 7400 万人次。地区跨境电子商务综合试验区快速崛起，跨境电商进口平台、出口平台和服务平台功能明显提升，推动了中国跨境电子商务的发展。

5.1 跨境电子商务的国内外发展现状与趋势

5.1.1 跨境电子商务发展国际环境分析

世界各国跨境电子商务发展环境逐步完善，如美国依托良好的贸易市场环境，完善的基础设施和适宜的制度，成为跨境电子商务领域的领头羊；日本则借助于政府大力支持，产业链紧密合作，金融和支付体系的完善来发展跨境电子商务；新加坡凭借所处的地理位置、规范的法律法规建设、强大的技术研发和有吸引力的贸易服务来促进跨境电子商务产业的竞争力；英国、德国等欧洲国家则通过灵活的贸易政策、统一的金融市场、便利的通关环境、高效的物流运输体系加快跨境贸易电子商务的发展。主要体现在：

（1）重视跨境电子商务发展，促进贸易方式的变革；

（2）建设完整的跨境支付体系，有效进行风险控制和管理；

（3）采用先进信息监管追踪技术，建立海关合作机制；

（4）布局跨境物流运输体系，物流服务走向标准化、规模化；

（5）积极完善跨境信用体系，建立统一的数据系统，促进电子商务发展。

表 5-1 反映了欧美亚典型国家跨境电子商务的发展环境情况。

表5-1　欧美亚典型国家跨境电子商务发展环境

	美国	英国	德国	日本	新加坡
外贸交易环境	在与其他多国签订的自由贸易协定中采取本国保护主义原则	采用欧盟共同政策，进口实行欧盟统一的配额管理制度；在不违背欧盟法规的前提下可自行决定税收制度	对少数产品实施出口管理，进口实行欧盟统一的配额管理制度；在不违背欧盟法规的前提下可自行决定税收制度	2013年3月以维持重要农产品关税为前提加入TPP谈判	进口产品不限制配额且大部分进口产品无需许可证
电子商务平台	Amazon、Ebay、JollyChic、Yahoo、Overstock、groupon	Tesco、Home Retail Group、Feelunique、BeautyExpert、Mankind、Lookfantastic、ChemistDirect	Otto Gruppe、ibuyshop、Notebooksbilliger、Conrad Electronic	Rakuten、Jshoppers	Zalora
支付体系	主要分为大额支付体系和小额支付体系，其中联邦电子资金划拨系统建立了风险控制系统和风险管理策略	共用欧盟成员国间的即时全额自动清算系统，由15个国家即时支付清算、欧洲中央银行支付机构及互联网构成，进行风险控制	共用欧盟成员15个国家的即时支付清算系统、欧洲中央银行支付机构及互联系统构成，可进行即时全额自动清算系统风险控制	建立了日本银行金融网络系统和外汇日元清算系统两个大额支付清算系统以及汇票和支票清算系统和全银数据通信系统两个小额支付清算系统	出台了《支付体系监督法》，结合了一般监管与特殊监管，宏观监管与微观监管
电子通关	采用RFID识别高危商品，建立公共网上数据库，公布进出口产品安全信息及物流查询	采用"太赫兹光谱"新技术检测假冒名牌；欧盟海关AEO制度，提高通关效率	欧盟海关AEO制度，获取AEO资格，提高通关效率	开发自动化风险管理系统，包括海关自动化通关作业系统和海关信息数据库系统	政府建立贸易网（TRADENET），可供政府部门共享信息，为贸易商提供通关服务
跨境物流	物流配送网络体系相当完善，正规；代表企业UPS、联邦快递	物流运输体系已比较完善，代表企业英国皇家邮政	相关物流配送体系完善；代表企业DHL，在欧盟区里相当受欢迎	国内代表企业YAMATO（大和运输），与UPS、EMS合作，建立国际快递网络	新加坡邮政多次收购冠庭国际物流、GD快递等以扩展海外市场
信用体系	市场主导型，由政府、行业协会、中介机构、信用授予者、消费者五个层面构成，以盈利为目的	市场主导型，由征信公司、英国中央银行、政府成立的信息专员办公室构成，以盈利为目的	政府主导型，政府出资建立的全国数据库网络系统即中央信贷登记系统，隶属中央银行，非盈利	会员制型，由行业协会为主建立信用信息中心，提供个人和企业信用信息互换平台，收取成本费	政府主导型，在政府部门设立诚信推广委员会，成立"数据中心委员会"；拥有专业的征信服务中心

5.1.2　"一带一路"下中国跨境电子商务的发展

近年来，以中国互联网企业为代表的新经济型企业积极走出国门，成为"一带一路"建设中一支不可忽视的力量①。

2016 年，中国对"一带一路"沿线国家进出口总额 62 517 亿元，比上年增长 0.5%。其中，出口 38 319 亿元，增长 0.5%；进口 24 198 亿元，增长 0.4%。中国与沿线国家的经济已经深度融合，中国企业已经在"一带一路"沿线 20 多个国家建设了 56 个经贸合作区，涉及多个领域，累计投资超过 185 亿美元，为东道国创造了近 11 亿美元的税收和 18 万个就业岗位（参见图 5-1）。

图 5-1　2016 年中国与"一带一路"沿线国家进出口情况

资料来源：商务部.

2017 年上半年，中国与"一带一路"沿线国家进出口增长 23.4%，同时对俄罗斯、巴基斯坦、波兰、孟加拉国等"一带一路"沿线国家进出口分别增长 33.1%、14.5%、246% 和 15.5%。

从"一带一路"沿线国家进口贸易规模占中国进口贸易总额的比例来看（参见表 5-2），所占比例自 2000 年的 18.80% 增加到 2015 年的 22.78%，增长了约 4%。2000—2008 年期间比例处于快速上升阶段，2009—2015 年期间比例有所波动，最高达到 25.23%。总体来看，在中国成为进口大国的同时，"一带一路"沿线国家的进口在中国进口贸易中占据着越来越重要的地位，但是与 2011 年相比，2015 年所占比例下降了 2.45%。

---

① 汤兵勇，熊励. 中国跨境电子商务发展报告 [M]. 化学工业出版社，2017.

表5-2　2000—2015年中国从"一带一路"沿线国家进口贸易
规模占中国进口贸易总规模的比例　　　（单位：%）

年份	2000	2001	2002	2003	2004	2005	2006	2007
比例	18.80	18.69	18.93	19.99	20.05	21.37	21.46	21.74
年份	2008	2009	2010	2011	2012	2013	2014	2015
比例	23.13	21.78	23.11	25.23	25.21	24.18	24.69	22.78

数据来源：根据联合国 COMTRADE 数据库计算

随着中国多省市纷纷开通中欧班列，往来中亚、俄罗斯等国家和地区的物流成本大幅降低，为不少进入"一带一路"沿线国家的中国企业注入一针强心剂。过去主要的障碍之一就是物流，中欧班列开通后，中国将与中外运合作打通物流通道，为企业提供一站式跨境电子商务服务。

目前，中欧班列已经初步形成西、中、东3条铁路运输通道，涵盖运行线路51条。截至2017年5月，国内开行城市增加到28个，到达欧洲11个国家29个城市。中欧班列开行数量也实现了爆发式增长。2017年一季度中欧班列开行593列，同比增长175%；回程班列198列，同比增长187%。2017年全年计划开行2200列，将创下历史新高。此外，中欧班列在降低物流成本、压缩货运时间方面取得了显著成效。据中铁集装箱运输有限责任公司信息，中欧班列日均运行1300公里，正点率接近100%，最快12天抵达欧洲，运输时间是海运的1/3；中欧班列全程费用较开行之初已下降30%，仅为空运价格的1/5。

当前，中国跨境电子商务体量已是全球最大，且发展迅猛。这意味着在"一带一路"建设过程中，中国有机会输出自己的标准、建立一套主导全球电子商务的贸易体系。相关部门正在理顺体制机制，抢占国际贸易新规则制定先机，将跨境电子商务作为"一带一路"建设的重要抓手。在"一带一路"沿线国家发起建立世界电子贸易平台，可通过成立世界电子贸易平台，帮助中小企业、年轻创业者等更方便地进入全球市场。可考虑首先与"一带一路"沿线国家，共同将跨境电子商务作为"一带一路"建设的重要抓手，在制定国际贸易新规则的竞赛中抢占先机[①]。据前瞻产业研究院估计，在中国与"一带一路"沿线国家政策稳定，国际形势稳定的情况下，在2017—2019年，中国与"一带一路"沿线国家的发展将会保持10%～15%的增速，而到了2020年，随着全球5G时代的到来，"一带一路"体系的发展将迎来一股爆发式的浪潮，增速将超过20%，在2022年，中国与"一带一路"沿线国家的进出口总额将会达到18万亿元。

5.1.3　eWTP 电子世界贸易平台的发展

2016年9月4日至5日，历时两天的G20峰会在杭州举行。在全球经济发展普

---

① 郭久辉，李晓玲，石志勇等. "一带一路"建设：跨境电子商务激活沿线国家 [J]. 瞭望新闻周刊，2016.8.9.

遍滞缓的背景下，G20 峰会的召开，不但引发了全球跨境电子商务的持续升温，而且也为全球跨境电子商务发展带来了极大利好。跨境电子商务作为一条重要的"网上丝绸之路"，对于全球贸易联动发展起着不可或缺的作用，G20 峰会重点讨论了促进全球贸易、投资与世界互联互通的相关问题，无疑为跨境电子商务市场带来了新的利好，连接世界的跨境电子商务增长率将会不断上升。

习近平主席总结了 G20 峰会取得的共识：①各方决心为世界经济指明方向，规划路径；②决心创新增长方式，为世界经济注入新动力；③决心完善全球经济金融治理，提高世界经济抗风险能力；④决心重振国际贸易和投资这两大引擎，构建开放型世界经济；⑤决心推动包容和联动式发展，让二十国集团合作成果惠及全球①。其中第二条和第四条都涉及具有创新增长和国际贸易的跨境电子商务行业。

G20 峰会上，阿里巴巴董事长马云向 20 国首脑提出了建设 eWTP（Electronic World Trade Platform，电子世界贸易平台）的建议。eWTP 是由私营部门发起、各利益相关方共同参与的世界电子贸易平台，旨在促进公私对话，推动建立相关规则，为跨境电子商务的健康发展营造切实有效的政策和商业环境，帮助全球发展中国家、中小企业、年轻人更方便地进入全球市场、参与全球经济。eWTP 聚焦在四个目标：促进普惠贸易发展、促进小企业发展、促进消费全球化和促进年轻人发展（参见图 5-2）。

Electronic World Trade Platform

世界电子贸易平台

市场驱动、多方参与的国际合作平台，
为跨境电子商务创造普惠的政策商业环境，
帮助中小企业、年轻人更好地参与全球经济。

图 5-2　eWTP（电子世界贸易平台）示意图

---

① 新华社. G20 杭州峰会　习近平总结五大共识［EB/OL］(2016-09-06)［2017-07-29］. http://news.cnr.cn/special/G20hz/news/20160906/t20160906_523115674.html.

阿里巴巴国际站近三年来非洲国家订单量稳步增长，2016年订单较2014年全年增长逾2倍。2017年第一季度订单同比增幅约125%，国际站有约700万非洲注册用户，2017年第一季度同比增长31%。其中，尼日利亚、南非、埃及均有超过100万的国际站注册用户。相关大数据显示，消费电子、时钟手表、机械产品、美容护理、服装配饰最受非洲消费者喜爱①。

5.1.4 中国跨境电子商务综合试验区发展现状

2016年国务院发布《关于同意在天津等12个城市设立跨境电子商务综合试验区的批复》，在天津市、上海市、重庆市、合肥市、郑州市、广州市、成都市、大连市、宁波市、青岛市、深圳市、苏州市等12个城市设立跨境电子商务综合试验区（参见图5-3）。

图5-3 跨境电子商务综合试验区发展情况

13个跨境电子商务综合试验区都已经公布了相应的实施方案，这些城市对综合试验区发展的定位与城市定位整体基本一致，发展目标明确。综试区创新建立了相关的政策框架，以六体系（包括信息共享、金融服务、智能物流、电商信用、统计监测和风险防控体系）以及两平台（即线上综合服务平台和线下综合园区）为核心，实现了制度创新，助推了产业的转型升级，扩展了"大众创业、万众创新"的新渠道。

表5-3反映了13个综试区的实施方案。

表5-3 跨境电子商务综合试验区实施方案统计表

	建设定位	主要建设目标
杭州	国际	逐步形成一套适应和引领全球跨境电子商务发展的管理制度和规则； 为推动全国跨境电子商务健康发展提供可复制、可推广的经验； 中国经济转型升级的重要载体和深化改革开放的重要窗口； 提升信息经济时代中国对外贸易的竞争力和话语权

① 王冠雄. 构建eWTP，传递网商势能：马云非洲之行的几件大事［EB/OL］（2017-07-24）［2017-07-29］. http://www.techweb.com.cn/article/2017-07-24/2562763.shtml.

续 表

	建设定位	主要建设目标
上海	国际	在跨境电子商务的技术标准、业务流程、监管模式和信息化建设等方面先行先试； 引导跨境电子商务产业规模化、标准化、集群化发展； 为各类市场主体营造公平、公正、透明的经营环境； 探索形成适应跨境电子商务发展的国际标准和规则
苏州	全国	创新"互联网+中国制造2025+自主品牌国际化"商业模式； 促进传统外贸和制造企业通过"互联网+"拓展发展空间
宁波	全国	提升跨境电子商务服务能力和水平； 逐步形成贸易便利、监管高效、法制规范的跨境电子商务发展环境； 促进外贸优进优出、转型发展，打造宁波开放型经济的升级版
广州	全国	构建具有"中国特色、广州元素"的跨境电子商务发展促进体系
成都	全国	构建由贸易主体跨境电子商务应用、跨境B2B电子商务创新服务、跨境网络零售集成的新型外贸产业体系； 促进外贸增长方式由"境内产能驱动"转向"境外需求拉动"，由"境外需求拉动"转向"中国制造转型升级"； 推进供给侧结构性改革，培育外贸发展新动力
合肥	区域	突出品牌和质量安全，着力破解跨境电子商务发展难题； 努力培育外贸转型升级新引擎，打造开放型经济发展新高地
天津	区域	逐步建立起适应和引领跨境电子商务发展的管理制度和规则； 形成贸易便利、监管高效、法制规范的跨境电子商务发展环境； 打造中国跨境电子商务创新发展高地
重庆	区域	打造跨境电子商务产业链和生态链； 形成适应跨境电子商务发展的管理制度和规则； 为推动全国内陆地区跨境电子商务健康发展提供可复制、可推广的经验
郑州	区域	构建跨境电子商务完整的产业链和生态圈，打造新型产业贸易服务链； 完善跨境电子商务规则，丰富和完善中国特色的跨境电子商务发展模式； 激发大众创业、万众创新活力，培育外贸竞争新优势
深圳	区域	构建以平台建设促产业发展的新机制； 形成基础服务与高端服务协同发展的新格局； 开创电子商务国际化合作新局面，服务"一带一路"建设
大连	区域	在跨境电子商务的监管模式、技术标准、业务流程和信息化建设等方面先行先试； 探索一批可复制推广的经验，实现大连跨境电子商务率先发展和突破
青岛	区域	打造青岛跨境电子商务完整的产业链和生态圈； 促进新业态成长，支撑外贸优进优出、升级发展； 建设世界一流的跨境电子商务交易体系和运行机制

2017 年上半年，13 个综试区跨境电商进出口的规模超过 1000 亿元，同比增长了一倍以上。其中，B2B 占比达到了六成①。8 个市场采购贸易方式试点，出口达到了 1210.5 亿元，同比增长 27.8%，拉动了当地出口快速增长。各试点市场外贸主体大幅增加，市场的外向度不断增高，国际化的水平不断提升。试点工作取得了积极的成效。可以看出，外贸新业态的发展，对推动中国外贸继续回稳向好，培育中国外贸新的增长点，特别是推进外贸领域供给侧结构性改革，正在发挥着积极的促进作用。

5.2　中国跨境电子商务交易平台的发展

5.2.1　中国跨境电子商务出口平台

跨境电子商务分跨境进口和跨境出口，目前中国外贸人较多选择的跨境电子商务平台是 Amazon、速卖通、eBay 和 Wish，这些主流的跨境电子商务平台各有特点，对于跨境电子商务从业者来说如何选择符合自己特点的跨境平台是必须认真思考的事情。

1. 速卖通（AliExpress）平台

2017 年，阿里巴巴宣布旗下全球速卖通平台海外买家数突破一亿，正式开启亿级消费群体新时代。平台商品目前已覆盖全球 220 个国家和地区，品类涵盖时尚珠宝、服装、家具和电子产品等，平均每日访客有 2000 万。从 2016 年下半年起，企业身份的商家，必须是品牌商家，意味着未来商家准入标准将是双重标准：企业身份、品牌。同时，速卖通平台开始全面实施产品商标化，卖家需要根据当前商标拥有情况，逐步完成商标注册申请、商标添加及审核、商标资质申请及审核这一系列申请流程。根据平台商标化进程，速卖通将上线品牌属性必填功能。自全球速卖通转型 B2C 并设立"企业+品牌"门槛以来，正式开通了马德里商标国际注册。速卖通平台推出无线端试用频道，通过该频道进行用户营销、活动营销、口碑营销、商品营销，可以为数百万商家提升了品牌价值与影响力。

2. 亚马逊（Amazon）平台

2017 年 1—6 月，亚马逊英国站上各月热门产品各不相同，其中 1 月份日本旅游相关书籍最畅销，日本、柏林和意大利是最受英国消费者欢迎的旅游地点。2016 年 5 月，亚马逊创建了新的"泛欧物流中心"项目，有助于帮助平台卖家更有效地出口产品到欧洲。选择使用此服务的卖家，可以将产品库存发往当地亚马逊物流中心。然后，当有订单时，亚马逊会将货物发往泛欧物流中心：提货、包装、配送、同时回复客服查询。目前，亚马逊在欧洲 7 个国家建有 29 个物流中心。使用这项服

---

① 中国新闻网. 商务部：上半年跨境电商成为中国外贸新增长点 [EB/OL] (2017-08-03) [2017-08-19].
http://finance.sina.com.cn/roll/2017-08-03-doc-ifyiswpt5091398.shtml.

务，卖家需付产品保管费、平台服务费和配送费。从 2016 年 7 月开始，亚马逊美国站针对新卖家的上线审核变得更为严苛，亚马逊此番举措，目的是为了净化平台竞争风气，提升卖家服务质量。同时，亚马逊也加大了对侵权行为的打击力度。

3. eBay 平台

eBay 公布的 2017 财年第二季度财报显示，第二季度 eBay 总交易额（GMV）为 215 亿美元，营收 23.28 亿美元。2016 年 5 月 6 日，eBay 宣布收购了 Expertmaker，Expertmaker 是一家使用机器学习进行大数据分析的瑞典企业，而后推出 Seller Hub 卖家服务帮助卖家更好地管理商品，Seller Hub 将让企业卖家能获得销售数据，帮助他们更有效地销售产品。企业卖家将能接受关于产品如何精确定价和监控销售情况的指导。eBay 为卖家提供这一有效的工具，同时也让卖家能提取有用信息，做好商品管理。eBay 未来发展将有四大重点，分别为移动业务、线上线下 O2O 融合、大数据技术、全球跨境贸易。而在中国市场，eBay 将继续致力于为卖家提供"一站式"的扶持。

4. 敦煌网平台

腾讯企点携手敦煌网，布局跨境电子商务、社交商务。2016 年 7 月 15 日，腾讯企点（SaaS 级 SCRM 社交化客户关系管理平台）与敦煌网达成战略合作，强强联手打造跨境电子商务社交化应用系统。腾讯企点将充分利用企点多通路及大数据的连接功能优势，助力敦煌网服务升级。同时，敦煌网将助力腾讯企点更加国际化，夯实企业级市场地位。敦煌网方面表示，建议卖家检查现有产品绑定的运费模板，如果不能满足需求则要及时更改，保证能按照买家要求的物流方式发货，或是选择同级别以上的物流方式，并在交易过程中积极与买家沟通，以确保订单正常执行，避免不必要的纠纷。

平邮小包：纠纷率高于 10% 的卖家限制使用平邮小包。敦煌网于 2016 年 5 月 30 日发布有关邮政类小包无目的国跟踪信息的纠纷规则以及限制使用通知。同时，2016 年 6 月 1 日，敦煌网平台启动新的对于平邮小包的使用规则。卖家使用平邮小包发货，发生的未收到货和虚假运单号的纠纷率高于 10%，将限制其两个月内不能使用平邮小包产品发往美国、英国、加拿大和澳大利亚四个国家。

绑定经营品类：2016 年 6 月 30 日前，卖家店铺需绑定经营品类。敦煌网将各行业划分为五个经营品类，并且一个店铺只能选择一个品类经营，以提高店铺的专业性。5 月 30 日前注册的店铺需要在 6 月 30 日前登陆卖家后台绑定经营品类，若逾期未绑定则会影响店铺操作。敦煌网还表示，经营品类绑定之后不可修改。

定期清理下架：2016 年 7 月，为保障卖家新上传的产品及已在平台上的活跃产品能够在更加稳定的环境下运营、交易，敦煌网推出定期清理下架产品的举措。如平台上以下标准内的产品将被定期清理：连续 365 天内，卖家从未操作过的、下架状态且未出过单的产品；连续 90 天内，卖家从未操作过的、下架状态且未出过单的搬家产品；卖家已经删除，且未出过单的产品。

5.2.2 中国跨境电子商务进口平台

2016—2017年，跨境电子商务平台出现了新的变化，中国独立跨境电商平台快速发展。既有类似大卖场的综合平台也有类似精品店一样的独立平台。相对于天猫国际、京东全球购、网易考拉、亚马逊海外购等综合型平台，用户对于有一定特色的深耕垂直型平台，例如洋码头、小红书、蜜芽、菠萝蜜等，黏性更高。在2017年1季度中国独立类跨境电商平台销售份额占比分布中，洋码头以占比26.3%，稳居榜首；小红书排行第二，占比为24.7；蜜芽占比为13.2%，排在第三位（图5-4所示）。艾媒报告显示，81.5%的用户会持续选择独立型电商平台，其中最大的原因是商品性价比高、商品质量有保障，选择这两大理由的用户占比分别达58.1%和51.4%。其次，33.8%的用户还认为丰富的商品种类也是消费者持续信赖独立平台的重要因素。

2017年1季度独立类跨境电商平台销售份额占比

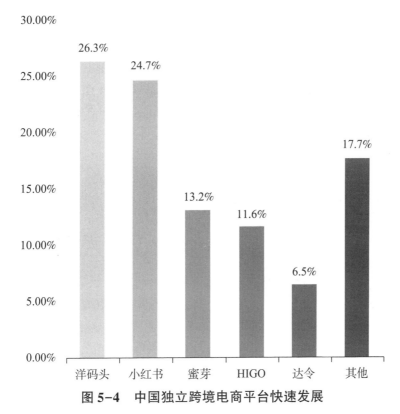

图5-4 中国独立跨境电商平台快速发展

相比于发展较为成熟的跨境电子商务出口平台，中国跨境电子商务进口平台建设仍然有着巨大的缺口。

1. 天猫国际平台

天猫国际在2016年上半年向淘宝店铺敞开大门，开展跨境电子商务分销。天猫国际的分销只采取代销模式。因此，天猫国际做分销，淘宝店铺不能囤货，当消费者在淘宝店下单后，由天猫国际商家向海关、国检申报，然后由服务商替其发货。天猫国际向淘宝敞开怀抱，主要是看重淘宝的流量资源。天猫国际如此庞大的商家规模，要让每个店铺都能获取较大份额的流量，明显不是一件易事。数据还显示，天猫国际有 34.9% 的流量是由淘宝网跳转而来，比天猫引入的流量高。天猫国际要做淘宝分销，重点在于如何稳定整个分销系统，来维系海外品牌在整个淘宝市场的形象管理。要在淘系嫁接几个分销商，品牌方肯定要对分销商有一定的了解，而并不可能一下子就直接给这些淘宝店做分销。天猫国际若想要给国际商家更好的服务，关键就在于整合两大平台（天猫国际和淘宝）的资源，满足商家不同的诉求。而在整合过程中，如何避免左右互搏，成为考验天猫国际商家的重要课题。要把两边的潜力都挖掘出来，而且避免直接的市场竞争，就需要差异化，不一定都集中在价格上的不同，也包括服务、产品线上的差异化①。

2. 京东全球购平台

2016 年 4 月 13 日，京东商城消费品事业部总裁冯轶发布 2016 年战略重心：全球购将进一步提升品牌直供占比，与海外厂商、品牌商一起，真正保障国内消费者的消费权益。在服务方面，进一步拓展保税仓、海外仓建设，让消费者在规模化的跨境电子商务平台上，买到安全可靠的海外直供商品。品牌共建策略是京东全球购发展的核心策略，其中品牌与服务能力又是两张王牌。京东全球购已逐渐成为海外品牌布局中国市场的重要平台。京东全球购以"自营+POP 平台"的双轮驱动模式迅速成长；相继开发韩国、日本、澳大利亚、美国等九大国家馆，与 eBay、Lotte、Rakuten、花王集团等顶级合作伙伴建立战略合作关系，业务涉及 40 多个国家和地区，SKU 超过 300 万。

在商品品质方面，京东多年积累了"正品、行货"的口碑，全球购严格执行商家资质和进货渠道、不定时抽检、自主研发质控系统、严格的惩罚机制等六大品控措施，对假货零容忍，并建立了海外直采、品牌商直供的供应链体系，在源头上阻绝假货。

在物流方面，京东为海外品牌提供了包括海外仓储、国际运输、跨境保税仓、国内配送等跨境物流解决方案。在境外仓储、小包裹直邮等方面进行深入合作，进一步提升海外直邮和保税区备货的配送能力。同时，京东全球购已经建立了荷兰、香港、杭州、广州、郑州、宁波等多个海外仓和国内保税仓，加强与国际供应链、保税仓的无缝对接，真正打通从海外到中国消费者最后一公里的通道。

随着品牌商共建计划的优化升级，京东全球购有望和更多优质的国际品牌深入合作②。

---

① 亿邦动力网. 天猫国际将启动淘宝分销. [EB/OL] (2016-03-18) [2017-07-29]. http://www.techweb.com.cn/article/2017-07-24/2562763.shtml.

② 亿邦动力网. 京东全球购 2016 战略：建海外仓，增加直供 [EB/OL] (2016-03-18) [2017-07-29]. http://www.ebrun.com/20160413/172278.shtml.

5.2.3 中国跨境电子商务服务平台

随着中国跨境电子商务的快速发展，配套的相关服务平台也亟待建立与完善。中国跨境电子商务服务平台主要包括通关服务平台、公共服务平台和综合服务平台。如表5-4所示。

表5-4 跨境电子商务服务平台对比

平台名称	概念解读	服务对象	监管部门	建设意义
跨境电子商务通关服务平台	为外贸企业进出口通关提供便利服务的企业平台	传统中小型外贸企业、跨境进出口电子商务企业	海关总署、地方海关	应对当前外贸订单碎片化趋势明显，小包裹、小订单急剧增多，政策空缺无监管实施的举措
跨境电子商务公共服务平台	对接各政府部门监管统计系统的公共信息平台	传统中小型外贸企业、跨境进出口电子商务企业	国检局、国税局、外汇局、外经贸委、商委、经信委等政府职能部门	沟通政府职能部门、对接海关通关服务平台，是政府职能部门面向外贸企业的服务窗口
跨境电子商务综合服务平台	囊括了金融、通关、物流、退税、外汇等代理服务	传统中小型外贸企业、跨境进出口电子商务企业、跨境电子商务平台卖家	（企业自建）	为中小型外贸企业和个人卖家提供一站式服务、属于新兴的代理服务行业

虽然这三种平台都服务于传统中小型外贸企业及跨境进出口电子商务企业，但却是分别由海关、相关部门和企业建设的，在整个进出口流程中把控着不同的环节、承担着不同的职能。三种平台之间相互联系，形成信息数据之间的统一交换和层层传递（参见图5-5）。

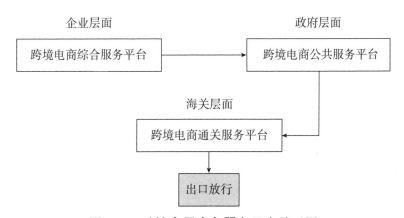

图5-5 跨境电子商务服务平台关系图

1. 跨境电子商务通关服务平台：海关总揽全局

全国首个统一版海关总署跨境电子商务通关服务平台于2014年7月1日在广东东莞正式上线运营，这是一个为外贸企业进出口通关提供便利服务的系统平台，意在统一报关流程。该平台所上传的数据可直接对接海关总署内部系统，节省报关时间，提升通关效率。在跨境电子商务通关服务平台上，货物通关采用"三单对比"的方式进行监管，"三单"指电子商务企业提供的报关单、支付企业提供的支付清单、物流企业提供的物流运单。"三单"数据确认无误后即可放行。通过企业数据与海关数据进行匹配，达到监管统计目的。从目前的统一版通关服务平台来看，服务对象主要集中在小包裹的出口领域。但从实际操作上看，小包裹主要是个人或小卖家习惯使用的进出口方式，这类卖家大多存在"捞一票就走"的心理，使用通关服务平台会在短时间内增加成本，作用微乎其微。因此，通关服务平台真正服务的对象应该是进出口规模较大的外贸企业小订单业务。

2. 跨境电子商务公共服务平台：政府企业面对面

跨境电子商务公共服务平台由政府投资兴建，其含义具有双向性，一方面为各地政府的职能部门之间搭建公共信息平台，另一方面是服务于大众（主要是指外贸企业）。阳光化的外贸环节众多，涉及国检（检验检疫）、国税（纳税退税）、外汇局（支付结汇）、商委或外经贸委（企业备案、数据统计）等政府职能部门及银行结汇等，传统外贸企业需一一对接。而跨境电子商务行业多碎片化订单，若每笔订单都重复与职能部门对接将成为极其繁重的工作。另外，政府职能部门之间也需要一个公共区域共享企业上传的数据，并进行数据采集、交换对比、监管等工作。目前，公共服务平台均由各地政府自行建设，并无全国统一版本，服务内容有所差异，界面操作也不同。这些地方性公共服务平台也普遍采用"三单对比"的方式进行监管，"三单"手续齐全并监管认可，才可享受正常的结汇退税。跨境电子商务公共服务平台在政府各职能部门之间形成了一个交集圈，也在政府与外贸企业之间搭建了一座沟通的桥梁。不过，目前服务对象主要集中在小包裹的进出口领域，使用价值不大。

3. 跨境电子商务综合服务平台：新兴代理服务

一些传统中小型外贸企业和跨境电子商务平台个人卖家在面对新出现的监管政策时，产生了不适应和紧迫感。而一些大型跨境电子商务企业在对接政府、海关等部门，处理跨境电子商务长链条环节上出现的问题上比较有经验，于是孕育出了跨境电子商务综合服务平台。跨境电子商务综合服务平台一般由大型跨境电子商务企业建设，意在为中小企业和个人卖家提供代理服务，囊括了金融、通关、物流、退税、外汇等方面。目前业内知名的综合服务平台主要有阿里巴巴建设的一达通、大龙网建设的海通易达等。

跨境电子商务综合服务平台在降低外贸门槛、处理外贸问题、降低外贸风险等方面为相关企业提供了便利和解决方案。目前，这类平台适用于小包裹、小订单等多种业态，也将随着跨境电子商务的发展拓展出更深层次、更专业的服务。

5.3 中国跨境电子商务物流发展分析

随着跨境电商大平台不断壮大以及专注做细分市场的中小跨境电商的不断成熟，与之相应的跨境电商物流也逐步分化，出现了跨境电商大平台的自建物流和中小平台的第三方综合服务物流共存的局面。一方面，税改新政使得跨境电商的价格优势在减弱，跨境电商的竞争开始转向比拼供应链和物流；另一方面，跨境电子商务物流模式也呈现出现代化、个性化、多样化等发展趋势[①]。

5.3.1 中国跨境电子商务物流模式分析

2016年，跨境电子商务的物流快递发展迅速，目前跨境电子商务主要采用五大物流模式，分别是邮政包裹模式、国际快递模式、国内快递模式、专线物流模式和海外仓储模式等。

1. 邮政包裹跨境物流模式

邮政包裹跨境物流网络基本覆盖全球，比其他物流渠道都要广。据不完全统计，中国出口跨境电子商务70%的包裹都是通过邮政系统投递。其中中国邮政占据50%左右。2016年，跨境电子商务物流还是以邮政的发货渠道为主。邮政的渠道虽然比较多，但是也很杂。用户在邮政包裹发货的选择上，必须考虑出货口岸、时效、稳定性等因素。

2. 国际快递跨境运输模式

国际快递跨境物流主要是通过国家之间的边境口岸和海关对快件进行检验放行的运送方式，如UPS（United Parcel Service）、FedEx（Federal Express）、DHL、TNT（Thomas National Transport）等国际快递公司通过多年自建的全球网络，利用强大的IT（Information Technology）系统和遍布世界各地的本地化服务，提供安全性高全程跟踪物流服务。受经济下滑的影响，近几年也将目光投向了跨境电子商务。如2014年10月美国联合包裹（UPS）收购美国电商服务和快递公司i-parcel布局全球跨境电子商务业务，2016年5月美国联邦快递（FedEx）以44亿欧元（约49亿美元）收购了荷兰TNT快递。但由于成本很高，一般商户只有在客户时效性要求很强的情况下，才会使用国际商业快递来派送商品。

3. 国内快递跨境物流模式

国内快递跨境物流主要是指全球邮政特快专递（EMS）、顺丰速运（集团）有限公司（顺丰）、上海申通物流有限公司（申通）、上海圆通速递有限公司（圆通）、中通速递服务有限公司（中通）、百世物流科技（中国）有限公司（百世）、上海韵达货运有限公司（韵达）。2016年，顺丰的快递业务已经开通到美国、澳大利亚、韩国、日本、新加坡、马来西亚、泰国、越南等国家，发往亚洲国家的快件

---

① 汤兵勇，熊励. 中国跨境电子商务发展报告［M］. 化学工业出版社，2017.

一般 2~3 天可以送达。申通、圆通、中通、百世、韵达的跨境物流业务还处在起步阶段。EMS 依托邮政渠道，可以直达全球 60 多个国家和地区，费用相对四大国际快递巨头要低，是国内快递中国际化业务最完善的。

4. 跨境专线物流模式

跨境专线物流主要是指通过航空包舱方式运输到国外，再通过合作公司进行目的国的派送。专线物流的优势在于其价格比商业快递低，其能够集中大批量到某一特定国家或地区的货物，通过规模效应降低成本。专线物流在时效上稍慢于商业快递，但比邮政包裹快很多。2016 年，专线物流产品有美国专线、欧美专线、澳洲专线、俄罗斯专线、中东专线、南美专线、南非专线等。

5. 海外仓储跨境物流模式

海外仓储服务是指为卖家在销售目的地进行货物仓储、分拣、包装和派送的一站式控制与管理服务。海外仓储包括头程运输、仓储管理和本地配送三个方面。头程运输是指中国商家通过海运、空运、陆运或者联运将商品运送至海外仓库；仓储管理是指中国商家通过物流信息系统，远程操作海外仓储货物，实时管理库存；本地配送是指海外仓储中心根据订单信息，通过当地邮政或快递将商品配送给客户。海外仓储的优势是有利于海外市场价格的调配，还能降低物流成本。商家拥有自己的海外仓库，能从买家所在国发货，从而缩短订单周期，完善客户体验，提升重复购买率。商家结合国外仓库当地的物流特点，可以确保货物安全、准确、及时地到达终端买家手中①。

5.3.2 中国跨境电子商务物流发展趋势分析

2016 年，中国消费者对境外购物的消费需求不断增加，且更趋于个性化，在这一背景下，跨境电子商务必继续实现跨越式发展，与之相辅相成的跨境电子商务物流也将迎来新的变化。

1. 跨境电子商务物流面临行业洗牌

2016 年，跨境电子商务物流市场已呈现阶段性饱和，消费需求的再次释放，需要新政策和市场动态的作用。低价的进口商品质量遭到消费者的质疑，假货频频造成消费者对海淘的望而却步，这也是影响跨境电子商务物流行业增速的重要原因。随着跨境电子商务不断发展，选择权逐步转移到消费者手中，消费者对消费体验的要求越来越高，跨境电子商务物流行业优胜劣汰，面临着行业洗牌。

2. 跨境电子商务巨头与中小平台物流体系持续共存

随着亚马逊、阿里巴巴、京东等跨境电子商务大平台的进一步壮大，以及专注做细分市场的中小跨境电子商务平台的不断成熟，与之相应的跨境电子商务物流也逐步分化，出现了跨境电子商务大平台的自建物流和中小平台的第三方综合

---

① 中国大物流网. 2016 跨境电子商务国际物流五大模式［EB/OL］（2016-03-07）［2017-07-29］. http://www.ebrun.com/20160307/168072.shtml.

服务物流。大平台的自建物流必定会对第三方物流产生一定的冲击，这种冲击让第三方物流想方设法避开与行业大头的正面冲突，使得行业分工进一步具化，跨境电子商务大平台自建物流与中小平台的第三方物流共存的局面将持续共存。

3. 第三方物流综合服务体崛起

在阿里巴巴、京东、亚马逊等跨境电子商务巨头占领大部分市场后，随着市场细分，越来越多的中小跨境电子商务平台涌现出来。中小跨境电子商务平台主要精力必须放在产品销售和客户维护上，没有足够的资金搭建自己的物流体系，只能借助第三方物流企业。第三方跨境电子商务物流能提供的综合性服务包括仓储、运输、报关、信息整合、采购、和融资等服务。

4. 跨境电子商务物流人才专业化要求越来越高

随着跨境电子商务物流服务市场的细分，跨境电子商务物流行业的人才分配由传统粗放型向专业化程度高的集约型模式转变。不论跨境电子商务巨头的自建物流还是中小平台的第三方综合物流，人才需求量都在不断增大，且专业要求也会越来越高，这是跨境电子商务物流行业发展的必然趋势。

5.4 中国跨境电子商务支付发展分析

随着中国电子商务环境的不断优化，支付场景的不断丰富，金融创新的活跃，网上支付业务取得快速增长（参见图5-6）。伴随跨境电子商务的迅猛发展，电子商务平台和中小卖家对跨境支付的需求也呈现快速增长。

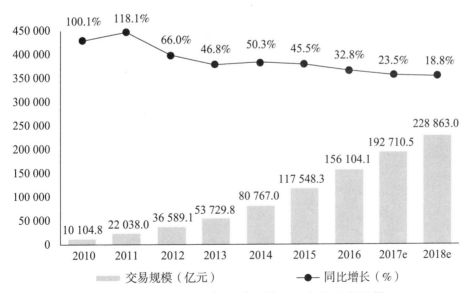

图 5-6　2010—2018 年互联网第三方支付交易规模

数据来源：中国产业信息，http://www.chyxx.com/research/201512/374705.html

5.4.1 中国第三方跨境支付企业分析

2015 年 1 月，国家外汇管理局发布《国家外汇管理局关于开展支付机构跨境外汇支付业务试点的通知》和《支付机构跨境外汇支付业务试点指导意见》，开始在全国范围内开展部分支付机构跨境外汇支付业务试点，允许支付机构为跨境电商交易双方提供外汇资金收付及结售汇服务，这大大增强了跨境电商及跨境购物用户的便利性，也在一定程度上打击了海外代购，保证了使用安全性。同时，对国家而言保证了税收，更便于数据监控。在中国跨境支付快速发展的同时，品牌、设施、能力三项指标成为跨境支付的考评指标，推动了跨境支付的安全便捷性，如表 5-5 所示。

表 5-5　中国跨境支付企业评分前 20 名排行表

排名	企业名称	品牌	设施	能力	总分
1	支付宝	95.28	98.84	90.06	91.56
2	财付通	94.31	91.26	88.61	89.86
3	银联电子支付	83.08	90.61	90.37	89.31
4	快钱	86.04	87.59	87.44	87.25
5	汇付天下	81.65	85.52	86.60	85.70
6	通融通	76.42	87.50	85.93	84.74
7	京东网银在线	83.50	85.12	83.74	83.91
8	通联支付	75.69	84.33	85.46	83.83
9	拉卡拉	87.43	85.39	82.66	83.79
10	首信易支付	76.03	84.27	84.52	83.21
11	环迅支付	82.37	85.20	80.07	81.18
12	富友支付	77.70	83.99	80.90	80.88
13	盛付通	76.18	79.31	81.02	80.04
14	易极付	70.13	86.44	80.58	79.89
15	贝付科技	67.73	83.87	80.52	79.10
16	东方电子支付	69.17	80.11	80.81	78.96
17	钱袋宝	77.39	84.58	77.27	78.38
18	银盈通	70.98	72.32	80.87	78.10
19	钱宝科技	67.20	76.72	80.63	78.03
20	资和信	73.59	80.60	76.50	76.68

数据来源：中商情报网 http://www.askci.com/news/chanye/2015/10/10/103021rq03.shtml

　　第三方支付破解中小卖家购/结汇难题，第三方支付公司同时拥有跨境外汇和跨境人民币支付许可，其能比较清晰的帮助中小外贸企业快速结汇的业务模式，只要卖家拥有真实的贸易背景，结售汇款项便不计入外汇局限定的个人年度 5 万美元额度，这样便可以更有效地利用资金并进行再次投资①。

5.4.2　中国第三方跨境支付发展趋势

由于中国进出口贸易市场规模较大，支付机构在支付技术成熟后就开始探索跨境支付市场，探索走向国际的路径，限于自身实力，早先支付机构多通过和国际卡组织合作，借助国际卡组织的力量探索跨境业务并进入国际市场。近些年，随着中国第三方支付机构实力的上升以及移动互联网的爆发，一些支付机构开始通过挖掘中国用户跨境支付需求，从海外购物、旅游等高频场景切入，并迅速展开海外布局，加快国际化步伐。随着中国第三方支付机构实力的增强，将有更多的机构走向国际化，而海外收购是中国企业快速国际化的常用方式，预计未来全球并购事件将增多②。

5.5　中国跨境电子商务海关监管进展分析

跨境电子商务肩负着探索中国外贸转型升级的重要任务，但其快速发展的背后亦有隐忧：海关监管不力、通关不畅等问题相当突出。

5.5.1　中国跨境电子商务海关监管的挑战

1. 跨境电子商务法律法规亟待完善

2016 年 4 月 8 日，财政部、商务部等部门先后发布的两批《跨境电子商务零售进口商品清单》明确了跨境电子商务税收新政的实施范围，但因为配套的法律法规并不健全，导致政府监管部门与跨境电子商务企业均处于无所适从的状态，最后不得不宣布暂缓一年实施。

2. 海关现场验放的工作压力与日俱增

据测算，2016 年中国跨境电子商务交易额约 5.85 亿元，同比增长 28.2%，年增长率将保持在 25%~30% 之间。海关特殊监管区域的原有监管模式是针对大批量货物通关设计的，而跨境电子商务市场每年保持的强劲增长势头，尤其是交易量多、金额小、包裹件数庞大的跨境电子商务贸易给海关监管带来了前所未有的压力与挑战。

5.5.2　中国跨境电子商务海关监管的困境

中国跨境电子商务海关监管困境主要体现在中小额交易方面，而中小额交易主要是 B2C 和 C2C 两种交易模式上。由于出口一般不用缴纳关税，海关主要针对进口

---

① 郑志辉. 跨境电子商务支付瓶颈有望被第三方支付打破［N］. 新快报. 2016-09-17.
② 易观智库. 2016 中国跨境支付市场专题研究报告［R/OL］（2016-03-10）［2017-07-29］. http://www.199it.com/archives/446420.html.

方面的 B2C 模式的快件监管和 C2C 模式的邮递渠道监管。

1. 海关对 B2C 模式的快件监管

快件是 B2C 模式下商品销售的主要运输渠道。寄件人较为集中，一般为销售方即企业。承运方通常是世界级快递公司，如根据现行快件监管办法，航空渠道的海关通关快件被分为货物类、文件类与个人物品类三类进行管理。除了文件类和个人物品类的快件即货物类快件，按照现行海关条例应缴纳相应关税。个人物品类是 B2C 模式的快递通常采用个人物品类进行报关。

2. 海关对 C2C 模式的邮递渠道监管

邮政运输是中国 C2C 模式的主流海关通关方式。中国部分 C2C 跨境电子商务也采用快件形式。由于国际快递巨头在华网络主要集中在核心城市、费用又相对较高等缘故，C2C 跨境电子商务通常以个人邮递物品形式入境。海关总署对个人跨境邮寄物品的管理较为宽松，虽然明文规定来往于国家间的物品单次价值不超过 1000元，但只要认定为个人自用物品，亦可以个人物品名义进行申报。这意味着除了非常显眼的境外购买或代购邮件，海关通常课以非常低的邮寄关税。

3. 跨境物流碎片化导致海关监管困境

无论是 B2C 模式还是 C2C 模式，小型包裹都是其主要运输方式。目的地分散的海量包裹，给现有的通关方式造成了极大的压力，也给当前的海关管理模式带来了严峻的挑战。快件渠道走私风险凸显。国内快递市场竞争激烈，不少快递公司已经着手实施"走出去"策略。这本是利国利民的好事，但个别快递公司为了拓展业务不惜以身试法，通过各种方式钻空子，以打擦边球的形式避开海关监管。2016 年，中国跨境电子商务货物税率不透明且征收方式过于随意，具体实务操作更是称不上规范。这在客观上为有些企业化整为零式的走私提供了便利。

4. 税收征管法规未能与时俱进

税收征管法规有待改进。现行《海关法》关于关税征收的相关规定，是针对传统国际贸易活动制定的，而很多跨境电子商务物品兼具有货物与非货物特征。按照现行《海关法》就难以准确确定其适用税种，更不用说税率了。甚至存在同性质商品，在进口环节按照物品监管征收行邮税，出口环节则按照货物监管的情况。实际税赋水平不一致。B2C 和 C2C 模式的跨境电子商务货物多以个人物品形式报关，享受远低于相关货物关税的行邮税。

5.5.3 中国跨境电子商务进一步发展的思路

1. 把握跨境电子商务综合试验区的重大机遇

在杭州跨境电子商务综合试验区成功经验的基础上，中国在天津、上海、重庆、合肥、郑州、广州、成都、大连、宁波、青岛、深圳、苏州等 12 个城市设立的跨境电子商务综合试验区，是希望在跨境电子商务企业对企业（B2B）方式相关环节的技术标准、业务流程、监管模式和信息化建设等方面先行先试，为推动全国跨境电子商务健康发展创造更多可复制推广的经验，以更加便捷高效的新模式释放市场活力，吸引大中小企业集聚，促进新业态成长，推动大众创业、万众创新，增加就业，支撑外贸优进优出、升级发展。所有这些城市综合试验区都为中国跨境电子商务跨越式发展营造了发展机遇①。

2. 准确定位跨境电子商务发展模式的内涵

作为当前增速最快、潜力最大、影响最广的贸易模式之一，跨境电子商务已引起决策层足够的关注和重视，其发展模式内涵包括了发展交易模式、贸易模式和产业模式三层涵义，发展方式在于以交易促进贸易，以贸易带动产业，以产业拉动经济，实现社会经济发展的总体目标。因此，中国跨境电子商务发展模式的定位在于"打通交易模式、做大做强贸易模式、扶持引导产业模式"。同时，发展跨境电子商务是一项复杂的系统工程，涉及多种因素、多个部门、多个管理层级，体制机制、运营环境和支撑服务三大要素缺一不可，就 2016 年情况而言，这三大要素都或多或少存在一定程度的缺失或缺位现象，需要全面综合考虑，做好顶层设计，统筹合力推进。

3. 营造良好的跨境电子商务监管环境

研究相关国家跨境电子商务规则、条约的研究和制定，如跨境电子商务通关服务配套的管理制度和标准规范、邮件快件检验检疫的监管模式、产品质量的安全监管和溯源机制、邮件快件的管理制度等，减少贸易保护主义所带来的不确定性风险，建立跨境电子商务国际合作机制，消除潜在的法律在不同司法管辖区不确定性问题，为跨境电子商务的高速增长提供健康和可持续发展的贸易环境。

4. 完善电子商务出口信用体系建设

完善跨境电子商务信用法制体系，制定详细的交易过程管理规范与信用奖惩实施细则，严厉处罚商业欺诈、侵犯知识产权和制售假冒伪劣产品等不诚信企业行为，完善企业信用评级制度。建设信用信息平台，联合第三方信用机构、银行、工商、税务、公安、保险、海关等部门建立规范统一的信用信息数据库，构建中国全面的信用征信平台，不断丰富数据库，完善信用共享平台，实现信用分类管理，提高政府公共服务和市场监管水平。

---

① 汤兵勇，熊励. 中国跨境电子商务发展报告 [M]. 化学工业出版社，2017.

第 6 章

浪潮退去后的互联网金融现状与趋势

互联网金融经过十年的"野蛮生长"，该领域中的合规风险、操作风险、经营风险、业务连续性风险等风险因素已不容忽视。2016 年，中国人民银行在全行业开展"强化支付监管、防范支付风险"监管年活动，取得了显著的工作成效。本章回顾了过去的一年中国互联网金融发展情况，总结了发展的特点，展望了发展的趋势。

6.1 互联网金融发展概况

6.1.1 互联网金融监管政策落实

中国人民银行、工业和信息化部等十部门联合发布的《关于促进互联网金融健康发展的指导意见》明确指出，互联网金融是传统金融机构与互联网企业利用互联网技术和信息通信技术实现资金融通、支付、投资和信息中介服务的新型金融业务模式，主要包括互联网支付、网络借贷（包括 P2P 网络借贷与网络小贷）、互联网众筹、互联网消费金融、互联网保险等模式。互联网金融的健康发展，有利于提升中国金融服务质量和效率，深化金融改革，促进金融创新发展，扩大金融业对内对外开放，构建多层次金融体系。

2016 年是互联网金融监管政策落实的重要一年，随着一系列针对互联网金融监管政策的出台以及中国互联网金融协会的成立，规范与安全成为行业发展的关键词，中国互联网金融行业结束了长达 10 年的爆发式增长，进入了政策监管与行业自律并进的健康、稳定、规范发展阶段。2016 年，央行、银监会、保监会、证监会等相关部门分别印发了《非银行支付机构风险专项整治工作实施方案》《P2P 网络借贷风险专项整治工作实施方案》《互联网保险风险专项整治工作实施方案》《股权众筹风险专项整治工作实施方案》《网络借贷信息中介机构业务活动管理暂行办法》，针对第三方支付、网络借贷、互联网保险、众筹等互联网金融模式推出了切实可行的风险专项整治实施方案。在政策收紧、行业调整的大背景下，电子支付、P2P 网贷、互联网众筹、消费金融、互联网保险等商业模式总体呈现平台数量减少、规模稳步增长、集中度增加的行业发展格局。行业监管与行业自律的落地，使得整治体系逐步完善；信息披露和资金存管加速落地、基础设施不断完善，也促进了行业健康发展。

6.1.2　电子支付业务

2016年，全国共办理非现金支付业务21 251.11亿笔，金额3687.24万亿元，同比分别增长32.64%和6.91%。

2016年，银行业金融机构共处理电子支付业务1395.61亿笔，金额2494.45万亿元。网上支付业务461.78亿笔，金额2084.95万亿元，同比分别增长26.96%和3.31%；电话支付业务2.79亿笔，金额17.06万亿元，笔数同比下降6.61%，金额同比增长13.84%；移动支付业务257.10亿笔，金额157.55万亿元，同比分别增长85.82%和45.59%。2016年，非银行支付机构累计发生网络支付业务81 639.02亿笔，金额99.27万亿元，同比分别增长99.53%和100.65%。

2016年，支付系统共处理支付业务592.87亿笔，金额5114.51万亿元，同比分别增长26.29%和16.70%。2016年支付系统处理支付业务金额是全国GDP总量的68.73倍。

2016年，第三方支付业务增长迅速，2016年非银行支付机构累计发生网络支付业务1639.02亿笔，金额99.27万亿元，同比分别增长99.53%和100.65%。移动支付用户规模继续保持高速增长，达到4.69亿，年增长率为31.2%，网民覆盖率由57.7%提升至67.5%[①]。

6.1.3　P2P网贷

中国P2P网贷行业，在2016年正式进入行业调整与规范发展轨道，正常运营平台数量大减的同时，成交规模则继续大幅增加，行业集中度提升明显。截至2016年12月底，P2P网贷行业正常运营平台数量为2448家，同比减少29%。全年网贷行业成交量达到了20 638.72亿元，同比增长110%。

2017年上半年，中国网贷行业综合收益率结束了持续下行局面，迎来上升拐点。2017年6月网贷行业综合收益率为9.30%，环比上升了9个基点。2017年前6个月网贷行业累计成交量达到13 954.3亿元。

2017年6月，P2P网贷行业的活跃投资人数、活跃借款人数出现双增，分别为430.8万人、373.53万人，分别上升3.82%、15.96%。截至2017年6月底，P2P网贷行业正常运营平台数量下降至2114家，相比5月底减少了34家。累计停业及问题平台达到3795家，P2P网贷行业累计平台数量达到5909家。

图6-1显示了2016年7月到2017年6月中国P2P网贷行业成交量走势[②]。

---

① 中国人民银行支付结算司. 2016年支付体系运行总体情况［R/OL］(2017-03-15)［2017-08-10］.
http://www.pbc.gov.cn/zhifujiesuansi/128525/128545/128643/3273108/index.html.

② 网贷之家. 6月月报：P2P综合收益上升，问题平台减少［R/OL］(2017-07-01)［2017-08-10］.
http://www.wdzj.com/news/yanjiu/160651.html.

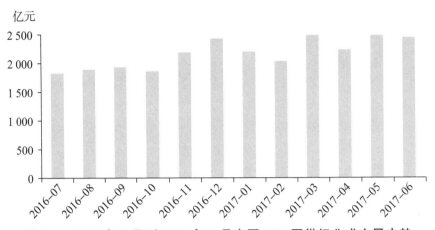

图 6-1　2016 年 7 月到 2017 年 6 月中国 P2P 网贷行业成交量走势

资料来源：网贷之家研究中心.

6.1.4　互联网众筹行业

在监管政策日趋收紧的环境下，中国互联网众筹行业整体进入存量增长阶段。截至 2016 年末，国内已上线 608 家众筹平台，其中问题平台和已转型平台至少达到 271 家，正常运营平台仅剩下 337 家。这些平台中涉及股权众筹和产品众筹的平台分别有 156 家和 75 家。汽车众筹野蛮生长，尽管在第四季度风险频发，正常运营的平台仍然达到 119 家；房产众筹由于政策限制等原因仅剩 5 家，公益众筹平台则有 9 家。

2016 年，中国互联网众筹整体筹资规模在 220 亿元左右，同比增长超过 90%。其中，产品众筹规模稳步增长，2016 年达到 56 亿元，同比增长 107%[①]。京东众筹、淘宝众筹、开始众筹和苏宁众筹依次占据行业前四的位置。股权众筹 2016 年实际筹资金额约为 65.5 万元，较上年增长 12.3 亿元，规模靠前的 15 家平台筹资总额达到 32.0 亿元，约占行业整体的 48.9%，较上年有所降低。京东东家、36 氪股权众筹、蚂蚁达客、人人投等多家平台 2016 年下半年在资产开发上较为保守，上线的项目数量大幅减少。汽车众筹异军突起，2016 年筹资规模达到 93.9 亿元，已成为互联网众筹新的增长极。

虽然筹资规模仍在增长，但众筹行业的相关风险也更加清晰地显露出来，比较突出的是股权众筹和汽车众筹。前者需要面对政策及市场两方面的风险：多地工商部门限制该类公司开立，互联网金融专项整治工作也将其纳入重点整治对象；随着多个项目陆续进入退出期，相关风险相继暴露，平台在业务开发上更加审慎，项目审核更为严格。汽车众筹从 2016 年第 3 季度起风险密集爆发，平台的欺诈风险和经营不善等问题特别突出，可能成为监管层关注和整治的对象。

在经历多年的发展之后，中国互联网众筹在 2016 年也从 5 个方面开始显示出积

[①] 零壹财经. 中国互联网众筹年度报告 2016 正式发布［R/OL］(2017-02-23)［2017-08-10］. http://www.01caijing.com/article/13744.htm.

极或成熟的一面：

（1）奇虎、苏宁、百度、小米等互联网巨头密集入场，加码股权众筹；

（2）产品众筹在京东众筹、淘宝众筹、开始众筹和苏宁众筹的带动下，规模仍呈现稳步增长趋势，一些在垂直细分领域表现突出的平台因其新的产品，灵活的回报方式受到支持者的青睐；

（3）以开始众筹为代表的平台受到资本热捧，众筹客、多彩投等细分领域的平台也顺利完成融资；

（4）汽车众筹完成了第一轮投资人教育，行业"疯狂"吸纳资金的态势有所缓和；

（5）慈善法施行，多家公益众筹平台获民政部首批。

6.1.5 互联网消费金融

2013年消费金融进入大众视野，初期业务主要以针对大学生群体的分期消费服务为主，如分期乐等平台。随着政府普惠金融政策指导的深入，综合性电商平台如京东、阿里等，依靠自身的交易场景和用户数据积累，逐步推出消费金融产品，进一步引爆了互联网消费金融市场。在这股热潮的带动下，更多垂直类电商、O2O平台、P2P借贷平台、大数据征信公司纷纷涌进这一领域，大大促进并完善了消费金融的生态体系。

2016年互联网消费金融迎来破冰之年，截至2016年底，中国消费金融ABS（资产证券化）产品发行数量达51只，规模达936.32亿元，同比增长576%。其中以蚂蚁金服与京东金融为代表互联网金融企业，所发行的互联网消费金融ABS产品分别达到592.8亿元与110.57亿元，占2016整个消费金融ABS市场规模的75%。

6.2 回归金融本质——互联网金融发展现状与特点

6.2.1 第三方支付业务边界进一步明确，移动支付步入场景化时代

1. 第三方支付进入存量发展期，行业龙头企业优势地位明显

至2011年5月央行颁发首批第三方支付牌照，明确第三方支付合法地位以来，电子支付在银行卡收单、互联网支付、移动支付和预付卡领域步入了高速发展的时期。2014年随着电子商务O2O模式的兴起，以及出行、餐饮、抢红包、网络理财等支付场景的拓展，推动了商业闭环的第三方支付产业爆发式增长。但随着第三方支付的蓬勃发展，通过第三方支付渠道的客户信息泄漏、网络欺诈、违规套现等违法行为快速攀升。2016年，第三方支付行业进入存量发展期，2016年8月11日，央行发布了《27家非银行支付机构〈支付业务许可证〉续展决定》，首批27家支付机构全部成功续展，但有6张牌照合并到首批牌照中。2016年8月29日，央行发布了第二批12家支付牌照续展结果，易通支付有限公司、上海富友金融网络技术有限公司的牌照被合并。2017年6月，国美金融科技斥资7.2亿元全资收购银盈通支付

有限公司。截至 2017 年 6 月 6 日，央行网站显示第三方支付许可机构为 258 家，注销机构达 12 家。

2016 年第三方支付累计发生网络支付业务 1639. 02 亿笔，金额 99. 27 万亿元，同比分别增长 99. 53% 和 100. 65%，与 2015 年 119. 51% 与 100. 16 的增幅大体持平（2016 央行支付体系报告）。易观 2017 年第 1 季度报告显示，支付宝、腾讯金融和银联商务分别以 36. 93%、25. 52% 和 20. 07% 的市场份额位居前三位，三家第三方支付行业巨头市场份额合计达到 82. 52%，如图 6-2 所示。

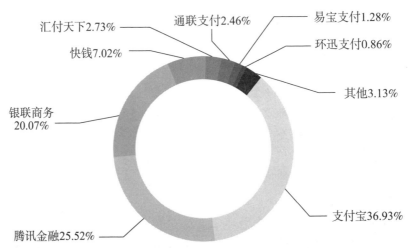

图 6-2 2017 年第一季度中国第三方支付综合支付市场交易额

资料来源：Analysys 易观.

说明：以上数据根据厂商访谈、易观自有监测数据和易观研究模型估算获得，易观将根据掌握的最新市场情况对历史数据进行微调，部分企业未涵盖。

2. 监管政策频出，强调第三方支付业务边界

至 2015 年底央行出台《非银支付机构网络支付业务管理办法》以来，针对第三方支付行业的监管政策明显收紧，《关于完善银行卡刷卡手续费定价机制的通知》《二维码支付业务规范（征求意见稿）》《银联卡受理终端业务准入管理规则》等监管政策相继出台，如图 6-3 所示。

2015 年 12 月央行发布的《非银行支付机构网络支付业务管理办法》将支付账户分为 A、B、C 等三类，规定支付机构不得为金融机构，以及从事信贷、融资、理财、担保、货币兑换等金融业务的其他机构开立支付账户，明确第三方网支付的小额、快捷、便民、小微支付服务的业务边界和中介定位。

2016 年 3 月国家发展改革委、人民银行联合发布《关于完善银行卡刷卡手续费定价机制的通知》，使得多年不变的 721 刷卡手续费分配模式（发卡行 7、收单行 2、银联服务费 1）成为历史，促进了银行卡收单业务市场化程度的进一步提高，以借或贷记卡为区分标准收费，对收单市场长期存在的信息泄露、套用代码等行为进行了有效的遏制。

图 6-3　第三方支付业务监管政策

资料来源：Analysys 易观.

2016 年 8 月中国支付清算协会出台《二维码支付业务规范（征求意见稿）》，宣布自从 2014 年 3 月叫停的二维码重获支付地位，将二维码支付定位为传统线下银行卡支付的有益补充，并规定了交易验证安全等级和限额。由二维码支付所带动的移动支付场景丰富，使得第三方支付产业的受理终端业务迎来全新机遇，第三方支付机构纷纷推出二维码支付产品。2017 年 5 月 27 日，中国银联联合 40 余家商业银行推出银联云闪付二维码产品，持卡人通过银行 APP 可实现银联云闪付扫码支付。

3. "场景化消费"推动移动支付市场高速增长

2016 年全年移动支付业务 257.10 亿笔，金额 157.55 万亿元，同比分别增长 85.82%和 45.59%。易观数据显示，2017 年第 1 季度中国第三方移动支付市场交易

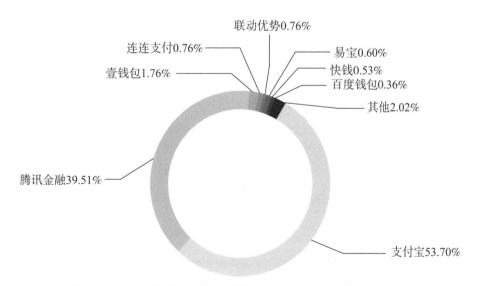

图 6-4　2017 年第一季度中国第三方移动支付市场交易额

资料来源：Analysys 易观.

说明：以上数据根据厂商访谈、易观自有监测数据和易观研究模型估算获得，易观将根据掌握的最新市场情况对历史数据进行微调，部分企业未涵盖。

规模，同比 2016 年第一季度增长 215%。受益于余额宝、蚂蚁聚宝等互联网理财支付场景业务交易规模的增长，支付宝移动支付市场份额达 53.7%，受益于社交类支付场景业务高速增长，2017 年第 1 季度，腾讯金融移动支付市场份额达 39.51%。

随着《非银行支付机构网络支付业务管理办法》与《二维码支付业务规范（征求意见稿）》的发布，2016 年移动支付场景不断创新并延伸，O2O 生活服务、线下商超、共享出行等小额高频的线下支付场景，推动移动支付用户规模的高速增长。《2017CNNIC 报告》显示移动支付用户规模继续保持高速增长，达到 4.69 亿，年增长率为 31.2%，网民覆盖率由 57.7% 提升至 67.5%。

6.2.2 P2P 网贷回归信息中介本质，监管加速行业集中度

1. 网贷监管政策收紧，行业迎来规范元年

2013 至 2015 年，在监管层对 P2P 网贷鼓励、宽松的政策支持下，P2P 网贷行业进入爆发式增长的三年。而进入 2016 年，针对 P2P 行业的合规化监管行动及政策面的收紧贯穿全年。2016 年 4 月，国务院组织 14 部门在全国范围内对包括 P2P 网贷行业在内的互联网金融行业进行专项整治，此次专项整治活动拉开了 2016 年 P2P 网贷行业监管政策出台的序幕。8 月份出台的《网络借贷信息中介机构业务活动管理暂行办法》确立了 P2P 网贷的合法地位，并以负面清单的形式，强调 P2P 网贷信息中介的本质。随后《互联网金融信息披露个体网络借贷》《网络借贷信息中介机构备案登记管理指引》《网络借贷资金存管业务指引》也相继出台，初步形成"企业信息披露、行业协会自律、政府专项整治"的行业规范与监管体系。2016 年国家出台的 P2P 网贷行业相关监管文件如表 6-1 所示。

表 6-1 2016 年 P2P 网贷行业相关监管文件

时间	文件	发布部门
2016.4	《关于加强校园不良网络借贷风险防范和教育引导工作的通知》	教育部 银监会
2016.8	《网络借贷资金存管业务指引（征求意见稿）》	银监会
2016.8	《网络借贷信息中介机构业务活动管理暂行办法》	银监会、工信部等
2016.9	《关于开展校园网贷风险防范集中专项教育工作的通知》	教育部
2016.10	《关于互联网金融风险专项整治工作实施方案的通知》	国务院办公厅
2016.10	《P2P 网络借贷风险专项整治工作实施方案》	银监会
2016.10	《互联网金融信息披露个体网络借贷》	中国互联网金融协会
2016.11	《网络借贷信息中介机构备案登记管理指引》	银监会、工信部、工商总局

2. 网贷成交量稳步增长，区域集中度上升明显

如图 6-5 所示，P2P 网贷经过 10 年的发展，从 2013 年网贷成交量迎来爆发式增长开始，至 2016 年全年 P2P 网贷行业更是成交量达到了 20 638.72 亿元，相比 2015 年全年 9823 亿元的成交量增长了 110%。2016 年末全国正常运营平台数量达到 2448 家，相比 2015 年底显著减少 985 家。

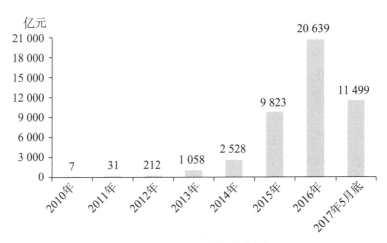

图 6-5　P2P 网贷成交量

数据来源：网贷之家研究中心.

零壹财经《2016 年中国 P2P 网贷年度报告》显示，北京、上海、广东、浙江交易额合计占据 8 成多，2016 年网贷交易额集中分布北京、广东、上海和浙江四地，规模分别达到 5162 亿元、4975 亿元、4100 亿元和 2216 亿元，合计占到全国总量的 84%。北京地区占全国比重达到 26.4%，为全国最高，广东、上海、浙江地区占比分别为 25.5%、21.0%、11.3%，其他地区合计占比 15.8%，网贷平台区域集中度提升明显。

3. 小额普惠、资金存管合规压力驱动行业马太效应加剧

2016 年 8 月出台的《网络借贷信息中介机构业务活动管理暂行办法》，明确了 P2P 网贷行业的"小额普惠"的信息中介定位，并对"小额"提出了具体的要求。对接大额资产的网贷平台，面临从大额业务向小额分散合规转型的压力。另一方面，《网络借贷资金存管业务指引（征求意见稿）》要求对网贷平台现有资金采取银行存管模式。网贷之家数据显示，截至 2017 年 4 月 5 日，共有 281 家正常运营平台宣布与银行签订直接存管协议，约占同期 P2P 网贷行业正常运营平台总数量的 12.32%；其中有 158 家正常运营平台与银行完成直接存管系统对接并上线，仅占 P2P 网贷行业正常运营平台总数量的 6.93%。

面对小额普惠资产与银行存管的合规转型压力，早期爆发式增长导致的问题平台数量持续减少，良性退出（包括停业及转型）成为了 2016 年网贷平台的主要退出方式，而符合监管要求的网贷凭借其核心优势继续扩大市场规模，行业整体呈现

出强者愈强、弱者愈弱的"马太效应"。截至 2016 年末，P2P 网贷行业成交量前 100 的平台成交量占到全行业成交量的 78%；前 300 的平台成交量占比高达 91%。

6.2.3　互联网挖掘消费需求，电商巨头引领互联网消费金融模式创新

1. 鼓励政策频出，消费金融公司试点扩大至全国

2016 年 12 月 16 日，银监会非银部主任毛宛苑在 2016 中国消费金融论坛上表示，到 2016 年 10 月已经批准开业的消费金融企业 16 家，2016 年前三季度行业累计发放消费贷款 1127.59 亿元，相比 2015 年同期数据基本翻番，累计服务客户数超过 1568 万人，其中 5000 元以下的贷款笔数是整个贷款占比的 60%。

与第三方支付、P2P 网贷等互联网金融行业监管政策收紧不同，互联网消费金融在 2016 年迎来了市场准入的全面放开，消费金融公司试点扩大至全国。2015 年 6 月，国务院常务会议决定放开市场准入，将原在 16 个城市开展的消费金融公司试点扩大至全国，并将审批权下放至省级部门，鼓励符合条件的民间资本进入。2016 年 3 月，李克强总理在《政府工作报告》中指出，要在全国开展消费金融公司试点，鼓励金融机构创新消费信贷产品。2016 年 3 月 24 日，央行、银监会联合印发《关于加大对新消费领域金融支持的指导意见》，明确了六大新消费领域的金融支持措施。

2016 年 8 月《网络借贷信息中介机构业务活动管理暂行办法》正式发布，明确规定网络借贷金额应当以小额为主，并对借款上限做了严格限制。受此影响，大量业务超限的平台必须进行转型调整，包括红岭创投、聚宝汇、点融网、爱投资等都纷纷向消费金融领域转型。

2. 电商巨头全面拓展互联网消费金融场景

进入 2016 年，随着线上电商平台消费金融服务的发展及日趋饱和，消费金融不断向更多服务类的细分领域渗透，主要包括电商场景、教育场景、校园场景、房产及装修场景、医美（医疗）场景、旅游场景、构成场景等，互联网消费金融的热潮从商品零售领域向服务类消费发展。

2016 年 3 月，百度金融在推进教育分期服务的基础上，上线了家装分期、医美分期和租房分期等消费金融服务；2016 年 5 月，蚂蚁花呗宣布，联手上海复旦大学附属华山医院、支付宝推出针对个人消费者的医疗分期付费，最高可获得的额度为 5 万元。2016 年 9 月，京东金融宣布"白条"与银行合作的联名电子账户——"白条闪付"正式上线，积极拓展线下消费场景。

3. 互联网消费金融资产证券化市场迎来破冰之年

2016 年互联网消费金融成为资产证券化市场当之无愧的热点，2016 年 1 月 19 日，乐信集团（原分期乐）发行一只资产证券化产品，规模为 2.5 亿元，其本身携带 P2P 及消费金融的标签，因此在互联网消费金融行业较具借鉴意义。依托零售巨头阿里和京东的蚂蚁金服与京东金融发行 ABS 的总额与数量居行业前列。其中蚂蚁金服 2016 年发行总额为 592.8 亿元，共 29 只，京东金融 2016

年发行总额为 110.57 亿元，共 9 只①。

6.2.4　互联网巨头布局众筹，众筹迎来规范发展期

1. 互联网巨头加速布局众筹，众筹规模快速增长

如表 6-2，继 2011 年国内首家众筹平台"点名时间"上线，2013 年"淘宝众筹"上线，2014 年"京东众筹"上线，2015 年京东非公开股权融资平台"京东东家"上线，以及蚂蚁金福旗下股权融资平台"蚂蚁达客"上线。进入 2016 年，互联网巨头奇虎 360、苏宁、百度、小米的非公开股权融资平台 360 淘金、苏宁私募股权、百度百众和米筹金服分别上线运营。至此，阿里、百度、京东、苏宁、奇虎 360 和小米等互联网巨头均已布局非公开股权众筹领域。随着互联网巨头纷纷布局众筹，众筹领域已渗透到农业、影视娱乐、智能硬件、汽车、日常消费品等大众领域。

盈灿咨询《2016 年中国众筹行业年报》数据显示，2016 年全国众筹行业共成功筹资 224.78 亿元，是 2015 年全年成功筹资额的 1.97 倍，是 2014 年全年全国众筹行业成功筹资金额的 10.42 倍。截至 2016 年 12 月底，权益型众筹平台达 222 家，股权众筹平台达 117 家，混合型众筹平台（含两种类型及以上）为 70 家，公益众筹平台仍然小众，仅有 18 家。

表 6-2　互联网巨头众筹平台布局

公司	众筹平台	平台类型	上线时间
阿里	淘宝众筹	权益众筹	2014.3
	蚂蚁达客	股权众筹	2015.11
京东	京东众筹	权益众筹	2014.7
	京东东家	股权众筹	2015.3
苏宁	苏宁众筹	权益众筹	2015.4
	苏宁私募股权	股权众筹	2016.4
小米	小米众筹	权益众筹	2015.7
	米筹金服	股权众筹	2016.9
奇虎 360	360 淘金	股权众筹	2016.1
乐视	乐视产品众筹	权益众筹	2016.1
百度	百度百众	股权众筹	2016.4
	百度消费众筹	权益众筹	2016.4
网易	三拾众筹	权益众筹	2016.10

---

① 数据来源：零一财经 2016 中国消费金融年度报告。

2. 公益众筹规范发展，13 家网络募捐平台获民政部认可

2016 年 9 月 1 日，中国首部《中华人民共和国慈善法》正式实施。规定慈善组织通过互联网开展公开募捐的，应当在民政部统一或者指定的慈善信息平台发布募捐信息。2016 年 8 月，民政部门户网站发布通告，公示了首批慈善组织互联网募捐信息平台遴选结果。民政部对通过形式审查的 29 家互联网募捐信息平台进行了评审，入围首批慈善组织互联网信息募捐平台包括腾讯公益、淘宝网、蚂蚁金服公益平台、微公益、轻松筹、京东公益、百度慈善捐助平台等 13 家公益众筹平台。

6.3　互联网金融发展趋势

6.3.1　浪潮退去的互联网金融将建立行业新秩序

2016 年的互联网金融在"政策之手"与"市场之手"的共同作用下，随着业务边界进一步明确、行业准入门槛变高、合规成本增加，为期十年的互联网金融行业的"野蛮生长期"宣告结束。互金行业将摆脱初创公司扎堆混战的乱象，并购、重组将成为行业未来几年的关键词，拥有丰富用户资源与强大科技实力的互联网金融巨头企业将迅速崛起，而依托政府监管、行业自律的互联网金融新秩序将逐步形成。

如果说 2016 年是监管政策颁布期，那么 2017 年将进入一个具体执行期，各种监管政策的过渡期、整改期临近，都将加速行业洗牌。未来互联网金融行业的合规发展既是主基调又将成为先发优势。

6.3.2　传统金融与互联网巨头的强强联手，将揭开互联网金融的中场大幕

进入 2017 年，传统金融与互联网巨头历经十余年的排斥、了解、熟悉终于迎来了深度合作。3 月 28 日，阿里巴巴集团、蚂蚁金服集团与中国建设银行签署战略合作协议；6 月 16 日，中国工商银行与京东金融集团签署了金融业务合作框架协议；6 月 20 日，百度与中国农业银行宣布战略合作，双方签署了框架性合作协议，同时揭牌金融科技联合实验室。6 月 22 日，中国银行与腾讯宣布已经成立金融科技联合实验室。工、农、中、建四大行与百度、阿里、腾讯、京东（BATJ）的战略合作，吹响了中国传统金融转型的号角，同时将揭开互联网金融规范发展的中场大幕。

6.3.3　数据驱动未来，金融科技将加速发展

2017 年 5 月，中国人民银行官网宣布金融科技委员会成立，委员会旨在加强金融科技工作的研究规划和统筹协调。6 月，央行印发了《中国金融业信息技术"十三五"发展规划》，明确加强金融科技和监管科技研究与应用；稳步改进系统架构和云计算应用研究；深入开展大数据技术应用创新；规范与普及互联网金融相关技术应用；积极推进区块链、人工智能等新技术应用研究。当互联网金融行业进入行

业规范发展期之时，人工智能、大数据征信、区块链等金融科技，将成为业内机构的战略核心。随着金融科技企业逐步完成前期的数据积累和技术磨合，成熟的金融科技逐渐渗透到互联网征信、资产获取、大数据风控、贷后管理等全流程，金融科技能力将成为互联网金融企业回归普惠本质的最核心的竞争力，科技驱动未来将成为行业发展的一大趋势。

6.3.4 互联理财融将引领大众理财与企业理财新趋势

互联网金融的高可达性，降低了理财门槛，缩短了投资者与理财产品的距离，其多元化的理财产品也迎合了不同风险偏好的网民需求。2013 年余额宝的出现，宣告互联网理财在国内的兴起，2017CNNIC 报告显示，截至 2016 年底，中国购买过互联网理财产品的网民规模为 9890 万人，相比 2015 年同期增加用户 863 万人，网民使用率达 13.5%。另一方面，伴随技术创新和产品研发，为企业理财提供了更加便捷的方式以及多样化的选择。2016 年互联网巨头纷纷推出企业理财服务，作为目前互联网理财竞争空白的企业理财将成更多互联网金融机构布局新领域。

6.3.5 互联网金融信息和征信体系建设将进入快速发展期

互联网金融和征信体系都取得了令人瞩目的成绩，互联网行业中一些领头羊也在该领域进行了卓有成效的实践，互联网金融信息服务和互联网征信管理及监管体制也得到进一步改善。然而，互联网金融信息服务和互联网征信毕竟还是处于新生阶段的行业，目前国内征信体系是以政府为主导，在数据更新频率、数据收集维度、征信产品创新等方面相对薄弱。互联网金融行业的快速发展，亟须引入市场企业作为体系补充，弥补现有征信体系的不足。

未来，征信体系建设将围绕建立统一的信息主体标识规范，制定层级清晰、结构完善的征信业总体标准；加强信用文化建设，提升互联网环境下的金融生态环境；推进金融和信用信息共享机制建设，提高征信行业标准化体系水平；强化信息安全和个人隐私保护，完善法律保障体系；完善信用正向激励机制，提高失信惩戒手段；扩大互联网和大数据征信数据来源，提高互联网大数据征信模型准确性等方面展开。

6.3.6 消费金融将成为互联网金融行业的重要增长点

与传统金融主要服务于信用记录良好的人群不同，以中国缺乏信用数据的近 10 亿人群为服务对象的互联网消费金融市场具有巨大的发展潜力。目前以蚂蚁金服、京东金融为代表的电商系消费金融机构，利用电商等大数据及相关技术，为大量缺乏央行征信记录的人群提供了消费金融服务，揭开了互联网消费金融发展的序幕。受国家对消费金融试点逐步放开、资本市场追逐、网贷监管细则落地后 P2P 网贷平台业务转型、房贷业务受限及国内消费升级等多因素影响，互联网消费金融将迎来黄金发展期，商业银行、消费金融公司、互联网公司、P2P 平台将纷纷抢滩消费金融蓝海。

6.3.7 小额普惠将是未来中国互联网金融的必然趋势

作为与传统商业银行业务的差异化补充，"小额普惠"是互联网金融诞生的初衷。2016 年相关部门出台了一系列的互联网金融的指导意见和实施细则，以规范互联网金融回归"小额普惠"的金融本质，与此同时，国务院印发的《推进普惠金融发展规划（2016—2020》首次将"普惠金融"提升为国家级战略规划，财政部印发的《普惠金融发展专项资金管理办法》更是明确提出要大力发展普惠金融。"小额普惠"不光是当前互联网金融的合规要求，也将是互联网金融未来发展的必然趋势。

6.3.8 互联网金融产品及服务的"场景化"是大势所趋

作为普惠金融的重要元素，互联网金融服务将由单纯的互联网理财、借贷与支付转向社交、旅游、出行、医疗、购物等多功能的综合服务，这将为金融业务本身及生活场景中的商户创造更大的增值空间，金融产品和服务走向场景化已是大势所趋。线上的金融服务将与多元的场景进一步相结合，从而拓展出更多的消费方式和服务方式，而线下众多的传统商业场景与互联网金融平台的对接将可以大大拓展其服务范围，降低消费门槛，提高效率。

第7章

智慧变革中的中国电商物流

2016 年是中国电子商务物流快速发展的一年。无论是在智慧物流建设、物流新技术应用方面，还是在新零售物流设计、农村物流网点布局、跨境电商物流模式创新等方面，都有显著的变化。整个电商物流行业正快速朝着信息化、可视化、数据化、网络化、集约化等方向发展，智慧物流成为未来行业发展的主要趋势。本报告总结了 2016 年中国电子商务物流的现状，并展望了下一阶段中国电子商务物流的发展趋势。

7.1 中国电商物流行业发展现状

近年来，随着中国电子商务的快速发展，电商物流行业保持较快增长，跨境电商物流模式不断创新，农村电商网购物流发展迅速，同城即时配送需求旺盛，网购物流整体运作效率有效提升，以电商物流为代表的新兴经济已经成为电子商务发展最有利的支撑，同时也是推动经济增长的重要引擎。

7.1.1 电商物流发展呈现高速增长态势

2016 年全国电子商务交易额达到 26.1 万亿元，电子商务物流仓储和配送需求呈现高速增长态势。

中国物流与采购联合会与京东集团联合发布的中国物流运行指数显示，2016 年电商物流总业务量指数平均达到 156.1 点，12 月份达到 228.1 点，总业务量达到基期（2015 年 1 月）两倍以上。2016 年中国电商物流运行指数由 2015 年 12 月的 130.19 增长至 2016 年 12 月的 159.56，其中 11 月份、12 月份在"双十一""双十二"等活动的带动下，是全年中电子商务物流运行的高峰（参见图 7-1）[1]。

截至 2016 年底，按照国家标准经评估认定的 A 级物流企业总数超过 4000 家，覆盖全国（除港澳台外）所有省市自治区。

---

[1] 中国物流与采购联合会，京东集团. 2016 年电商物流运行分析和 2017 年展望［EB/OL］.（2017-02-15）［2017-08-10］. http://www.chinawuliu.com.cn/lhhkx/201702/15/319121.shtml.

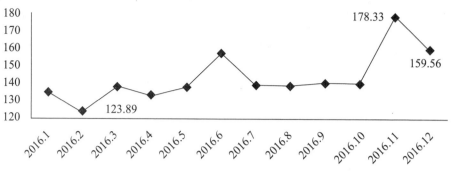

图7-1 中国电商物流运行指数

资料来源：中国物流与采购联合会.

据中国国家邮政局统计，2016年全国快递服务企业业务量累计完成313.5亿件，同比增长51.7%；业务收入累计完成4005亿元，同比增长44.6%。2017年上半年，中国快递服务企业业务量累计完成173.2亿件，同比增长30.7%；业务收入累计完成2181.2亿元，同比增长27.2%（参见图7-2）。其中，同城业务量累计完成40.4亿件，同比增长24.2%；异地业务量累计完成129.2亿件，同比增长32.9%；国际/港澳台业务量累计完成3.6亿件，同比增长29.2%[①]。

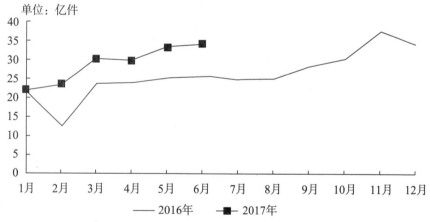

图7-2 中国快递业务量增长情况（亿件）

资料来源：国家邮政局.

2017年上半年中国快递业务量完成173.2亿件，同比增长30.7%，快递业务收入实现2181.2亿元，同比增长27.2%。2017年第二季度，中国日均快件处理量超过1亿件，人均快件使用量为7.1件，中国已常态化进入了单日快递"亿件时代"。从区域发展情况来看，业务量排名前12的省份占全国的比重超过8成。数据显示，

---

① 国家邮政局. 国家邮政局公布2017年上半年邮政行业运行情况［EB/OL］(2017-07-13)［2017-08-10］. http://www.spb.gov.cn/xw/dtxx_15079/201707/t20170713_1223041.html.

广东、浙江、江苏等收寄主力省份增速符合预期，北京、上海同城快递市场增量有所收缩，山东、河北、湖北、四川、安徽等消费主力省份异地快递业务增速放缓。

7.1.2　电商物流企业主体多元发展，服务能力稳步提升

中国电子商务的快速发展驱动着电商物流企业的变革，物流与电子商务企业相互渗透，企业主体从快递、邮政、货代、运输、仓储等行业向生产、流通等行业扩展，第三方物流、供应链型、平台型、企业联盟等多种组织模式发展加快，众包、自营、共享等多种业态不断涌现。

众包模式打破企业的边际，促进多方在业务上开展跨地区、跨行业的创新协同，推动了全行业的创新供给和信息资源的开放共享。截至 2016 年 12 月，众包物流、货运 O2O 等物流领域共有 14 家主流平台获得了融资，物流行业整体发现态势良好。

随着网购市场的快速增长和人们对物流时效性和服务体验度要求的提升，同城配送需求越来越旺盛，点对点即时配业务发展迅速，传统快递顺丰、圆通等企业纷纷涉足同城速递市场。国家邮政数据显示，同城速递是物流行业增速最快的子行业，未来五年仍将保持 30% 的增速，预计到 2020 年市场规模将超 2000 亿元。

即时配物流多利用"互联网+众包+社群"技术，为中小企业、电商、本地商家和个人提供同城即时配送服务，由于巨大的市场需求规模和超预期的市场增长，同城速递越来越受到资本的青睐。2017 年 6 月 5 日，同城速递平台闪送宣布完成 C+轮5000 万美元融资。6 月 9 日，UU 跑腿在 2017 年战略发布会上宣布获得 1 亿元 A+轮融资。

2016 年，中国电商物流企业通过加大投入、优化网络、整合运能、规范流程等多项措施，持续改善物流服务质量。重点城市间快递服务全程时限均值为 58.7 小时，比 2015 年缩短半小时；物流时效指数全年平均为 114.8 点，比上年回升 16.7点，物流送达时效提高 17%（图 7-3）[1]；履约率指数平均为 103.3 点，比 2015 年略有提升（图 7-4）[2]；全国快递服务有效申诉率百万分之 8.4，比 2015 年减少 4.9，同比下降 37%，有效申诉率连续 4 年下降。

7.1.3　实施"互联网+物流"战略，加强科技创新

2016—2017 年，适应消费升级和现代产业新体系建设，物流行业深入贯彻落实"互联网+物流"战略，优化服务供给，丰富产品体系，推进服务智能化。中国邮政建成新一代寄递业务信息平台，集中式呼叫中心和指挥调度中心，通过大数据、云计算推动管理科学化。顺丰依托物联网技术，通过物联网、大数据与云计算构建智慧物流。百世、中通、申通等公司都启动了自动分拣系统，应用条形码、无线射频

---

① 中国物流与采购联合会，京东集团. 2016 年电商物流运行分析和 2017 年展望［EB/OL］（2017-02-15）
　［2017-08-10］. http：//www.chinawuliu.com.cn/lhhkx/201702/15/319121.shtml.

② 中国物流与采购联合会，京东集团. 2016 年电商物流运行分析和 2017 年展望［EB/OL］（2017-02-15）
　［2017-08-10］. http：//www.chinawuliu.com.cn/lhhkx/201702/15/319121.shtml.

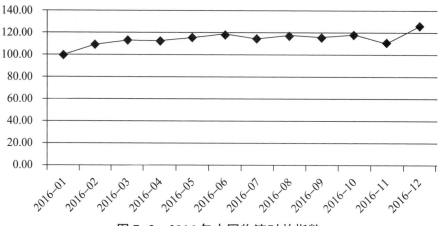

图 7-3   2016 年中国物流时效指数

资料来源：中国物流与采购联合会.

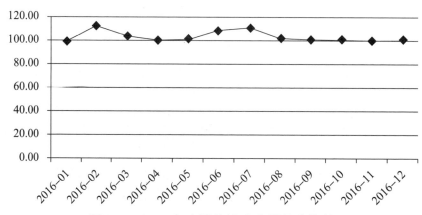

图 7-4   2016 年中国物流企业履约率指数

资料来源：中国物流与采购联合会.

识别、仓储自动化机器人、可视化及货物跟踪系统、传感技术、全球定位系统等新技术，快件分拣效率提高 4 倍以上。韵达在全国改扩建仓库 200 余个，将仓储、运输、配送、数据服务等业务互联互通，为上下游客户提供全方位仓配一体化解决方案。京东尝试无人机送货，提高了边远地区的送货能力。

7.1.4 跨境电商物流快速发展

2016 年跨境电商高速增长，全国共有 60 个城市开展了跨境电商业务，物流企业加快海外物流网络布局的步伐，有力地支撑了跨境电商的增长。

2013—2016 年期间，中国海外仓数量不断增长，从 2013 年 11 月的 50 多个增长至 2016 年 11 月的 500 多个，年均增长率为 77%。目前，中国跨境物流海外仓有自建模式、租用模式与合作建设模式三种模式。此三类模式特点属性不同，可满足各种商家的不同需求。

紧跟"一带一路"建设步伐，2016 年中国物流企业国际化步伐加快。在日本、韩国和东南亚等重点地区已经初步形成服务网络。在北美、欧洲和大洋洲等地加快布局，跨境寄递、专线物流、多式联运、海外仓建设等业务蓬勃开展。表 7-1 反映了 2016 年全国快递企业海外网络建设情况[①]。

表 7-1　2016 年中国快递企业海外网络建设情况

2016 年全国主要快递企业海外网络建设情况	
邮政 EMS	在美国、英国、澳大利亚、德国等国建立中邮海外仓，与澳大利亚、中国香港、日本、韩国、美国邮政共同推出邮政特快专递 EMS 承诺服务，推出到日本大阪、新加坡"限时专递"以及到欧洲 8 国 10 城"次日递"服务
顺丰	顺丰控股国际业务已覆盖美国、欧盟、日本、韩国等 51 个市场，国际小包服务网络已覆盖全球 200 多个国家及地区
圆通	成立韩国公司，圆通速递已陆续推出中国港澳台、东南亚、中亚、欧洲、美洲、澳洲及韩日快递专线产品，实现快件通达主要海外市场
中通	先后在美国设立波特兰、洛杉矶、特拉华 3 个中转仓，在中国台湾设立 7 个中转仓，在德国、法国、日本、韩国、新西兰等国设立中转仓，成立泰国公司
申通	在欧洲，服务网络已经覆盖到英国、荷兰、法国、西班牙、意大利、比利时、波兰、葡萄牙、德国、卢森堡、捷克
韵达	相继开拓包括德国、荷兰、加拿大、新西兰、新加坡、韩国、日本、泰国、中国香港、中国台湾等 16 个国家和地区在内的国际快件物流网络
天天	推出跨境出口业务，开通出口专线、邮政小包、商业快件三大出口业务，共设有 7 条出口专线，直航南亚、中东、非洲、俄罗斯、美国、德国等国家和地区，送达范围覆盖全球近 80 个国家和地区。跨境业务平台——天天国际上线，已完成欧洲、澳洲、泰国、加拿大、韩国、港台等重点国家和地区布点，拥有功能齐全的海外仓 13 个

资料来源：国家邮政局.

中国快递企业通过自建跨境电商平台或与第三方跨境电商平台合作，不断延伸国际服务触角，为客户提供更优质的跨境物流产品和服务。中国邮政继续保持跨境电商寄递主渠道地位，业务量同比增长 47%；顺丰与苹果、安踏等品牌开展合作，量身定制包括市场准入、运输、清关、派送在内的一体化跨境进出口解决方案；圆通快递以线上线下相结合营销模式形成市场突破，在海外华人聚集区发展本地末端网络；天天国际与申通全网合作覆盖彼此终端服务盲点，向跨境电商提供完整的进出口解决方案。

---

① 国家邮政局. 2016 年度快递市场监管报告［R/OL］.（2017-06-24）［2017-08-10］.
http://www.spb.gov.cn/zy/xxgg/201706/t20170624_1196398.html.

7.1.5 农村电商物流发展迅猛

2016 年《关于落实发展新理念加快农业现代化实现全面小康目标的若干意见》首次提出"实施'快递下乡'工程"。随着国家邮政局"快递向西向下"服务拓展工程的推进和农村电商协同发展，重点快递企业加大对基层网络的覆盖。圆通推进"通乡镇、通村组"工程，申通开展"千县万镇"工程，韵达实施"开通乡村拓展计划"，京东打造"一县一中心"，苏宁推广"易购服务站"，京东、菜鸟网络等电商物流在农村市场布局站点，产品"进城"和商品"下乡"双向流通格局正在加紧形成。

截至 2016 年底，上海市、江苏省等 8 省（市）实现乡镇全覆盖，中西部地区整体提升超过 12 个百分点。农村业务量指数平均为 191.5 点，反映物流业务量增长速度接近 200%，比同期总业务量指数高出 35.4 点。2017 年上半年，快递业务收入占国内生产总值比重达 6‰，同比提高 0.8 个千分点。重点快递企业乡镇网点覆盖率达到 82.6%，进一步畅通了"农产品进城"和"工业品下乡"双向流通渠道。农村快递成为快递业务新的增长点，"快递+电商+农业"成为精准扶贫模式的标配[1]。

7.1.6 电商物流行业从业人员规模快速增长

2016 年，电商物流行业从业人员指数平均为 136.9 点，反映出电商物流行业从业人员规模比 2015 年全年增长 30% 以上，其中上半年基本都在 140 点以上高位，吸纳从业人员规模不断扩大（参见图 7-5）。

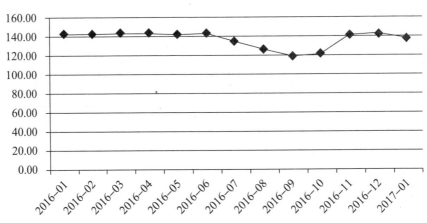

图 7-5　2016 年物流从业人员指数

资料来源：中国物流与采购联合会.

---

[1] 国家邮政局. 2017 年二季度中国快递发展指数报告［R/OL］（2017-07-11）［2017-08-10］. http://www.spb.gov.cn/sj/.

7.2 电商物流行业发展趋势

2016年国内外电商物流市场将保持持续增长，农村、跨境等专业领域需求旺盛，共享、创新的发展思路继续引领行业发展，整体上看，2017年电商物流将继续保持快速增长的良好态势，并呈现出以下发展趋势。

7.2.1 电商物流需求继续保持快速增长

随着移动电子商务在经济、社会和居民生活各领域的渗透率不断提高，与之对应的电商物流需求将继续保持快速增长。

7.2.2 电商物流企业服务质量和创新能力将显著提升

随着网络购物和移动电商的普及，电商物流必须加快服务创新，增强时效性、规范性，提高供应链资源整合能力，满足不断细分的市场需求和个性化需求。产业结构和消费结构升级将推动电商物流企业进一步提升服务质量。

7.2.3 跨境电商物流将继续保持快速发展

跨境电子商务是对传统业务链的重构，对于重塑国际贸易新格局、主导国际贸易新规则、助力传统企业转型都具有十分重要的作用。新一轮对外开放和"一带一路"建设的推进，为跨境电子商务的发展提供了重大历史机遇，电商物流企业依托信息化和智能化，加快全球网络布局，跨境电商物流将继续保持快速增长。

7.2.4 快递企业加速布局"一带一路"沿线国家

2016年中国与"一带一路"沿线国家的进出口总额为6.3万亿元，增长0.6%。其中出口3.8万亿元，增长0.7%；进口2.4万亿元，增长0.5%。随着顺丰、圆通等多家民营快递企业积极布局海外，"一带一路"沿线国家正在成为快递企业的新增长点。

7.2.5 智慧物流迅速崛起

智慧物流是利用信息技术使得装备与控制智能化，代替人又高于人的物流发展新模式。智慧物流促进快递网络进一步降本增效，大幅提升效益。智慧物流的发展与移动互联网、云计算、大数据、物联网等新兴技术密切相关。不管是顺丰，还是菜鸟、京东物流，都加大了对信息技术的投入，以提升现有的物流信息化水平。无人机、仓储自动化机器人设备、自动分拣、大数据分析系统，以及信息化系统支撑等已经成为标配。

7.2.6 新零售时代电商物流模式不断创新

随着移动互联网的迅猛发展，新零售时代对电商物流提出了新的需求。新零售消费是场景化的重构，线上、线下、社区体验、多渠道交易、社交电商、社群经济全面融合，众包、众筹、共享等新的分工协作方式得以广泛应用，打破传统分工体系，重构企业业务流程与经营模式，创新驱动成为智慧物流新的动力。同城配送需求越来越旺盛，点对点即时配业务发展迅速，"三通一达"、宅急送、全峰等快递企业纷纷入局同城即时配，以丰巢、UU 跑腿、闪送、云鸟配送、唯捷城配、驹马物流、鲸仓、云仓等企业业务量快速增长，外卖 O2O 的饿了么、美团外卖、百度外卖及众包物流的新达达、点我达、人人快递等纷纷转型瞄准同城最后一公里，整合集约共享和跨界融合成为趋势。

7.3 大数据驱动电子商务物流快速发展

7.3.1 大数据赋能跨境电商物流

随着"大数据"时代的到来以及跨境电商的不断发展，大数据技术与跨境电商物流的结合也成了发展的必然趋势。现在越来越多的跨境电商企业通过对跨境电商平台上的各类数据进行分析，挖掘出消费者的消费倾向，分析和预测当下和未来一段时期市场需求的热销产品，然后针对热销产品设计合理的物流方案，选择最优路径，继而提前做好物流安排，提升整体物流服务体验。

7.3.2 借力大数据，电子商务物流迈向智能化

通过大数据技术，对生产和流通领域数据进行分析整合，从而做到业务订单的合理配置，减少运力浪费、提升效率。例如菜鸟模式的核心，即数据和技术，以及平台化的生态系统搭建和基于消费者和商家体验的服务标准。线上运用大数据、云计算等，优化配置快递资源；线下建设智能仓储设施网络和末端配送网络，同时整合各类社会物流资源，提高物流配送效率。目前，菜鸟已经搭建了一个辐射全球224 个国家和地区的进出口物流网络，接入了 110 个跨境仓库提供服务。同时，菜鸟网络在美国、英国、法国、澳大利亚、日本、韩国、中国台湾等 9 个国家和地区提供全球集货线路。

7.3.3 新零售时代大数据使电子商务物流配送更加智能

为了使物流配送更加智能，电商物流除了进行销售数据预测，还基于大数据技术，提升配送效率，对下单、发货、揽收、分拨、派送、签收等环节都实现全程数据的可视化监控。在 2016 年的"双十一""双十二"期间，电商企业除了在大数据方面发力，快递企业同样加大了对大数据的应用。以顺丰为例，在往年备战中，顺丰可以做到的是预测区域内的快件量，2017 年则利用多年积累的商家资源和大数据分析能力预测到具体网点的具体快件量，不仅可以做到快件的精准送达，而且能够实现更有效的运力调配，做到车辆及人员资源的合理利用。同时，

顺丰推出的"数据灯塔"还融合了顺丰内外部数据，为物流配送提供了更智能的服务。

7.4 中国电子商务物流人才培养

7.4.1 电子商务物流人才的需求

中国电子商务物流行业快速发展催生对物流人才的多样化需求。物流行业从经济活动当中的一个流通环节逐步发展演化成为涵盖 IT 技术、智能设备、金融、营销、大数据、云计算等各方面的生态系统。行业分工更加专业化，更加注重与上下游产业链之间的协同效应。电商物流模式的不断创新，对电商物流人才提出更多更高的要求。人才需求覆盖面从原先的主要以货运、仓储、快递为主，扩展到其他诸如新零售、跨境电商、IT 技术、智能技术、物联网、智能软硬件设计、精益管理、金融、营销等众多不同层次全新的工作岗位。

随着智能物流的快速发展，行业对于互联网技术和智能平台研发方面的人才需求迫切，尤其是对具有流程设计、智能化物流软硬件设计、精细化管理、物流管理和技术研发等背景的复合型人才。作为支撑物流产业发展的重要基础，物流人才层次的高低和物流人才的综合素质直接影响到整个行业未来的持续发展。

"一带一路"建设同样离不开各类国际化人才的支撑和保障。不论是国内物流的国际化，还是"一带一路"沿线国家逐步形成协同的国际物流体系；不论是国际物流系统的研发设计与构建，还是国际物流的管理和运营，抑或是国际物流与跨境贸易电子商务的协同发展，都需要具备具有电子商务专业知识和国际物流实际实践经验的复合型人才。

跨境电商的迅猛发展也带动了跨境电商物流业的快速增长，跨境电商行业对物流专业人才的需求大幅增加，产生了巨大的人才缺口，这也对物流人才的创新培养质量提出了更高的要求。企业迫切需要具有扎实的电子商务运营技能、国际物流管理专业知识、业务实践操作能力和信息技术应用能力的跨境电商物流复合型人才。

7.4.2 中国电商物流人才发展存在的问题

（1）电商物流人才培养方式存在不足。目前，无论是高校的物流教育还是专业机构的物流知识培训，其实际成效均难以满足物流企业对电商物流人才素质与技能的多样化需求。一方面，高校人才培养的模式和内容尚存在不足，传统的培训方式缺乏完善的理论体系，偏重于实操性知识点的培养，呈现出碎片化和片段式的特征，这并不利于培养具有扎实的理论基础和物流科技创新能力的电商物流复合型人才。

（2）具备电商物流专业知识和操作技能的复合型人才缺乏。新零售、众包物流、共享经济、跨境电商、社区O2O等新业态对物流行业人才培养提出更多更高的要求。当前，中国缺乏既有信息化技术又有实操经验的专业性人才，尤其缺少既有电子商务专业知识又有国际物流实践技能的跨境电商物流复合型人才。随着信息技术、自动仓储技术、物联网技术、人工智能、深度学习、虚拟现实、仓配一体化技术、装卸搬运技术、物流云技术及智能软硬件技术在物流活动中的应用，物流业的发展需要大批具有一定专业知识水平并具备实际操作技能的物流人才。

（3）缺少具有跨境电商物流专业知识和IT技术的综合型人才。随着跨境电商物流信息化步伐的加快，现在的跨境电商物流企业已为IT企业和数据化企业。跨境物流企业需要通过智能化信息系统实现对硬件和业务的管理，通过系统接口实现与海内外合作伙伴业务系统的无缝对接。这就要求物流人员既熟知跨境电商物流的操作流程，也要具有系统信息化的相关知识。但实际工作中，既懂电商物流业务又懂IT技术的综合型人才极度缺乏。

7.4.3　中国电子商务物流人才发展的对策

电子商务物流人才发展是关系电子商务物流产业可持续发展和创新发展的战略性工作。要整合龙头物流企业、学校、政府、行业协会和社会的资源，培养具有专业知识和实践技能的专业化人才。构建"高校培养+企业主导或参与+专业化培训+国际化职业培训体系"的电商物流人才培养模式。探索构建以市场需求为导向的高校人才培养体系，通过机制创新和模式创新推动电子商务物流人才的培育。

（1）开展试点电商物流龙头企业参与或主导职业院校的人才培养方式。职业院校与龙头电商物流企业开展需求对接，研发跨境电商、新零售、物流云、物流网、大数据分析、国际物流仓储系统等领域的知识体系和系列教材，培养创新型、应用型、复合型和技能型专业人才。

（2）集合电商平台和物流企业共同打造电子商务物流在线学习公共平台。以互联网为主要载体，依托高校和专业化培训机构资源，搭建电子商务在线学习公共服务平台。学习平台依托企业进行市场化研发和运营，通过各种方式开展电子商务物流各级各类人才的实训和培养工作。

（3）打造"多方共建"社会化物流人才培训体系。一是组织引导行业协会、院校、社会培训机构开展电商物流专业培训。二是加大和物流龙头企业合作，定制化培养对流程设计、智能化物流软硬件设计、精细化管理、跨境电商等复合型的人才。三是加大对物流从业人员参加职业资格培训的政府扶持力度，通过政府购买服务方式来帮助更多的物流从业人员获得参加职业培训的机会。

（4）加大和国际化跨境电商物流企业合作的力度，引进国外先进的国际物流知识体系，搭建国际化电商物流人才实训平台，培养适应中国国情的电子商务物流人才。

7.5 "一带一路"背景下中国跨境电商物流发展

7.5.1 中国跨境物流发展中存在的问题

跨境电商物流发展与跨境电商创新需求之间缺乏协同。跨境电商物流发展与跨境电商创新需求之间有着紧密的协同关系。由于跨境电商活动涉及通关、检验检疫、海运、空运、海外仓、电商平台、海外营销、仓储、通关、退税等环节，针对不同的目标客户和市场环境，需要采取不同的电商运营策略，与之对应的是需要配置高效协同的跨境电商物流体系和完善的跨境电商物流基础设施。但目前中国跨境电商物流基础设施尚不完善，物流体系设计也存在一些不合理的地方，信息化技术应用仍有差距，跨境电商物流在海外仓储、运输、配送、退货等环节仍不能满足跨境电商日益增长的创新需求，从而导致跨境电商物流与跨境电商之间缺乏有效协同，两者发展水平不相匹配，在一定程度上影响和制约了跨境电商的快速持续发展。

跨境电商物流专业人才缺乏。跨境电商物流是随着跨境电商的发展而诞生的一个新兴产业，需要既懂跨境电商专业知识，又熟悉跨境物流运营的复合型专业人才。但目前中国的跨境物流人才相对匮乏，也缺少有效的跨境电商物流人才培养体系。

跨境电商物流基础设施不完善。当前，中国与"一带一路"沿线国家和地区在物流通道建设方面还存在诸多问题。如在民航方面，中国具备与中亚相关国家通航条件的大型机场少，直航航线更少；中国和中亚一些国家的铁路标准不统一，导致铁路运输运力明显不足，直接影响着跨境电商物流的健康快速发展。目前，跨境物流涉及跨国之间的运输、配送、仓储等环节，需要完善的物流体系来进行整体的运作和协调，同时需要良好的基础设施进行支撑。但目前中国与"一带一路"沿线国家和地区物流通道建设方面存在诸多问题。

跨境电商物流信息化发展程度不均衡。跨境电商物流企业需要采用先进的信息技术，实现自身业务系统的智能化以及与外部合作伙伴之间业务系统的无缝对接。目前，在与欧美等国物流企业的业务系统对接方面遇到的障碍较小，但与部分经济不发达国家或小语种国家跨境物流协作过程中，由于语言或者其他一些原因，信息交流则存在障碍，这直接或间接地影响了跨境电子商务物流的发展。

"一带一路"沿线各国的政策存在一定的不确定性。跨境电商物流是基于不同国家之间开展的国际物流，在很大程度上依赖于沿线国家和地区的政治和经济环境。"一带一路"沿线各国的汇率变动、政治环境、税收制度、知识产权保护及文化因素等，都将会对跨境电商物流的运营带来一些不确定的影响。例如，部分国家的税收政策和海关政策变化频繁，使得企业在开展跨境电商业务时面临着关税壁垒、产品质量检验和知识产权保护等问题。

7.5.2 "一带一路"背景下跨境电商物流发展的对策

促进跨境物流与跨境电商的协同发展。跨境物流与跨境电商要通过数据信息交换和内外部供应链整合，基于资源配置共享、技术共享等方式实现协同发展，通过高效合作，实现仓储、网络布局、运输路线方面的不断优化。从物流信息系统、电子数据交换（EDI）、物流云平台等方面实现技术共享，从而实现跨境电商企业与跨境物流企业信息无缝对接，确保实现跨境物流的快速响应，从而改善跨境物流发展滞后于跨境电商创新发展的局面，推动跨境物流与跨境电商协同发展。

加大复合型跨境电商物流专业人才培养力度。复合型跨境电商物流专业人才应该具备扎实的国际贸易、电子商务和国际物流等相关知识和技能，同时具有良好的外语能力。要通过"高校+企业+社会化培训+国际职业认证"等多种培养模式，紧跟跨境电商物流发展趋势，多方共建，来培养具备电子商务、物联网、IT技术、网络技术、金融、营销等专业技术知识，具有现代服务意识的复合型物流专门人才，加大与大型的跨国物流企业的合作，为跨境电商物流企业的发展提供助力。

搭建跨境物流体系，完善跨境电商物流基础设施。目前，针对跨境电商物流"小批量、多批次、快速高效"的运输形式，跨境物流服务商要整合各种业务资源，搭建全球的网络体系和基础设施，综合运用多种运输方式，减少运输时间，降低物流成本。通过专线物流、国际快递、海外仓、边境仓等物流方式，与陆路丝绸之路的铁路建设和海上丝绸之路互为补充、互联互通，共同形成了连接亚太经济圈及欧洲经济圈的全球物流网络。目前，义乌、重庆、济南等地跨境电商企业，大多选择采用铁路运输或者海铁联运的方式把货物运送到亚洲和欧洲各国。

完善信息系统，大力发展海外仓。跨境电商物流依托先进的信息系统，实现与上下游合作伙伴之间的业务无缝对接。通过高效的物流系统可以实现业务信息的全流程实时跟踪。在与小语种国家和经济欠发达国家进行跨境物流合作时，智能化的物流信息系统尤为重要。企业依托先进的信息系统，对当地消费者的商品购买行为及消费习惯进行数据分析，提高市场需求预测精确度。在分析和预测的基础上，优化选品和备货流程，可提高跨境海外仓的货物配置效率，减少库存风险，提升客户购物体验。

改善通关环境，提高通关效率。在遵循相关贸易协定的前提下，相关部门应积极与"一带一路"沿线国家和地区进行对接、合作，开展海关监管互认、信息交换、经认证的经营者（Authorized Economic Operator，AEO）互认、执法互助等合作，缩短跨境电商物流在通关、商检、结汇、退税等环节的时效，加快跨境电商物流发展步伐，努力促使一带一路沿线国家和地区海关平台的互联互通，打通"一带一路"跨境物流关键节点。

第 8 章

蓬勃发展的电子商务人才培养

近年来，中国电子商务发展迅猛，不仅创造了新的消费需求，还开辟了就业的新渠道，为大众提供了创业的新空间。电子商务人才成为企业招聘的新热点。本章主要介绍了 2016—2017 年电子商务人才的市场需求、人才培养、大学生电子商务赛事、电子商务职业培训等方面的情况。

8.1 电子商务人才需求旺盛

8.1.1 行业快速发展助推人才需求

根据商务部《2016 中国电子商务报告》[1]，截止到 2016 年 12 月，中国电子商务及相关产业直接和间接带动就业人数已达 3700 万人。其中，淘宝、天猫平台上网店创造的就业机会就达 1104 万人，提供的电商物流领域就业机会达 203 万人（基本都是新增就业），电商服务相关就业机会超 215 万人[2]。

图 8-1 反映了中国电子商务服务企业直接就业人数和间接带动人数发展情况。

随着电子商务产业的迅猛发展，通过其衍生出来的新职业也如雨后春笋般涌现。如网络模特、店铺装修师、淘宝文案、电商主播、买手、试客等。这些新兴职业日益成为传统就业模式的补充，被越来越多的年轻人所选择。

根据前程无忧的统计，2017 年第一季度，全国 IT 类（计算机/互联网/通信/电子）职位需求总量达 77 万余个，和上年同期相比增长幅度为 16%；互联网/电子商务行业网上发布职位数近 60 万个，较上年同期增长 19.8%。尤其是在 3 月涨势明显，较 2 月相比涨幅为 5.9%。整个一季度，IT 类职位需求总量继续领跑，占全国所有职位需求总量的 15.5%[3]。

---

① 商务部. 2016 中国电子商务报告 ［M］. 北京：中国商务出版社，2017.

② 阿里研究院. G20 观察：新就业与新经济比翼齐飞 ［EB/0L］（2016-09-10）［201%-03-19］. http://www.aliresearch.com/blog/article/detail/id/21069.html.［R/OL］（2017-05-16）［2017-08-10］. http://arts.51job.com/arts/05/420015.html.

③ 前程无忧. 需求总量持续领跑，一季度最热招聘行业揭晓！［R/OL］（2017-05-16）［2017-08-10］. http://arts.51job.com/arts/05/420015.html.

图 8-1　2011—2016 年中国电子商务企业从业人员增长态势

资料来源：商务部《2016 中国电子商务报告》，上海理工大学电子商务发展研究院.

　　从图 8-2 中可以看出，互联网/电子商务行业的热门度显而易见，榜首的地位难以撼动。从增长幅度来看，3 月和 1 月相比，计算机硬件行业增长幅度最快，达18.7%，网络游戏位列第二，达 16.5%，计算机服务（系统、数据服务、维修）的增长幅度达 15.6%，位列第三。

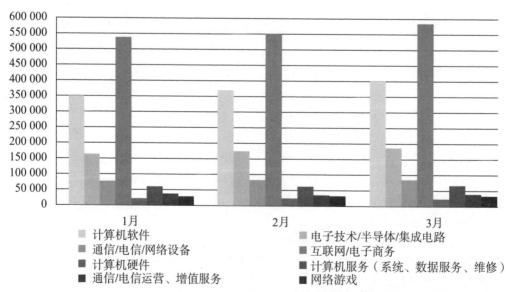

图 8-2　2017 年第一季度热门 IT 行业招聘需求走势

资料来源：前程无忧.

图 8-3 反映了互联网/电子商务行业网上发布职位数走势。虽然 2017 年 1 月有较大幅度的负增长，但整体呈现出逐步上升的趋势。

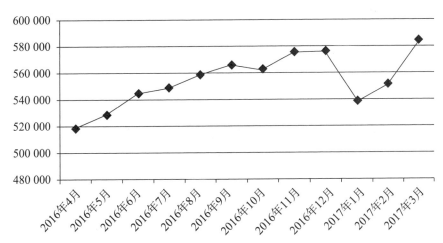

图 8-3　2016 年 4 月—2017 年 3 月互联网/电子商务行业网上发布职位数走势

资料来源：前程无忧.

8.1.2　运营/销售/策划类岗位人才最受青睐

从职位角度看，互联网/电子商务行业网上发布职位数排名前三的是：销售/客服/技术支持、计算机/互联网/通信/电子、广告/市场/媒体/艺术。销售/客服/技术支持的火爆是受企业发展转型的影响，中国互联网络信息中心发布的第 39 次《中国互联网络发展状况统计报告》显示，超四成企业开展在线销售与采购，"互联网+"传统产业融合加速。从而带动了销售管理、销售人员、销售行政及商务、客服及支持等岗位的热招。

通过运用前程无忧的职位搜索功能，2016 年 6 月份第一周内可搜索出超过 1 万个"销售主管"的职位，薪资主要集中在 4000 到 1 万元之间不等，对于工作年限要求较宽，大部分公司为 1~3 年。另外，月薪过万的职位占比 19.5%，相对的岗位要求也更高，要求能够适应互联网行业的快速发展，精力充沛，具备在高强压力下出色完成任务的能力，并且熟悉本地市场，有互联网、智能硬件相关行业客户资源者，或有大客户销售经验者优先考虑。

通过运用前程无忧的职位搜索功能搜索"网站营运总监"，近 60% 的职位月薪过万。在优厚的报酬下，职位要求并不低，学历要求多为本科，不少企业要求应聘者工作年限在 5~10 年。要求求职者能制定计划并指导团队进行工作，实现高效运作。包括用户需求分析、网站架构设计、页面设计、网站优化、SEO 优化与推广、流量分析等，带领整个团队实现营销目标。

根据中商产业研究院的调查，被调查企业中，42% 急需电商运营人才，5% 的企业急需技术性人才（IT、美工），27% 的企业急需推广销售人才，4% 的企业急需供应链管理人才，13%的企业急需综合性高级人才，9%的企业急需产品策划与研发人才。该调查对国内 349 家样本电商企业进行问卷抽样和网络调查，调查企业涉及淘宝网、天猫、京东、唯品会、苏宁易购、国美在线、亚马逊中国、一号店、聚美优品、当当网、有赞、洋码头、贝贝网、蜜芽、美囤妈妈、乐蜂网、中粮我买网等国内主要 B2C 电商平台，以及各大平台上的大卖家、各类服务商企业等。

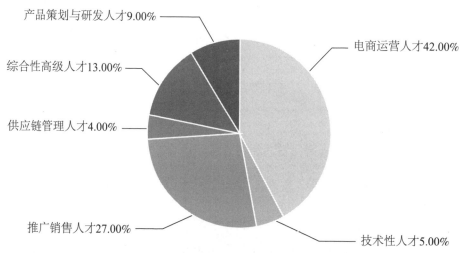

图 8-4　电子商务企业急需人才比例

资料来源：中商产业研究院.

运营、推广销售、综合型高级管理然是企业最迫切需要的人才。急需产品策划与研发人才的企业比例达到 9%，说明企业在市场前端布局理念和行动都在不断加强。

8.1.3　一线城市领军，中西部城市增速惊人

从城市角度看，上海、深圳、北京、广州分别位列互联网/电子商务行业网上发布职位数的 1 至 4 位，四城市在互联网/电子商务行业总计发布职位近 30 万个，占全国互联网/电子商务行业需求总数的 51.3%。值得一提的是，虽然上海仍是招聘的主要阵地，但同期涨幅在十大热招城市中最小，为 7.6%。而北京成为十大热招城市中唯一呈负增长的城市，以 19.4% 的跌幅从 2016 年 3 月的第二位降至第三位。

中西部地区在移动支付端消费能力的增长促进了行业的蓬勃发展，从而增加了对人才的需求，互联网/电子商务行业也理所当然地占据了中西部十大热门行业排行榜首位，2016 年 12 月网上发布职位数同比上涨了 45.9%（参见表 8-1）①。

---

① 前程无忧. 十大热门行业公布，成都仍是跳槽首选 ［EB/OL］（2017-01-19）［2017-08-10］.
http://arts.51job.com/arts/05/418572.html.

表 8-1　2016 年 12 月中西部十大热门行业排行及其同比涨幅排行

排名	热门招聘行业	同比涨幅
1	互联网/电子商务	计算机软件
2	金融/投资/证券	专业服务（咨询、人力资源、财会）
3	计算机软件	金融/投资/证券
4	房地产	房地产
5	教育/培训/院校	建筑/建材/工程
6	建筑/建材/工程	互联网/电子商务
7	快速消费品（食品、饮料、化妆品）	教育/培训/院校
8	汽车及零配件	汽车及零配件
9	专业服务（咨询、人力资源、财会）	制药/生物工程
10	制药/生物工程	快速消费品（食品、饮料、化妆品）

2016 年 12 月，重庆的网上发布职位数超过 8.7 万个，同比涨幅达 35.1%。从行业看，互联网/电子商务的招聘数量仍居榜首，同比涨幅为 57.3%，可谓势头强劲。为了进一步加快重庆市互联网、云计算、大数据等软件和信息技术服务业发展，《重庆市软件服务业提升发展行动计划（2016 — 2020 年）》正式启动。到 2020 年底，两江国际云计算产业园数据中心将形成 30 万台服务器运营支撑能力，实现 20 万台服务器装机量，互联网网站数量力争达到 20 万个。此外，重庆将引进和培养 300 名行业领军人物，其中每个产业核心园区负责引进和培养不少于 40 名领军人才，每个产业特色园区负责引进和培养不少于 15 名领军人才。

郑州是国家跨境贸易电子商务服务首批试点城市之一，位于中原 5 省 30 个城市的中心，河南保税入驻备案企业达到 1359 家，已形成较为完善的跨境电商产业链和生态链。2017 年上半年，河南保税物流中心承接的郑州市跨境贸易电子商务服务试点项目郑州进出口包裹总量 3434 万单，占比 33.45%，交易额 46.89 亿元，同比增长 76.16%；税赋贡献 5.89 亿元，同比增长 2.5 倍；出口 36.60 万单，同比增长 489 倍。电子商务的高速发展带来了对人才的渴求。2016 年 12 月，郑州市的网上发布职位数超过 8.1 万个，同比上涨了 33.4%。

2016 年 12 月，西安市的网上发布职位数超过 11.3 万个，同比上涨了 43.9%。单从行业看，西安市的计算机软件行业网上发布职位数在该市其他行业中排名第一，与上年同期相比，从第三升至第一，发展势头良好。

2016 年 12 月，成都的网上发布职位数超过 18.5 万个。成都市排名前五的热门行业依次为：房地产行业、计算机软件行业、互联网/电子商务行业、金融/投资/证券行业、教育/培训/院校行业。其中互联网电子商务行业 2016 年 12 月招聘同比涨幅 32.10%。

8.1.4 互联网/电子商务成为高薪代名词

在薪酬方面，高薪职位数最多的行业如图 8-5[①]。互联网/电子商务行业已经跃居第二位。

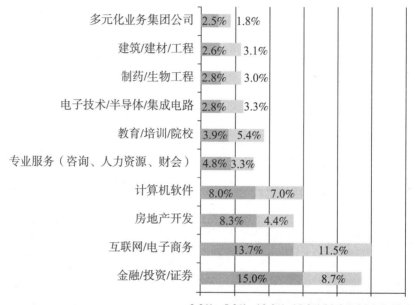

■ 行业过万月薪职位数占比　■ 行业招聘职位数占比

图 8-5　月薪过万职位数最多十大行业

资料来源：中商产业研究院.

在高科技行业中，以互联网/电子商务的薪酬最高，一线城市的平均年薪为10.2 万元，非一线城市的平均年薪也有 6.2 万元；计算机软件业一线城市的平均年薪达到了 9.9 万元，非一线城市将近 5.9 万元；通信/电信/网络设备行业一线城市平均年薪为 9.5 万元，非一线城市超过了 6.1 万元；电子技术/半导体/集成电路不但在招聘上回暖，一线城市的平均年薪也有近 9.3 万元，非一线城市则接近 5.8 万元。

8.1.5　学历教育依然是主力军

随着电子商务的快速发展，电子商务方面的人才需求量日益增大，这使得电子商务专业的开设数量在中国各层次高校迅速发展。通过中国最大的综合教育门户—中国教育在线网站高考志愿填报参考系统的查询，截至 2017 年 6 月，全国有 931 所高校开设电子商务专业或专业方向，其中 394 所高校开设电子商务本科专业，537

---

① 前程无忧. 高薪城市排名出炉！高薪行业惊天变化！［EB/OL］（2017-02-24）［2017-08-10］.
http://arts.51job.com/arts/05/418988.html.

所高校开设电子商务专科专业，本科院校中包括普通本科院校 314 所、独立学院 80 所，其中有 22 所 985 院校开设了电子商务本科专业，66 所 211 院校开设了电子商务本科专业。电子商务专业已成为中国高等教育专业建设中发展速度最快的一个专业（参见表 8-2）。

表 8-2　开设本专电子商务专业的院校统计

	电子商务本科院校	电子商务专科院校	合计
2012 年	356	220	576
2017 年	394	537	931
同比增长	11%	144%	62%

目前，电子商务人才培养学历教育包括中职、专科、本科、研究生四个层次。截至 2017 年 6 月，在中职方面，全国共有 200 家中职院校开设了电子商务专业；在研究生教育层次上，全国在 19 个专业目录内，已共计开设了包括复旦大学、浙江大学、中央财经大学、中国人民大学等上百家院校在内的 345 个电子商务方向硕士学位点。

2012 年 9 月 14 日，教育部在《普通高等学校本科专业目录（2012 年）》中，第一次将电子商务设置为与管理科学与工程、工商管理等二类学科平行的学科。

2015 年 11 月，教育部印发了新修订的《普通高等学校高等职业教育（专科）专业目录（2015 年）》和《普通高等学校高等职业教育（专科）专业设置管理办法》。新《目录》专业类由原来的 78 个增加到 99 个。基于 "2012 年修订的本科专业目录中增设了部分专业类，如物流管理与工程类、电子商务类，新《目录》对应增设了'物流类''电子商务类'"①。这些新增的专业主要是适应产业转型升级、产业链延伸交叉、新兴职业与技术进步需要的专业。

2016 年 12 月 27 日，为深入实施《中国制造 2025》，健全人才培养体系，创新人才发展体制机制，进一步提高制造业人才队伍素质，教育部、人力资源社会保障部、工业和信息化部等部门共同编制印发了《制造业人才发展规划指南》，要求增强信息技术应用能力。在制造业企业推进首席信息官制度建设，推进信息技术与企业各项业务融合，到 2020 年，在制造业国有大中型企业全面实行首席信息官制度。强化企业专业技术人员和经营管理人员在研发、生产、管理、营销、维护等核心环节的信息技术应用能力，提高生产一线职工对工业机器人、智能生产线的操作使用能力和系统维护能力。加强面向先进制造业的信息技术应用人才培养，在相关专业教学中强化数字化设计、智能制造、信息管理、电子商务等方面内容。

2017 年 2 月 6 日，国务院印发的《"十三五"促进就业规划》提出，深入实施高校毕业生就业创业促进计划和技能就业专项行动，鼓励高等院校、职业院校学生

---

① 教育部. 新修订的高职专业设置管理办法和专业目录近日出炉，更加适应现代产业发展新要求中国高职专业总数减少 423 个［EB/OL］（2015-11-10）［2016-03-26］.
http://www.moe.gov.cn/jyb_xwfb/s5147/201511/t20151110_218312.html.

在校期间开展创业竞赛、技能竞赛、创业实训等"试创业"实践活动和电子商务培训活动，并按规定将其纳入创业培训政策支持范围。

上述文件反映了主管部门对电子商务教育的高度重视。

8.2 电子商务人才培养百花齐放

8.2.1 社会培训层出不穷

1. 国家专业技术人才知识更新工程

2011 年至 2015 年，人力资源和社会保障部知识更新工程在 12 个经济社会发展重点领域和电子商务等 9 个现代服务业领域，累计培训各类专业技术人才 670 余万人次，分 5 批建设了 100 家国家级继续教育基地。

2016 年人力资源和社会保障部"国家专业技术人员知识更新工程"开展电子商务从业人员的知识更新工作，先后于 2016 年 6 月在重庆举办"电子数据司法鉴定技术及应用高级研修班"，2016 年 7 月在浙江大学举办"互联网+时代混合学习模式探索研修班"，2016 年 9 月在北京举办"互联网+"快递先进技术高级研修班"，2016 年 9 月在长沙举办全国"互联网+"时代企业变革与创新高级研修班，2016 年 10 月在浙江工商大学举办"新一代电子商务"高级研修班、于 2016 年 12 月在南开大学举办"跨境电子商务在一带一路建设中的机遇与挑战"高级研修班等十余个高级研修班。另外，在急需紧缺人才和岗位培养两个培训项目下，全国范围进行了若干次电子商务人才培训。同时，人力资源和社会保障部于 2016 年在全国范围内的国家信息中心、中国电子学会等 20 个单位增设了第六批国家级专业技术人员继续教育基地。

人力资源和社会保障部和商务部在中国国际电子商务中心培训学院设立"国家专业技术人员继续教育基地"，重点培养电子商务领域高层次、急需紧缺和骨干专业技术人才。通过聚合学术界、行业界和企业界权威电子商务专家资源，建立了国家级电子商务师资库。中国国际电子商务中心培训学院现已建立了盘锦分院、扬州分院等 17 家地方培训分院，从课程体系、师资库建立、实训基地建设、案例库和参考书等 5 个方面实现培训统一标准、统一管理、统一认证的要求。2016 年 3 月，中国国际电子商务中心培训学院经认真研究、综合评定，从 216 位来自政府部门、科研机构、行业组织以及知名企业的报名和推荐人选中，聘任 39 位作为"国家专业技术人员继续教育基地"首批讲师；2016 年 4 月 12 日，商务部中国国际电子商务中心培训学院在南京举行授牌仪式，授予南京点石电子商务有限公司"中国国际电子商务中心培训学院实训基地"称号，并且在全国合作建设了 20 个教学实训基地，为培训工作提供保障。

2. 产学研联合实验室人才培养

该模式是将人才培养、学科建设、科学研究与新兴产业的需求相结合，为企业定向培养新兴产业急需人才，推动高校或科研院所人才培养模式创新和质量提高。

该模式一般以企业实际任务及现实需求为牵引、结合高校和科研院所人才优势，设置培养计划并实施，以推进联合实验室建设为载体，探索高层次人才培养新模式，使新兴产业急需的人才培育和学科、产业与人才队伍建设相互融合。

2016 年，上海理工大学、东方钢铁电子商务有限公司联合共建的"产业互联网人才培养产学研联合实验室"在张江国家自主创新示范区正式启动。该实验室试点建设工作是在上海市张江高新技术产业开发区管理委员会、上海市教育委员会联合支持下开展的。2016 年 10 月 21 日，北京师范大学—香港浸会大学联合国际学院（简称 UIC）与中国联通珠海市分公司"智慧校园–大数据产学研实验室战略合作"正式签约。中国联通集团的珠海市分支机构是珠海信息通信产业的中坚力量，拥有丰富的固网网络和移动网络资源，尤其掌握了移动互联网时代发展先机。此次合作是为了有效利用双方学校及社会资源，充分发挥 UIC 在产、学、研开发方面的优势，积极参与联通公司大数据、IDC、云计算、物联网、移动通信信息采集、"互联网+"的运营，实现双方社会价值的提升，共建产学研实验基地，能够实现双方共赢。不仅可以提高学校的科研水平，提供良好的实习机会给学生，也为产、学、研开创一个新的平台。该实验室将也是珠海首个大学与业界共同成立的大数据产学研实验室[①]。

3. 企业类——阿里巴巴"百城千校百万英才"项目

阿里巴巴联合政府、高校、企业、培训机构等社会各界，于 2015 年 6 月 1 日正式全面启动"百城千校百万英才"项目，构建与行业、企业岗位对接的课程体系，提供实战训练平台提高学生实践能力，并为学生进行电商人才认证，通过在线考试平台检验知识掌握情况。计划携手 1000 所高校，培养 100 万电子商务人才，促进中国外贸发展，助力"一带一路"建设。2016 年开始，"百城千校百万英才"项目进行了升级，从外贸电商拓展到全部电商领域。截止到 2017 年 5 月，该项目已经与合肥轩昂、南京涵海、广东金海燕等 56 家机构服务商进行了正式合作。据不完全统计，全国已经有百所院校与阿里巴巴达成合作协议。2017 年 3 月 28 日，贵州盛华职业学院、湖北工业大学、绍兴文理学院等十所高校被确定为阿里巴巴"百城千校百万英才"项目升级版院校。整个升级版百城千校将依托阿里巴巴大数据平台，对每个学员的成长足迹进行全面记录，形成庞大人才库，同时，阿里巴巴将与学校逐步推进岗前短训、学科共建班、电子商务本地化服务中心–LBS 人才孵化班等创新培养人才形式。

4. 协会、学会类

中国国际贸易学会积极开展了国际贸易、电子商务学术研究、交流和人才培训等活动，举办各种专题研讨会、培训班和大型学术年会。"全国跨境电商岗位专业培训与考试就业中心"经中国国际贸易学会批准，于 2016 年 1 月 26 日在武汉成立。

---

① 北师大—港浸大联合国际学院与联通建立大数据产学研实验室［EB/OL］（2016-10-22）［2017-07-29］. http://www.cnr.cn/gd/mlgd/20161022/t20161022_523213363.shtml.

其任务是在全国高校开展"中国国际贸易学会跨境电子商务共建班";义乌为高校提供"跨境电商"核心操作课程;义乌将相关学生输送到跨境电商一线企业;对参加了中国国际贸易学会主办的全国跨境电商岗位培训与考试、全国外贸业务员岗位培训与考试、全国国际商务英语培训与考试等 7 个系列的培训与考试的获证考生,义乌提供跨境电商岗前特训,并输送到对口企业工作。承担全国跨境电商岗位专业培训与考试就业中心具体工作任务的武汉楚马电商学院,是国内较早一批从事跨境电子商务人才培养业务的社会机构;是阿里巴巴"金牌合作机构",也是敦煌网的人才培养合作机构,曾先后为敦煌网及其会员企业培养并输送平台操作人员数千名。

中国电子商务协会是与电子商务有关的企事业单位和个人自愿参加的非营利性的全国性社团组织。协会下设产业互联网、电子商务进农村、跨境电商、珠宝电商、农资电商、社交电商等数十个专委会。其国际电子商务培训认证管理办公室不定期举办电子商务培训班并颁发"高级跨境电子商务师"等证书。

5. 其他类

其他形式的电子商务培训或协作项目也是日新月异,百花齐放。如上海"三人行博友会课堂"利用 QQ 群和微信开展进出口、跨境电子商务网上在职人员课程和经验分享,致力于进出口领域中货代、营销等方面的知识传播和在职经验的分享,直播时免费收听,成为 VIP 会员可以观看历史课程,下载音频和文档。每周二进行跨境电商网上课程,目前该会已有近 8000 名成员。再比如 2017 年 3 月 31 日,由上海科学技术职业学院联合上海第二工业大学、上海东海职业技术学院、上海市振华外经职业技术学校、上海市贸易学校等院校发起成立了上海市中高本电子商务专业联盟,该联盟包括了 14 所院校、5 家企业和 1 所科研机构自发参加。联盟的宗旨是"共享师资课程、共享企业资源、共享实训平台、共享就业渠道"。长三角跨境电商管理人才培养论坛于 2017 年 7 月 29 日在上海举行,该论坛目的是探索长三角区域职业教育领域内跨境物流人才培养的交流协作体质和机制的构建,并实现教育与产业联动,知识、技术、管理与人才培养紧密结合,实现人才结构与区域产业有效对接,努力使论坛及相关活动成为集聚跨境物流教育、人才、产业创业创新等于一体的高层次技术技能人才培养协作机制的有效组成部分,构建区域职业教育专业发展共同体。其次,通过论坛活动,初步建立起长三角该教育领域内的交流协作的体制和机制,取长补短,互助共成长,尽可能实现资源共享,减少重复建设。第三,通过论坛活动,能够有效与企业对接,服务产业,为企业培养跨境物流人才的同时,研究企业中的相关课题,发挥高校的智力和知识作用,服务于长三角跨境电商的产业发展。

8.3　全国大学生电子商务大赛如火如荼

8.3.1　中国"互联网+"大学生创新创业大赛

为贯彻落实《国务院办公厅关于深化高等学校创新创业教育改革的实施意见》,

进一步激发高校学生创新创业热情，展示高校创新创业教育成果，搭建大学生创新创业项目与社会投资对接平台，教育部和有关部委举办了中国"互联网+"大学生创新创业大赛。主办方把大赛作为深化创新创业教育改革的重要抓手，引导各地各高校主动服务创新驱动发展战略，创新人才培养机制，切实提高高校学生的创新精神、创业意识和创新创业能力进一步激发高校学生创新创业热情，展示高校创新创业教育成果。该项大赛迄今共举办了三届。

2016 年 3 月至 10 月，由教育部和有关部委共同主办，华中科技大学承办了第二届中国"互联网+"大学生创新创业大赛，本次比赛参赛高校 2110 所，占全国普通高校总数的 81%，学生报名项目 118 804 个、直接参与学生 545 808 人，分别是首届大赛的 3.3 倍、2.7 倍，近 400 家投资机构和企业参与评审并为大赛提供支持，是首届参与企业数量的 3 倍。经校级初赛、省级复赛及教指委学科竞赛推荐，630 支优秀团队入围全国总决赛，通过网上评审和会议评审，包括港澳地区 4 个项目在内的 124 个项目进入全国总决赛现场比赛，角逐 30 个金奖并将从金奖团队产生冠、亚、季军，还有 126 个项目在现场参加"铜奖晋级银奖"复活赛。入围四强的是北京大学"ofo 共享单车"、南京大学"insta360 全景相机"、山东大学"越疆 DOBOT 桌面机械臂"、西北工业大学"翱翔系列微小卫星"等 4 支参赛团队。最终，西北工业大学"翱翔系列微小卫星"团队夺冠。目前遍布全国大江南北的 ofo 小黄车已经人尽皆知，成为许多城市一道靓丽的风景。即使没有入围四强，比如桂林电子科技大学的新型工业机器人减速机项目也在赛后立即斩获 1000 万元投资意向。

第三届中国"互联网+"大学生创新创业大赛定于 2017 年 3 月至 10 月举行[①]。本次大赛由教育部、中央网络安全和信息化领导小组办公室、国家发展和改革委员会、工业和信息化部、人力资源和社会保障部、国家知识产权局、中国科学院、中国工程院、共青团中央和陕西省人民政府共同主办，西安电子科技大学承办。大赛设立专家委员会，政府官员、社会投资机构、行业企业、大学科技园、高校和科研院所专家作为成员，负责参赛项目的评审工作，指导大学生创新创业。2017 年 3~5 月为报名阶段，6~9 月为初赛及复赛阶段，全国总决赛将于 10 月下旬举行。本届大赛的主题为"搏击'互联网+'新时代壮大创新创业生力军"，目前全国各省赛区赛事正在如火如荼地进行。

中国"互联网+"大学生创新创业大赛目前已经成为覆盖全国所有高校、面向全体大学生、影响最大的赛事活动，呼应了国家大众创业、万众创新和创新驱动发展战略的要求，促进了产学研用紧密结合，带动了高校创新创业教育改革不断深化。

8.3.2 全国大学生电子商务"创新、创意及创业"挑战赛

全国大学生电子商务"创新、创意及创业"挑战赛是由教育部主管，教育部高

① 第三届中国"互联网+"大学生创新创业大赛组委会 关于提前安排大赛赛程的通知［EB/OL］（2017-06-06）［2017-07-29］. http://cy.ncss.org.cn/information/2c91808a5c387d25015c7c9c94a800ad.

等学校电子商务类专业教学指导委员会主办，三创赛竞赛组织委员会、全国决赛承办单位、分省选拔赛承办单位和参赛学校组织实施的全国性竞赛。竞赛分为校赛、省赛和全国总决赛三级赛事。

从 2009 年至 2016 年，"三创赛"总决赛分别在杭州、西安、成都、武汉、成都、西安举行，参赛团队从第一届的 1500 多支、第二届的 3800 多支，到第三届的 4900 多支，第四届的 6300 多支，第五届的 14 000 多支，以及第六届的 16 000 多支团队、1000 多所参赛学校报名，覆盖规模越来越大。

第七届全国大学生电子商务"创新、创意及创业"挑战赛于 2016 年 12 月 1 日在启动，历时 9 个月，2017 年 7 月 20 日在西安交通大学举行全国总决赛。① 本届大赛共有来自 32 个省、1268 所院校的 19 830 支参赛团队，总队数创历届大赛之最。

"三创赛"多年来得到了从国家教育部、国家商务部到各省、直辖市、自治区教育厅（教委）和商务厅（局）等的肯定；得到了全国越来越多企业的支持和赞助，同时得到了社会各界包括新闻媒体的大力报道。第七届大赛总决赛由重庆市石柱土家族自治县人民政府冠名支持；由多家企业组成"三创赛"理事会促进大赛成果转化，建设"三创赛"孵化器促进校企合作，进一步实现政产学三结合推动"三创赛"为学生、为企业、为社会作出更大的贡献。

该赛事在全国高校和社会产生了巨大反响，极大地促进了大学生的就业和创业。

8.3.3 全国职业院校技能大赛高职组"电子商务技能"大赛

全国职业院校技能大赛是教育部发起，联合国家有关部门、行业和地方共同举办的一项年度全国性职业教育学生竞赛活动。是专业覆盖面最广、参赛选手最多、社会影响最大、联合主办部门最全的国家级职业院校技能赛事。全国职业院校技能大赛是中国职业教育学生切磋技能、展示成果的舞台，也是总览中国职业教育发展水平的一个窗口。

该赛事于 2008 年首次举行，第十届大赛于 2017 年 5 月 8 日至 6 月 9 日在天津主赛区和 19 个分赛区举行。开幕式 5 月 8 日在天津举行，李克强总理对大赛作出重要批示，指出提升职业教育水平是中国教育事业发展的重要内容②。当前，中国经济正处于转型升级的关键时期，迫切需要培养大批技术技能人才。希望技能大赛贯彻新发展理念，充分发挥引领示范作用，推动职业教育进一步坚持面向市场、服务发展、促进就业的办学方向，坚持工学结合、知行合一、德技并修，坚持培育和弘扬工匠精神，努力造就源源不断的高素质产业大军，投身大众创业万众创新，为更好发挥中国人力人才资源优势、推动中国品牌走向世界、促进实体经济迈向中高端。

---

① 关于第七届全国大学生电子商务"创新、创意及创业"挑战赛全国总决赛"康养石柱杯"通知［EB/OL］（2017-06-28）［2017-07-29］. http://www.3chuang.net/news/show/1129.
② 李克强对第十届全国职业院校技能大赛作出重要批示［EB/OL］（2017-05-08）［2017-07-29］. http://www.gov.cn/xinwen/2017-05/08/content_5191915.htm.

电子商务技能赛通过"网店开设与装修""网店客户服务" 和"网店运营推广"三大类电子商务专业核心技能的竞赛，考查学生"商品整合能力""视觉营销能力""客户服务能力""网络营销能力""店铺规划能力" 以及"创新创业能力"。在竞赛过程中，参赛团队以卖家身份开设网店、上传产品、装修店铺。同时分析数据魔方，做好区域、商品、人群定位；租赁办公场所，建立配送中心，装修网店，采购商品；根据数据魔方进行搜索引擎优化（SEO）操作、获取尽可能多的自然流量，进行关键词竞价（SEM）推广、获取尽可能多的付费流量，引导买家进店消费；针对不同消费人群采取不同策略，制定商品价格，促成交易，提升转化率；处理订单，配送商品，结算资金；规划资金需求，控制成本，分析财务指标，调整策略，创造最大利润。通过竞赛，使学生体验了"网络编辑""网络客服""运营经理""推广专员""店长"等电子商务企业的核心岗位职能，提高了高职学生的商品整合能力、网络营销能力、客户服务能力、网店运营能力、大数据分析能力、团队合作能力，提升了高职学生在电子商务领域进行创新创业的素质，也促进了电子商务高等职业教育与实践的结合。

8.3.4　中国大学生跨境电商创新创业大赛

中国大学生跨境电商创新创业大赛是在教育部等部门的指导下，由清华大学国家服务外包人力资源研究院联合全国商圈商会和高校举办的全国性大学生赛事。大赛的根本目的是以比赛为契机，以公益培训、企业实训、创业导引等方式，促成跨境电商企业与院校间深度合作，解决跨境电商企业用人难、大学生就业创业难的矛盾。大赛每年举办一届，在全国设分赛区。

首届中国大学生跨境电子商务创新创业大赛于 2015 年 4 月 27 日在北京人民大会堂启动，历时近 7 个月，于 2015 年 11 月 14 日在清华大学圆满落幕。

第二届大赛由东莞市为主办城市，于 2016 年 11 月 22 日在北京人民大会堂举行启动会，总决赛于 2017 年 6 月 15 日在广东东莞市收官。本届大赛是由教育部指导，东莞市人民政府、清华大学国家服务外包人力资源研究院和全国跨境电商商圈商会联合主办、由阿里巴巴等知名企业特别支持。此次大赛首次开启企业组赛事，目标是直接推动跨境电商企业发展。该赛事依托产业，企业是实际承办者，具有鲜明的"众创、众筹、众赢"特色；大赛摒弃传统方式，要求大学生"走出校门进入企业"，接受企业跨境电商技能的培养，在企业中实训实习和比赛，从而实现在大赛中从学生到员工的角色转变。

夺得特等奖的武汉纺织大学团队成员简丽丹称，其参赛项目是在阿里巴巴平台将湖北黄石某企业模具钢产品出口到海外，2017 年 5 月签下首个外贸订单、金额达3 万多美元，买家来自印度。

大赛在全国设立了 40 个分赛区，覆盖全国近 30 个省（直辖市、自治区），百家商会、万家企业、千所院校以及数十万名学生。有 40 个商会、2000 家企业、400所院校、1 万名余学生正式参赛。在东莞举行的总决赛，共有近 200 所院校的 278

支团队晋级。大赛决出了 50 名二等奖、25 名一等奖；更有三支大学生团队分别获得了各 10 万元的特等奖。总决赛期间，超过 140 家东莞企业和逾 100 家外地企业到现场招聘，包括选手在内的 3000 人参与应聘，取得了良好效果。实现了教育和产业的深度互动，学生和企业的协同双赢。

8.3.5 大学生大宗商品交易大赛

"甬商所杯"大学生大宗商品交易大赛由宁波市教育局、共青团宁波市委、宁波市发改委、宁波市学生联合会和宁波大宗商品交易所联合主办。自 2013 年首次举办以来，大赛参赛院校由最初的 3 所不断扩增，目前基本涵盖了宁波市范围内所有开设经管类专业的本专科院校，包括宁波大学、浙江万里学院、宁波城市职业技术学院等。交易大赛第一届报名人数 1530 名，第二届增至 5971 名，第三届达到 6821名。2016 年 4 月 10 日至 9 月 1 日第四届"甬商所杯"全国高校大宗商品电子商务交易大赛成功举办，此次大赛由宁波市教育局、宁波市发改委和电子商务交易技术国家工程实验室主办，清华大学、复旦大学、中央财经大学等全国高校参赛。根据参赛方式不同，分为交易和创新两大类。

交易类比赛是利用仿真交易软件系统对接甬商所大宗商品实时交易数据。每位参赛选手将有 120 万元初始资金，通过大赛仿真交易系统参赛，系统中的所有品种均可参与交易。参赛者通过甬商所提供的模拟交易软件在网上下单操作，实现真实市场环境下的虚拟商品交易和交收。参赛者完成规定操作后，评委会根据收益率排名决定最终奖项归属。

创新类比赛分为学生组和教师组，比赛鼓励参赛选手探讨大宗商品电子商务领域的理论研究、模式创新、技术应用、市场监管、实践方式等，以及大宗商品电子商务领域诸多层面的发展问题等。创新类比赛设特等奖 1 名，奖金额度高达 10万元。

8.3.6 世界技能大赛网站设计与开发

世界技能大赛每两年举办一次，号称技能领域的"奥林匹克"，是世界技能组织成员展示和交流职业技能的重要平台。第 44 届世界技能大赛将于 2017 年 10 月14-19 日在阿联酋阿布扎比举办。

网站设计与开发项目是世界技能大赛重要的参赛项目。网站设计包括网页的创建和维护。设计人员进行原创设计。只有专业网站更具吸引力时，互联网才能成为企业交流、营销和贸易的重要平台。

网站设计人员要懂得网页制作技术及其艺术价值。在网站上应用技术的技术是实现功能的自动化，并减轻管理员的工作压力。在设计网页颜色、字体、图形以及网站布局时要具有创造性。规划用户界面要确保其良好的可用性。网站制作人员要通晓项目基础知识、内容制作和网站管理。

2016 年 11 月，人力资源和社会保障部组织了第 44 届世界技能大赛全国选拔赛，并顺利完成集训选手选拔工作①。上海信息技术学校时志伟、上海电机学院孔元元等16人将代表中国参加网站设计与开发（原网站设计）项目大赛。同济大学软件学院院长穆斌教授（组长）、上海树维信息科技有限公司工程师秦勤、上海彦致信息技术有限公司产品经理钱剑林等3人任第44届世界技能大赛该项目中国指导专家和教练。

8.4 电子商务人才培养问题和趋势

8.4.1 电子商务人才培养问题

总的看来，一方面，电子商务的快速发展需要大量人才，另一方面，电子商务的人才培养远远不能满足社会的需要。电子商务人才培养主要存在5个问题。

（1）对电子商务专业的发展信心不足。世界市场的二元化趋势给予电子商务以极大的发展空间，"一带一路"建设的推进要求大量电商人才。但社会上对电子商务专业的发展仍持有不同的看法。例如，有的省市将电子商务专业列为预警专业，限制发展。其基本理由是就业情况不好，也有的企业试图用新零售取代电子商务。这种情况说明，一个新专业的成长还需要做大量艰苦细致的工作。

（2）电商人才难以满足行业需求。根据当前市场需求，电商从业人员应具备电子商务、国际物流、跨境营销、国际贸易实务等知识。例如，在跨国贸易中，针对不同消费者所在国家的文化、背景、消费习惯等，从业人员需要有良好的行业知识储备和语言沟通能力。同时，电商对互联网和信息技术有着更高的要求，电商从业人员应具备扎实的计算机处理能力和网络技术能力，但当下培养的人才很多难以适应行业的需求。

（3）教育课程设置不合理。课程的设置不能有效调动学生学习的积极性。电子商务是涉及计算机、商务、管理、国际商法、外语的一个综合体。需要多学科知识的支撑。目前很多学校开设的课程不能与就业紧密衔接，也不能很好地调动学生的积极性。

（4）教师缺乏实操技能。在培养电商人才的教师中，常常出现"三无"问题：第一，"无理论知识"，大部分从事电商专业的教师缺乏系统的贸易知识的学习，对电商系统了解不深，难以应对企业的工作要求。第二，"无实践经验"，教学过程中学生与企业实践需求脱节，难以培养解决实际问题和具有实践能力的复合型人才。第三，"无实训操作"，电商的内容中缺乏实训操作，导致学生在网店运营、视觉图像处理、网店国际推广等相关知识点实践缺乏。

（5）创新创业意识缺乏。从家长角度看，普遍希望小孩毕业后能够找到一个好

---

① 人社部. 第44届世界技能大赛中国集训基地名单［EB/OL］（2016-11-17）［2017-07-29］. http://www.cettic.gov.cn/zypx/sjjnjs/index.html.

工作。但对于新的专业、新的领域却劝阻孩子进入，社会和学校的支持也有问题，虽然给予一些资金的补贴，但仍有偿还的要求和诚信记录的要求，对学生的创业热情有较大的影响。而大部分学校并没有将创新创业教育列为重要的教育内容，以至于导致我们的学生对新事物缺乏热情。

8.4.2 电子商务人才的培养途径

电子商务的培养途径可以归结为以下三点：

（1）强化多学科知识学习的理念。电子商务本身就是商务和计算机技术的融合的产物。跨境电子商务更是外贸和电子商务的融合。学生在四年间需要学习的内容远远多于其他专业。这就要求电子商务专业课程设计更加合理，对业务学习的要求也更高。外语、网络技术、电子商务、国际贸易等都是必需的课程。如果所掌握的知识过于狭窄，是不能胜任快速发展和变化的电子商务行业和相应岗位的。要能够适应未来环境的变化，也要有很好的综合性素质。

（2）加强课堂教学与实践教学的结合。问题导向是中国经济改革的一个重要方法。这种方法也可以应用到电子商务专业教学中。在学生进入电子商务专业之初，有意识地引导学生体验实际操作对知识能力的要求，能够有效提高学生学习的自觉性。综合性的实验教学也是调动学生积极性的重要方式。一套完整的电子商务实验系统，需要不断深入解决的各种真实问题，是实践教学的一个很好的办法。

（3）强化实践环节的训练。无论是电子商务本身的操作，还是业务了解，都具有强烈的实践性。单纯的课堂教学难以适应使学生对于包含的知识深刻的理解。需要为学生安排周密的实践环节。强化实践环节，不仅仅是到企业上班。更重要的是引导学生扑下身子，向实践学习、向实际工作者学习。这样才能成为既掌握了书本知识又有实际经验的比较全面的大学生。所以，实习的安排，实习前的培训就显得非常重要。要告诉我们的学生，为什么要实习，要以什么态度参与实习，实习要学习哪些东西，每个阶段的实习有哪些具体的目标要求。这些工作做好了，我们的学生才能够从实习中获得真正的收益。一方面，要安排企业指导教师，通过授课和参观方式帮助学生理解整个交易的流程，了解整个电子商务企业的运作机理，了解企业家创业的勇气和胆量。另一方面，要通过师带徒的方式，对学生实习的全过程实施辅导，使学生在实习的有限时间内掌握跨境电子商务基本的操作。而对于企业来说，招收人员时，也需要考虑录用的标准。是选择具有思想、具有学习能力的学生，还是选择仅仅懂得操作的人员，这是企业在选拔人才时必须考虑的。

8.4.3 电子商务人才的培养趋势

从需求方面看。尽管中国的电子商务已经逐步迈入成熟期。但是电子商务的人才仍然十分缺乏。市场的大量需求与有效人才的供给不足仍然是主要矛盾。在近期内，电子商务的人才培养仍处于方兴未艾、快速发展的阶段，电子商务的人才培养依然是各学校和社会机构培养的热点。

从培养方向看。随着电子商务市场竞争的不断加剧，无论是平台、大卖家还是在某个垂直领域，垄断格局逐步开始形成，个人创业的难度在不断加大。因此，反映在人才培养方面，从原来清一色以创业教育为主的人才培养局面正在发生改变。以创新教育为目的培养备受青睐。以为中小企业培养即插即用电子商务实用性人才，为大型电商企业提供高素质的职能型人才为培养重点的院校和机构正呈现星星点火之势。

从培养方式看。电子商务的人才培养起点很高，几乎是从专业的开设之初就采取了实战化的教学方式。2016 年以来，电子商务模式方面，B2B、B2C、B2B2C 成为最主流的业务模式，社会和主流电商平台对于品牌和知识产权的保护越来越重视，出台了越来越多的规则来打击假货的生产和销售，特别是 2017 年淘宝新规则的实施令数百万家网上店主的运营发生重大变化，这一切都对电子商务人才的培养产生了重大的影响。最直接的影响是形成了人才培养实战化教学的高门槛，注册真实平台账号要公司注册、商标授权的规则无疑加大了实战教学的难度。从而出现了如抱团经营、联合培养、结盟共享、企业入校、企业孵化以及退而求其次的传统仿真模式等多种培养方式。学校和培养机构正在努力探索不同的实战实训教学方式，百花齐放的教学方式局面正在形成。

第 9 章

社群电商：一种全新的电商模式

随着移动互联网的发展，形成了一种全新的人与人之间的关系人群链。以往按照地域、教育程度、收入、年龄、阶层来划分受众群体，如今按照兴趣、价值观、娱乐和生活方式等共同行为方式来重新划分社群。社群电商成为电子商务新的增长点。本章介绍了中国社群电商的发展状况，探讨了社群电商的价值和模式。

9.1　中国社群电商的发展状况

2016 年，社交工具对信息消费的拉动达到了 1800 亿元，这一数据在 2014 年仅仅为 952 亿元。从 2013 年开始，社群电商商家规模进入迅猛增长期。2016 年社群电商商家规模超过 1000 万户，到 2018 年市场规模有望突破万亿元，预计未来三年社群电商将有十倍以上的空间①。

9.1.1　社群电商成为互联网消费者沟通的有效途径

2016 年 1–9 月，中国移动社交行业总体覆盖人数增长了 18.4%，有效使用时间增长 16.7%。近 70% 的用户认为移动社交不可或缺，超过 80% 的用户愿意增加移动社交 APP 的使用，超过 90% 的用户表示每天至少会使用一次移动社交软件。社交工具，尤其是微信，已经成为拉动信息消费的重要力量。

9.1.2　大量"社群电商"平台兴起

调研数据显示，没有过网购行为的用户仅占 0.3%，而从未在社交平台购物的用户则有 11.6%。在网购比例中，社交电商消费量在 10%～20% 的人数高达 6 成，这也意味着未来社交电商的渗透人群覆盖具有较大发展空间。新兴社交电商更注重消费者购买力与购买偏好，基于社交电商（主要是微信）的新兴行业——第三方应用软件商业正在向规范化、专业化、垂直化、细分化方向发展。以人人店数据为例，

---

① 人人电商. 2016 移动社交电商行业数据报告［R/OL］（2016–12–13）［2017–08–10］. http://mobile.rrdshang.com/index/tg20161026.

2016 年 3-9 月人人店平台商户数实现了 349% 的增长，用户数实现了 15 倍以上的增长，社交电商的商家入驻率与用户量正呈现快速增长态势；同期，人人店总体订单金额实现 4.57 倍增长，其中本地生活 O2O 商户支付额实现 21.28 倍增长，社交电商的支付成交额上升快速，本地生活 O2O 成为增长引擎。

从行业内部来看，内容成为各社交平台体现价值的主要表现形式，平台成为连接优质内容生产方和用户的窗口，内容生产方从专业媒体、公关机构、大 V 向网络红人、粉丝及普通用户延伸。内容品质的不断提升，提高了用户付费意愿，推进平台进一步完善优质内容付费服务模式。同时，社交平台进一步推进用户分级，为不同用户提供不同服务，提高优质内容推送的精准度，提升用户的会员付费意愿。

从行业外部来看，社交平台的移动性使行业不断与其他领域拼接融合，从网红、直播、社群等紧密相关的细分领域，到广告、游戏、电商、金融、O2O 等，在相关产业链寻求更大发展及变现机会。广告仍是社交平台商业化的主要模式，2017 年上半年，微信朋友圈、微博等综合社交平台基于用户属性与兴趣，利用图片、文字、视频等展现方式，开展精准广告推广。

9.1.3 以"人"为中心的消费需求升级

80 后、90 后是社群电商的主要消费人群，占比高达 74% 以上；一二三线城市人群比例在 71% 以上，意味着这一新兴行业在渠道下沉、农村电商方面具有较大发展潜力。

调研数据显示，超过 70% 的用户愿意在社交网络分享购物情况；超过 60% 的用户受到好友推荐、社交分享的影响而有过购买行为；食品、服饰、家居是社交电商消费者最爱分享的三大品类；拼团、秒杀、砍价是最受用户喜爱的移动社交购买方式；价格、口碑、产品质量与服务体验是社交电商消费者最看重的四大因素。基于信任分享的基础上、具有价格优势与良好体验的商品或服务，将更受社交电商消费者的认可。未来中国移动社交电商行业发展空间巨大，产品进一步向个性化、定制化方向发展；渠道向三四线及以下地区下沉，农村电商大有可为；技术上，社群电商的大数据运用将更为广泛。

9.1.4 综合类社交应用最受欢迎

截至 2017 年 6 月底，使用率排名前三的社交应用均属于综合类社交应用。微信朋友圈、QQ 空间作为即时通信工具所衍生出来的社交服务，用户使用率分别为 84.3% 和 65.8%；微博作为社交媒体，得益于名人明星、网红及媒体内容生态的建立与不断强化，以及在短视频和移动直播上的深入布局，用户使用率持续回升，达 38.7%，较 2016 年 12 月上升 1.6 个百分点。垂直类社交应用中，豆瓣作为兴趣社交应用的代表，用户使用率为 8.6%[①]。

---

① 中国互联网络信息中心. 第 40 次中国互联网络发展状况统计报告 [R/OL]. (2017-08-05) [2017-07-29].
http://www.cnnic.net.cn/hlwfzyj/hlwxzbg/hlwtjbg/201708/P020170803598956435591.pdf.

图 9-1 反映了 2016 年 12 月到 2017 年 6 月社交工具的使用率。

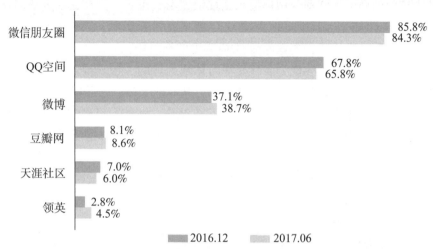

图 9-1 2016 年 12 月到 2017 年 6 月中国社交工具的使用率

资料来源：中国互联网络信息中心.

9.2 中国社群电商的发展特点

9.2.1 社群营销方法广泛使用

特定的社群有相对固定的人群，有共同的爱好、共同的价值观，并通过各种网络应用如社交网站、论坛等应用联结到一起。通过一些特定的内容满足消费者精神层面或者物质层面的需要，已经成为中国社群营销的重要方法。

2016 年，中国社群营销已经形成了自己的模式。与传统的一对多粉丝模式相比，网络社群的传播结构呈网状型，节点与节点之间不规则分布；改变了传统的一对一传播，形成了跨级的、跳跃式的传播，具有强大影响力，更易形成多层级式的传播效果（参见图 9-2）①。

2016—2017 年，中国的微商经过整顿之后，走上了正规化经营的道路。通过形成信任度极高的社群团体，实现了分散的线上线下流量完全聚合；通过社交渠道精准找到用户群，从而大幅提升企业服务和订单量。纽贵兰商城仅 SOSO 糖一款产品，2016 年 5 月即有 60 多万元的销售量，社群营销发挥了重要作用。蜜拉贝儿品牌已经成为国内美妆行业的佼佼者，代理商及业务分布全国 30 个省、市、自治区。

---

① 艾瑞咨询. 2016 年中国网络社群研究报告［EB/OL］(2016-08-31)［2017-06-23］. http://report.iresearch.cn/report/201608/2638.shtml.

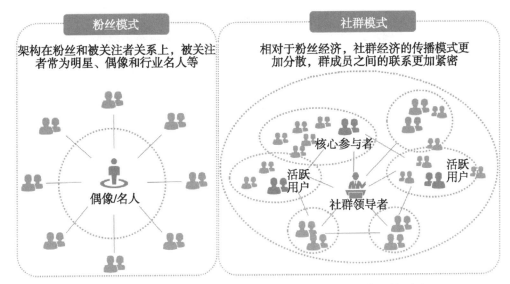

图 9-2　2016 年中国粉丝传播模式与社群传播模式的对比

资料来源：艾瑞咨询数据.

9.2.2　构建社群的信任体系

社群电商属于是一种从众经济，是以用户关系为基础的口碑从众经济，用户关系的强弱、用户关系的信任传递机制是制约其发展的核心因素。对于买家来说，影响其购买决策的重要因素之一就是亲友的意见。同样的，现在大部分网上购物者更加相信购买过该商品的买家的评价而非卖家的描述。因为商务讲究诚信交易，任何企业和个人都不能保证自己销售的产品或服务百分百不存在瑕疵，这是一个客观存在的事实，也是不可回避的事实。如果社区电子商务要发展，就必须建立、制定一个关系评估、信任传递、用户保障、不良卖家曝光的管理机制，让关系和信任可评估，可持续发展和传递。只有这样，社区电子商务的关系——信任链才能健康成长、长久发展。

支付宝利用"圈子"打破了开放社交软件的社群障碍。首先，它沉淀了实名用户大量的高价值数据，能基于大数据的用户画像，了解用户的需要、偏好、平常消费场景，匹配定向推荐适合的圈子；其次，基于用户画像的精准描绘和推送邀请，保证被邀请加入的用户都能符合圈子主题，大大增强了人们在圈子中生存的愿望和动力。

VHouse 是一个开放的平台，是企业家为主的资源聚集，提供资源链接。该网站奉行 8 个字的价值观："信任、互助、成长、共享"，带领企业参与公益等社群，收到很好的效果。实践说明，社群的构建需要信任，信任的培育需要基础，需要时间，而且还取决于社群创建者的新的理念。

9.2.3　社群服务平台整体水平有所提高

电子商务企业已经认识到社群带来的新机遇，认识到商业重心正在从"物"转移到"人"，商业的驱动力正在从"流量"转换为"关系"，商业的衡量标准正在从"价值"转为"价值观"。围绕社群运营的探索越来越多。

（1）为了适应网络社群的发展，社群服务平台进一步改善网络技术支持，社群团队提高运营效率，基础服务功能得到完善，多环节的运作使社群服务平台更好地适应消费者的需求。

（2）服务平台根据不同社群的需求进行差异化服务，网络社群根据自身发展情况对第三方服务提出改进要求。双方从单环节支持到深度合作均有不同的合作方式。社群与服务平台合作模式呈现多样化趋势。

（3）社群平台服务向多个产业链环节延伸。当前的网络社群服务平台以社交平台与营销公司为主，其业务涉及云服务、搭建平台与支付变现等，并逐渐形成贯穿全产业的整体解决方案。

9.2.4　网络社群产业链开始形成

2016-2017 年，中国网络社群发展迅速，涌现出知识型社群"逻辑思维"、行业型社群"穿针引线"、地域型社群"綦江在线"、电商型社群"江小白"、社区型社群"天涯社区"，社交型社群"QQ 空间"，关系型社群"正和岛"等诸多知名社群。这些网络社群网站与社交平台、营销服务平台、电子交易平台相连接，形成了网络社群产业链。在网络社群产业链中，以网络社群为主体，社交平台、网络营销平台都对网络社群的发展具有不可或缺的作用。

（1）社交平台是网络社群产生及发展的主要阵地，社群间的互动交流，保持及提升成员间沟通均需要社交平台的支撑。

（2）网络营销平台利用社群服务的不断扩展，对电商网站进行品牌化的包装与推广，以此来保证网络营销平台的良性运转，增强成员对网站的依赖感和归属感；

（3）网络社群不断改进服务，满足各个成员的不同需求及情感诉求，越来越具有凝聚力，借助社交平台和网络营销平台为社群的商业拓展找到了新的途径。

9.3　互联网时代社群商务的商业价值

9.3.1　人的社会属性需要群聚的生存形式

互联网络的发展构成了一个虚拟的社会。从表面上看，这个社会一直在聚集信息以及其他媒体的资源。而实质上，这个社会提供了一种供人们交流的环境。这种环境的维系，靠的是人们的联系和互动。从局部看，人与人之间的联系很多时候只有一次，但从整体来看，单一的联系包含在一系列的广泛联系之中，并由此引导出一种相互信任和彼此了解的氛围。

哈佛大学社会学教授尼古拉斯指出，连接关系是人的生命中与生俱来的属性。人类是聚集生存的动物。虽然我们也曾看到类似于鲁滨逊式的人物的报道，但对于绝大多数人来说，孤独是一种极为可怕的情况。虚拟社会给具有相似经历的人们提供了聚集的机会，这种聚集不受时间和空间的限制，并形成颇有意义的新的社交关系。虚拟社会推出了一系列的社交工具。从博客到微博，从 QQ 群到微信群，越来越多的人参与到网络社交的圈子里。频繁的互动使得社交网站的活跃度大大提升，从而为网络营销的推广打开了广阔的新天地。

人的社会性本质属性决定了人或群体必然会相互结合在一起共同生活。因此，在社会发展的任何阶段，人类的生存都会表现为一种群聚的形式，这是人类基因中的一种深层次需要。

社区是人类群聚的主要形式。社区可以分为两大类：一类是地域性社区；另一类是功能性社区。地域性的社区相对比较封闭，基于血缘或地缘的亲密关系，如行政村或自然村；在城市指的是街道办事处辖区或居委会辖区等。功能性的社区更强调共同的文化心理、归属感、供求平衡和共同的利益，打破了区域和血缘的界限。随着互联网发展形成的虚拟社区也叫社群。这使得网络空间内的人际交往超越了地理界限的限制，可以说它是一个无物理边界的社区，虚拟社区的出现弥补了农业社会瓦解后，人与人之间"守望相助"的共同体关系的缺失，体现了人们内心渴望能够享受"共同情感、共同价值"的共同体生活。

9.3.2　社群带来的商业价值

社群经济具有三个特点：第一，通过有价值的内容引起拥护者的共鸣；第二，通过共鸣者的集结形成高度活化的社群；第三，通过社交网络的属性放大社群的影响力进而产业商业价值。

（1）资源价值。社群的形成以共同的兴趣与目标为前提，社群内部独有的信息分享与交流，区分了社群成员与非社群成员。社群的资源价值潜力大，因为它突破了空间区域的限制，汇集了来自四面八方的社群成员的知识和智慧，形成了一种全新的经济体制——社群经济，并成为电商企业营销的重要组成部分部分。利用社群还可以有效推进资源整合，实现全方位价值共享。社群构建的知识经验分享平台，加强了社群成员共同关注的重点业务领域知识的传播及产品技术的输出。优质的信息内容已经成为社群最基础的价值。随着社群规模的扩大，优质网络社群的社会资源越来越成为社群最有价值的部分。

（2）情感价值。社群成员由于拥有共同的社群价值观而具有更高的信任度，在社群价值延伸方面具有更大价值。社群管理者将用户情感培养作为核心，才能够平衡商业属性与用户体验的关系，才能不破坏社群成员间的联结和彼此信任，在符合社群整体文化与价值观的同时，获得相应的盈利。

（3）沟通价值。网络社群具有与生产者直接沟通，把社群成员的真正需求的快速、准确地传递给生产者。这就是社群的沟通价值。海尔集团充分利用社群的沟通功能，从用户社群的交互中，切实了解用户对产品的体验和评价，与用户进行更深度的产品交互、价值沟通。例如，在世界最高 IQ 组织门萨的会员彭承文和人工智能权威卡塞尔赞扬海尔冰箱的智能性后，海尔通过他们的社交账号与众多好友及粉丝就海尔家电进行讨论，达到了用户交流的目的。这也是全球战略下，海尔对接全球用户社群的新沟通模式。

9.3.3　社群商业价值的捕捉

社群风潮已然来临，但真正成功获取社群经济所带来的红利并非易事。因此，如何成功打通年轻社群通道，聆听互联网用户心声，成功地将需求转化为产品，同时借助优质资源的接入和生态化的平台系统支撑，将助推产品快速变现市场，成为中国电商企业家探索的焦点。

（1）利益结构合理。培育出了有利于社群稳固发展的良好的利益结构的土壤，能够使社群产生统一的交易模式，一致的成员行动，互惠互利的关系以及有序明确的角色分工，这种在价值观共同体基础上结成的相互依存和相互作用的商务关系会使社群关系更加牢固。

（2）培养信任关系。尽量使社群成员能够产生尽可能多的信赖，更具有忠诚度，维护成本更低，有更加紧密的连接，能够进一步构造更广泛的连接，而且能不断强化连接，更容易产生价值。

（3）构建网状连接。粉丝经济也是社群经济的一种，但很多以粉丝经济为基础发展起来的社群关系呈现出一个中心的连接，社群成员围绕这个中心凝聚和发力，虽然聚合速度会很快，但很脆弱，容易断裂。而稳固社群的连接是网状的连接，呈现出多中心的两两连接形态，这样的连接更坚韧，更有生命力，而且发展在一定阶段会自运作，能够产生强大的内生力。

（4）降低时间沉没成本。基于互联网发展起来的社群大部分是基于人们充裕的闲暇时间而聚合出的社会效应。但如果社群的产生是基于事业基础，是人们一天中的工作必要时间的投入，依据经济学的沉没成本的含义，这种投入会产生持续的叠加效应，因退出的成本太大而减少了退出发生的概率，这样的社群更有黏性。

9.4　社群电商的商业模式

9.4.1　移动社群电商模式

移动社群电商是一种基于社群经济生态衍生的新型商业模式。它以共同的兴趣、行业、价值观为导向形成内在强关系，以微信、微博、自媒体等移动载体为工具，将客户进行社群化改造，充分激活沉淀客户，通过调动社群成员的活跃度和传播力，最终实现产品和服务变现。

移动电商社群化管理，很好地解决了传统企业、电商、微商在转型、升级过程中所面临的困境，包括品牌认知度不高、品牌营销缺乏系统化等问题。社群经济时代强化了品牌传播与社群粉丝之间的联系，未来品牌传播离不开粉丝。以自己的企业为中心，建立自己的移动社群，将是企业拓展用户的重要途径之一。

传统电商发展到今天已经出现瓶颈，互联网的发展速度越来越快，电子商务模式持续升级是一大命题。分享经济、粉丝经济、C2B 模式都是社群经济的演变，而移动载体则成为电商最重要的工具。艾瑞调研数据显示，目前移动端成为社群线上营销普遍使用的终端，移动端使用率达到 91.7%，大幅超过 PC 端的 47.2%。移动服务平台选择方面，22.2% 的社群最为看重服务平台能够精准定位目标用户的功能，16.7% 的社群最为看重服务平台能够有效提升社群品牌影响力，11.1% 的社群希望能够有效利用大数据作分析决策、提供内容优化建议与整体营销方案功能[①]。

移动社群电商首要解决的问题是用户需求，以为用户提供有用价值为基准，以社群作为价值传递、信用社交、商品连接的窗口，形成低成本、高信任的流通渠道。而以往企业对"人脉"的重度依赖，在社群运营中将迎刃而解，化被动为主动。

移动社群电商模式有三个核心点，分别是社交、口碑和商品。

社交好比一个向心力，能将有共同情怀和价值观的人汇聚在一起，在"人即渠道"的移动互联网时代，社交的凝聚力正是打通这些渠道的关键所在。阿里巴巴、京东、唯品会等大型电商平台都在积极撮合"社交"元素。

未来，社群对企业的价值不仅仅是解决获得客户问题，更是企业定位、品牌营销、产品开发等企业活动的主要依据和参考标准。在人人皆媒体的时代，口碑传播将成为新的品牌营销阵地，只有将用户服务好，自发分享、传播，才能够在用户和品牌之间形成一种良性互动。企业清楚用户在哪里，从而进行精准化营销，节约企业成本的同时，也降低了用户的花费。

满足客户需求的商品是企业核心竞争力不可缺少的环节。利用社群的沟通模式，为客户提供满意的商品，是移动社群电商的重要工作。海尔冰箱智能化改造的成功充分证明这项工作的重要性。

9.4.2 供求一体化社群电商模式

供求一体化社群电商模式侧重于对客户需求的反映，提高企业的市场响应速度，利用社群保持与客户最短距离的接触，切实了解客户的实际需求和需求量，降低了研发成本、生产成本和库存成本。利用这种模式，企业实现了从大量生产方式向精益生产方式的转变，从备货式生产方式向订单式生产方式的转变，从规模经济向速度经济的转变。

基于安卓操作系统 MIUI 的产品是小米公司的一款战略级产品。该款产品不仅好用，而且符合中国人的习惯。小米公司一改传统的软件开发方式，以社群方式吸引发烧友粉丝参与到小米操作系统的研发当中，然后围绕他们的习惯和需求，持续改进，保持了和用户需求的同步，形成了以多频次、小改进的产品研发模式。这种用户参与开发的模式不但保证 MIUI 产品能最大限度地满足用户的需求和习惯，而

---

① 艾瑞咨询. 2016 年中国网络社群研究报告 [EB/OL]. (2016-08-31) [2017-06-23].
http://report.iresearch.cn/report/201608/2638.shtml.

且良好的开发体验使得小米在 MIUI 论坛上积累了几十万名粉丝。

小米 MIUI 的开发打造了社群商务中"企业—客户"的一体化关系，使整条价值链协同起来，共同为最终的客户作贡献。社群电商能将原来从发明、设计、创造到生产、营销、终端、服务的商业流通链条反过来，使所有的需求从客户的末端产生，通过对大数据的智能判断往上引导设计、发明、生产，按需进化的效率大大提高，客户也变成设计者和经营者，利润按照被反向后的链条重新有效分配。这些使得中间一切无效的环节都会被自动淘汰，表现的结果就是去中心化和去中介化。

社群电商体现出了系统化布局、生态化运作、循序渐进推进的特点。整体策划能力的重点一定是围绕解决客户痛点，增加客户黏性，培养群体凝聚力，优化交易模式等方面而展开。

9.4.3 社群直播模式

2016-2017 年，随着移动互联网设备及网络不断优化，直播行业发展迅速，尤其在移动直播方面，呈现百花争艳的局面。移动直播在传播模式上具有更多新优势，利用视讯方式进行网上现场直播，可以将产品展示、相关会议、背景介绍、方案测评、网上调查、对话访谈、在线培训等内容现场发布到互联网上，利用互联网的直观、快速，表现形式好、内容丰富、交互性强、地域不受限制、受众可划分等特点，加强活动现场的推广效果。现场直播完成后，还可以随时为读者继续提供重播、点播，有效延长了直播的时间和空间，发挥直播内容的最大价值。同时，移动直播能够良性运转的前提即为直播内容与主播的影响力。

网络社群因其较为稳定且忠诚的社群关系、更有价值与优质的信息分享，从而与移动直播这种新兴传播模式具有更好的契合度，并实现了以下功能：

（1）多方异地实时互动：多方异地实时互动功能在多方实时多媒体音视频以及数据互动交流的同时，实时稳定地把直播情况传播到网络虚拟会场上，供社群成员观看。

（2）暖场：直播前期，通过暖场的功能，使得社群成员在直播正式开始前就可以登陆会场，收看宣传片，既达到了测试音视频的目的，又起到了宣传效果。

（3）问答审核：对社群成员问题进行过滤，分类显示，提问按照时间顺序排列并一次回答。

（4）在线红包与打赏：社群可用发红包、打赏等手段活跃社群网络直播现场气氛，增加网络与会观众的互动性。

（5）文字直播：在直播过程，web 端除了收看音视频直播的同时，可以采用实时速记的方式，收看文字实时直播。给 web 参会者带来更多、更好的收看体验。并且可以随着录制功能同时保存，点播回放也可以观看文字直播。

社群直播已经成为当前网络社群品牌运营与商业变现的新形式。

9.4.4 明星社群模式

明星社群发展相对更加综合与全面，对自身社群的品牌推广策略更加成熟，社群成员的关系也相对更加稳定，因此拥有高情感联结度和资源价值，但与此同时，成熟模式的创新和优化也相对更难。

国内典型的明星社群包括罗辑思维、小米社区、正和岛、同道文化等。与其他梯队社群相比，明星社群的发展更加综合与全面，对自身社群的品牌推广策略也更成熟，因此流量较大，也具有较高的情感联结度和资源价值。众多明星社群在用户规模、品牌认知与社群价值方面都具有较大优势，也都在发展中逐渐探索出一套适合自己的发展策略与经营模式，也为整个行业提供了许多可借鉴、参考的范例。

罗辑思维是目前影响力较大的互联网知识社群，包括微信公众订阅号、知识类脱口秀视频及音频、会员体系、微商城、百度贴吧、微信群等具体互动形式，主要服务于80后、90后有"爱智求真"强烈需求的群体。罗辑思维的口号是"有种、有趣、有料"，倡导独立、理性的思考，推崇自由主义与互联网思维，凝聚爱智求真、积极上进、自由阳光、人格健全的年轻人，是国内微信营销的典范。

小米社区是小米官网旗下小米手机粉丝交流社区，为500万小米手机粉丝提供包含小米手机学院、小米同城会、小米2游戏软件下载、酷玩帮、小米随手拍等众多分类内容。小米产品官方社区包括资讯、论坛、应用、小米产品测评、社群服务及展示平台等多项功能频道，用户也可以通过微博微信进行互动。小米利用社区运营与社会化营销打造小米模式的社群经济，从而不断拓展自身的产品线，成为品牌社群的典型案例。

正和岛是中国商界第一高端人脉与价值分享平台。它是企业家人群专属的集facebook、微信与微博于一体，线上线下相结合的创新型服务平台，为岛邻提供缔结信任、个人成长及商业机会。为保证每个来的人都是对的，正和岛采取严格的实名制、会员制、收费制、邀请制。正和岛是全球第一个通过互联网把现实世界的巨人们聚集在一起的社交平台，致力于打造一个自上而下、从虚拟到现实的诚信体系。柳传志、张瑞敏、鲁冠球、王石、宁高宁、马蔚华、马云、王健林、郭广昌、李书福、俞敏洪、曹国伟等企业领袖，都是正和岛的热情支持者与积极参与者。

9.4.5　垂直型社群模式

垂直型社群抓住网友对特定领域的互动需求，深度结合特定产业，打造出更具弹性的获利模式。让垂直型社群网站备受瞩目的关键原因是信息爆炸带来的改变。经营垂直型社群网站的核心关键就是信息的完整度与深度。垂直型社群针对特定主题和特定主体提供的高质量的内容，是其胜出的关键。满足垂直型社群的成员在某个垂直细分领域的兴趣，或满足其地域化和兴趣化的特点，就能够产生很好的黏性。

中国的垂直型网络社群发展更具有差异性。同时，体量小更轻便的移动端成为其主要的运营平台及呈现形式。小云社群平台显示，2016年7月，地域型的垂直社群表现相对更好，活跃度更高，用户需求更加强烈。从总体来看，垂直型社群Top15的次日留存率均在30%以上，其中超过50%的过半，用户的忠诚度相对更高。

穿针引线网成立于2001年，定位为中国服装行业深度交流平台，业内口号是

"为中国服装穿针引线"。目前是中国最具影响力、交流最活跃的服装行业深度交流平台。穿针引线集聚了大量中国独立服装设计师品牌及整个服装行业大多数的设计师从业人员，一直在以实际行动促进业界同仁的联合与中国服装行业的发展。

水果邦是专业的农人互动社区媒体，是国内较有影响力的农人自助互助在线学习社区，致力于整合行业资源，构筑农业职业共同体，颠覆传统农技推广模式和传统农产品营销模式，帮农人，帮农商，创品牌，闯市场。水果邦着重服务于专业农人和农业一线人士，主要用户在中国大陆，包括有一定规模的新型农场主、种植基地负责人、合作社负责人、农户、农技研究推广人员、批发商、经纪人及服务于大农业的相关群体等。随着影响力的不断增强，该网站每日接待来自世界 200 多个国家和地区的访客，水果邦已经成为世界了解中国农业的重要窗口。

淋巴瘤之家是一个垂直化的淋巴瘤交流服务平台，集社区交流、专业诊疗服务、活动策划、品牌合作等于一体，致力于为普及淋巴瘤知识、为病友提供专业化服务。从 2011 年诞生之际，淋巴瘤之家就属于所有热爱生命的彩虹。网站帮助病友搜集国外最新进展，组织病友交流治疗经验和心得，发表康复故事鼓励治疗中的病友，受到了广大病友的热烈欢迎，注册用户从两位数、三位数，变成注册 12 000 多人的一个充满正能量，纯净、真实的病友交流社区，影响了数十万患者及家属。

| 第 10 章 |

生机勃勃的电子商务示范城市

中国电子商务快速发展，在增强经济发展活力、提高资源配置效率、促进中小企业发展和带动就业等方面发挥了重要作用。为进一步促进电子商务健康快速发展，充分发挥电子商务在经济和社会发展中的战略性作用，从 2011 年起，中国开展了"国家电子商务示范城市"创建活动。本章回顾了中国电子商务示范城市建设的背景和历程，总结了电子商务示范城市建设和发展的特点，并介绍了部分电子商务示范城市发展模式。

10.1 电子商务示范城市发展现状

10.1.1 电子商务示范城市建设背景

在经济全球化背景下，电子商务的发展程度能够体现国家的综合实力发展，而国家的综合实力又是通过城市的实力展现出来。在全球化的今天，城市和区域已逐渐取代国家，成为参与全球竞争的新主体。

电子商务是在全球产业结构调整和升级的背景中发展起来的，是衡量一个国家或地区产业结构、经济活力、城市功能和消费水平的重要标志之一。从某种意义来说，电子商务的发展程度，已经成为衡量一个国家或城市综合竞争力高低的重要标志。电子商务的发展程度不仅仅是对电子商务行业的发展，而且是城市经济核心竞争力持续提高的动力。部分国家、地区和城市因此把电子商务产业作为战略产业和支柱产业，并采取相应的政策措施和手段积极推动和扶持发展。

电子商务这一战略性新兴产业，是城市运用现代信息技术手段的重要表现，已成为有效推动城市发展，改变经济增长模式，打造经济发展新引擎，激励大众创业、万众创新和提升城市综合实力的必要手段。近年来，中国电子商务发展迅速，已广泛渗透到社会经济生活的各个领域，成为企业拓展市场、降低成本的新渠道，成为消费者购物的新选择，也成为拉动内需、发展经济、优化产业结构的新手段。

中国电子商务从 1995 年开始起步，到 2010—2011 年进入快速稳定发展的新阶段。

（1）电子商务基础建设环境不断完善。截至 2011 年底，中国网民数达到 5.13 亿人，互联网普及率攀升至 38.3%。手机网民规模达到 3.56 亿，在总体网民中的比例达到 69.3%[①]。截至 2011 年 11 月，中国互联网宽带接入用户达到 1.55 亿户，3G 网络已经覆盖全国所有县城和大部分乡镇，3G 用户达到 11 873 万户。硬件设施的不断完备为互联网深入普及提供了良好的外部环境。《电子签名法》《加快电子商务发展的若干意见》等一系列政策法规相继实施；《网上交易指导意见》《促进网络购物健康发展指导意见》等一系列指导性文件陆续发布，为构建适合中国国情和发展规律的电子商务制度环境进行了积极探索。

（2）电子商务交易规模平稳快速增长。2010 年，中国电子商务市场交易额达 4.55 万亿元，同比增长 23.7%。2011 年，中国电子商务交易额继续创出新高，交易总额突破 5 万亿元，达到 5.83 万亿元，同比增长 28.4%。网络零售呈现出爆发式增长的态势。2010 年网络零售交易额达 5091.04 亿元，较 2009 年增长 96.7%；2011 年网络零售交易额达 7825.6 亿元，同比增长 53.7%。2010 年中国网络零售市场交易规模占社会消费品零售总额（15.45 万亿元）的比重增至 3.30%，2011 年占社会消费品零售总额（18.12 万亿元）达到 4.32%。

（3）电子商务带动作用明显。研究发现，在 2000—2010 年期间，中国电子商务指数每增加 1%，就会带动 GDP 增长 0.017%，而且，影响幅度越来越大。很明显，电子商务已成为促进中国 GDP 增长的重要动力，也是中国经济发展方式转变的一个新的重要方向。

（4）电子商务市场潜力巨大。电子商务在工业、农业、商贸流通、交通运输、金融、旅游等领域的应用不断拓展，应用水平不断提高，正在形成与实体经济深度融合的发展态势。跨境电子商务、移动电子商务成为新亮点。中国电子商务平台服务、信用服务、电子支付、现代物流和电子认证等电子商务服务业快速发展，产业规模迅速扩大，网络团购、海外代购、品牌营销等服务模式不断创新，电子商务信息、交易和技术等服务企业不断涌现。

到 2010 年底，中国电子商务网站数量达到 1.86 万个，与年初相比增长了 16.13%，这显示出电子商务行业的勃勃生机[②]。2010 年，中小企业电子商务交易额达到 2.53 万亿元，较 2009 年的 1.99 万亿元增长 27.1%；2011 年约达到 3.21 万亿元，同比增长 26.9%。

2010 年底，中国银行征信系统已分别为近 1700 万户企业和 7.77 亿自然人建立了信用档案，为电子商务信用环境建设奠定了良好基础。"十一五"时期，中国第三方电子支付规模增长近 60 倍，到 2010 年已达到 1.01 万亿元。

截至 2010 年 6 月底，快递公司数量达 6500 余家，业务量达 23.4 亿件，实现收

---

① 中国互联网络信息中心. 第 29 次中国互联网络发展状况统计报告 ［R/OL］（2012-01-16）［2017-07-29］. http://www.cnnic.net.cn/dtygg/dtgg/201201/W020120116337628870651.pdf.

② CNZZ 数据中心. 2010 年电子商务行业网站年终盘点 ［EB/OL］（2010-12-30）［2017-08-01］. http://data.cnzz.com/type/content.php?tid=2724&type=47.

入 140 亿元。截至 2010 年底，中国有效电子签名认证证书持有量超过 1530 万张。中国物联网市场规模也从 2009 年的 1716 亿元一跃达到 2010 年的 1933 亿元，同比增长达 61.1%。

十余年间，中国电子商务各项指数都在快速增长，这种情况说明中国电子商务产业和应用水平在不断提高，同时也反映了中国对电子商务服务的需求在快速增长。

10.1.2 电子商务示范城市建设历程

中国电子商务在快速发展的同时，也面临现有的法律法规制度已经难以适应高速发展的电子商务的问题，电子商务发展制度环境有待完善，相关监管政策、优惠扶持政策和监测体系有待建立。此外电子商务在城市间、城市与农村间、不同区域间和企业间发展不平衡的问题也需要得到重视。

针对中国电子商务发展的现状和面临的问题，以及电子商务在优化资源配置、提升产业结构、带动就业、提升城市服务能力等方面的作用。有关部门先后出台了一些支持电子商务发展的政策，这些政策和措施发挥了引导市场、激励发展的作用，但缺乏配套性和整体性，特别是一些部门规章存在着政出多门、法律效应不高、与实践脱节等问题，影响了实施效果。

针对这些情况，商务部和国家发展改革委研究提出适时调整电子商务政策重点的建议，即由以支持技术研发、鼓励应用投入为主，逐渐转向关注电子商务环境建设，使相关规制、政策尽快适应创新发展的需要。这一建议得到深圳市的大力支持和积极响应。2009 年 8 月，深圳率先提出加快城市国际化、现代化步伐，提升城市经济实力和在全球产业格局中竞争力，促进电子商务健康快速发展的工作。

2011 年 3 月，《创建电子商务示范城市指导意见》发布，全国各省市积极响应，大批城市准备参与到创建示范城市的申报工作，希望通过示范城市进一步提高城市的电子商务发展与城市的竞争力。2011 年 5 月，相关部门在深圳召开国家电子商务城市创建工作会议，会议进一步明确了创建工作的主要目标、重点任务、工作安排和相关要求，交流了各地推动电子商务发展的经验。2011 年 9 月，相关部门在北京召开了国家电子商务示范城市创建工作初步方案评议会，通过对申报城市的工作方案进行评议，确定了 21 个国家电子商务示范城市。

2011 年、2014 年国家先后两次公布全国电子商务示范城市 53 个，2016 年启动了第三批电子商务示范城市创建工作（见表 10-1）①。

2011 年 11 月 16 日，国家发改委在深圳召开"国家电子商务示范城市、国家物联网云计算试点示范、国家创新能力建设"授牌表彰大会。北京、天津、上海、重庆等 21 个城市（后增加到 23 个）被授予"国家电子商务示范城市"牌匾。这 23 个城市包括：北京市、天津市、上海市、重庆市、青岛市、宁波市、厦门市、深圳

---

① 国家发展改革委，商务部，中国人民银行，国家税务总局，国家工商行政管理总局.《关于组织开展国家电子商务示范城市创建工作的指导意见》[EB/OL]（2011-04-20）[2017-08-01].
http://www.gov.cn/zwgk/2011-04/20/content_1848402.htm.

市、哈尔滨市、武汉市、广州市、成都市、南京市、长春市、杭州市、福州市、郑州市、昆明市、银川市、南宁市、吉林市、苏州市，汕头市。

2014 年 3 月 20 日，国家发改委和财政部、商务部联合下发通知，为贯彻落实《国务院关于促进信息消费扩大内需的若干意见》（国发〔2013〕32 号）中关于加快推进电子商务示范城市建设的工作部署，按照国家发展改革委等 13 部门办公厅《关于进一步促进电子商务健康快速发展有关工作的通知》（发改办高技〔2013〕894 号）的有关要求，经研究并评议论证，同意东莞市、义乌市、泉州市、莆田市、徐州市、长沙市、株洲市、温州市、贵阳市、宜昌市、赣州市、常州市、济南市、台州市、潍坊市、呼和浩特市、西安市、揭阳市、烟台市、芜湖市、无锡市、石家庄市、南昌市、沈阳市、洛阳市、兰州市、合肥市、桂林市、襄阳市、太原市等 30 个城市创建国家电子商务示范城市。

2017 年 1 月 5 日，国家发展改革委等 7 部门联合下发通知，同意大连市、包头市、海口市、西宁市、乌鲁木齐市、邯郸市、葫芦岛市、大庆市、菏泽市、郴州市、绵阳市、铜仁市、玉溪市、宝鸡市、陇南市、吴忠市、五家渠市等 17 个城市创建国家电子商务示范城市。

从 2005 年的加快电子商务发展到 2013 年促进，再到 2016 年大力发展，展示了国家加快促进与大力发展电子商务产业的信心与决心。

表 10-1　建设电子商务示范城市进程

时　间	内　容
2005 年	提出电子商务是国民经济和社会信息化的重要组成部分，要大力发展电商①
2009 年	批准深圳为创建中国电子商务示范城市，启动电子商务示范城市创建工作
2011 年	授予北京等 21 个（后增加 2 个）城市为"首批国家电子商务示范城市"
2013 年	国务院：加快推进电子商务示范城市建设的工作部署
2014 年	商务部等批准第二批国家电子商务示范城市共 30 个
2015 年	国务院：发布大力发展电子商务加快培育经济新动力的意见
2016 年	启动第三批电子商务示范城市建设工作
2017 年	授予大连市等 17 个城市为第三批国家电子商务示范城市

10.1.3　电子商务示范城市区域分布情况

电子商务示范城市的创建工作是长期的，需要各城市结合自身地区优势，积极探索和创新，在完善本地电子商务建设与发展的同时，发挥电子商务对经济转型升级的促进和带动作用，发挥城市的辐射带动作用，促进周边城镇和农村地区的电子

---

① 国务院办公厅. 国务院关于加快电子商务发展的若干意见［EB/OL］(2005-08-05)［2017-07-29］. http://www.gov.cn/zwgk/2005-08/15/content_21825.htm.

商务应用与发展。

从 2011 年到 2017 年初的三批共 70 个电子商务示范城市基本分布在全国各个区域。第一批 23 个示范城市中，东部沿海地区的城市有 6 个，南部沿海地区的城市有 5 个，西南地区的城市有 4 个，北部沿海地区和东北地区的城市各有 3 个，大西北地区、长江中游和黄河中游地区各 1 个。总体呈现沿海地区较多，西南和北部地区次之，中部地区最少的趋势。其中，4 个直辖市全部为第一批示范城市，其余 19 个城市中有 7 个副省级省会城市、4 个副省级城市、5 个城市和 3 个电子商务发展较好的城市（苏州市、汕头市和吉林市）。这些城市主要集中在一线城市（如北京、天津、上海、广州和深圳）、二线城市（如杭州、宁波、南京、福州等）和个别电子商务发展较好的三四线城市（如吉林市、银川市和汕头市）。

在第二批 30 个电子商务示范城市中，长江中游地区的示范城市有 8 个，其次是东部沿海地区的城市有 6 个，再次是北部沿海、南部沿海和黄河中游地区各 4 个，西南地区有 2 个，最后是大西北和东北地区各 1 个。第二批的示范城市在继续发展沿海地区的同时，重点向中部地区发展，同时发展偏远地区的趋势。其中，除海南、青海、新疆和西藏这四个地区的所有地区的行政中心都成为电子商务示范城市，部分经济发展较好的城市，如温州市、烟台市、洛阳市等也积极推进电子商务示范城市创建工作。这些城市主要集中在二、三线城市和四线城市，其中二线城市 12 个，三线城市 13 个，四线城市 5 个。电子商务示范城市工作积极向中小型城市推进。

在第三批获批的 17 个电子商务示范城市中，大西北地区的示范城市有 5 个，北部沿海和西南地区各 3 个，黄河中游地区和东北地区各 2 个，长江中游和南部沿海各 1 个，总体呈现向西北和西南地区推进的趋势。这些城市除大连市作二线发达城市，其余 16 个城市均为三线及以下城市，说明电子商务示范城市正在向小型城市发展。

10.1.4 电子商务示范城市创建工作总体情况

自 2011 年第一批电子商务示范城市建设工作获批以来，示范城市在电子商务发展中起着重要的支撑作用。2016 年上海、北京、深圳、杭州和广州五个城市的电子商务交易规模超过 6.5 万亿元。

阿里研究院分析发现，2014 年，53 个国家电子商务示范城市的 B2B 网商数量（含内贸和外贸）在全国占比超过 70%，零售网商数量占比超过 65%，网购消费者数量占比超过 55%，示范城市在电子商务领域发挥着重要支柱作用①。

2016 年，在前两批 53 个电子商务示范城市中有 47 个成为阿里评选的"电商百佳城市"，其中有 24 个示范城市位居前 30。此外，2016 年，有 38 个电子商务示范城市快递业务量进入全国前 50 位，这 38 个示范城市的快递业务量合计在全国占比

① 阿里研究院. 2013 年中国城市电子商务发展指数报告 ［EB/OL］(2014-06-04)［2017-07-23］. http://www.aliresearch.com/blog/article/detail/id/19221.html.

达 77.14%。有 40 个城市进入快递业务收入前 50 位城市，其快递业务收入占全国的 78.68%[①]。国家邮政局数据显示，2016 年 1—9 月，长江经济带九省二市快递包裹量达 100.5 亿件，占全国包裹量 47.7%。其中，上海 17.8 亿件，杭州 12.1 亿件，金华 10.6 亿件，包裹规模明显领先。在长江中上游地区，快递包裹量相对领先的城市有成都 4 亿件（占全省 76.9%）、武汉 3.7 亿件（占全省 71.1%）、重庆 1.9 亿件、长沙 1.7 亿件（占全省 54.0%）。这些都确实说明了示范城市对电子商务的引领作用。

10.2　电子商务示范城市建设特点

10.2.1　各地政府加大示范城市建设力度

国家电子商务示范城市建设是增加城市竞争优势的新选择，促进城市战略新兴产业发展的新举措，推进现代市场体系现代化建设的新抓手，促进电子商务健康发展的新途径。各电子商务示范城市均结合自身发展实际制定了促进电子商务发展的政策和规划。

电子商务"十二五""十三五"规划不但是电子商务示范城市建设的必要条件，更是指导城市电子商务发展的纲领性文件。规划结合"十一五"期间城市电子商务发展的成果和趋势，明确了城市电子商务发展方式、发展方向、发展的重点。

《上海市促进电子商务发展规定》于 2009 年 3 月 1 日颁布实施，这是中国第一部关于电子商务发展的地方性法规，开启了将电子商务发展纳入地方法规保障的时代。同时，为促进电子商务健康发展，电子商务示范城市纷纷出台了跨境电商零售出口货物退、免税等政策。

电子商务示范城市创建工作走进城市政府工作报告，电子商务发展水平纳入了城市统计年鉴。示范城市创建工作通过统筹规划、法制体系建设和系列配套政策，已经形成了政府引导、市场驱动、企业主体、应用主导的有效推进机制。

10.2.2　对区域经济的带动作用明显

经济全球化带给城市发展机遇的同时，也对城市在经济全球化进行中能否在资源分配方面占有主动带来新的挑战。电子商务打破了传统贸易空间和时间的限制，打破了消费者与生产者地域的限制，通过优化全球贸易资源配置，深深地影响着贸易市场、贸易主体、贸易产品、贸易方式、贸易成本和贸易政策，为城市提供了更广阔的全球贸易市场。

创建电子商务示范城市促进了城市电子商务应用水平的提升，使企业突破地理

[①]　国家邮政局. 国家邮政局公布 2016 年邮政行业运行情况［EB/OL］.（2017-02-05）［2017-07-23］. http://www.spb.gov.cn/xw/yzshjd_1/ywgl/201702/t20170221_1008714.html.

空间和资源限制，提高了经济的影响力和辐射力，助推企业做大做强。而实体经济形成规模效应，又推动电子商务技术和模式的创新和提高。因此，电子商务示范城市建设有利于城市对周边区域资源的融合，有利于降低资源和能源的消耗，减少环境污染，发展低碳经济，推动城市周边经济跨越式发展，提升城市综合竞争优势。

依据中国电子商务示范城市遴选条件，示范创建城市具有地方法规较大的城市或者国务院批复的国际贸易综合改革试点城市，全国经济强市或全国网商发展指数水平较高城市。因此，电子商务示范城市对区域经济具有较强的带动作用。例如，河南是人口大省，更是中原经济区建设的主力区域。2016 年，河南 GDP 总量超过4 万亿元，电商占 GDP 比例超过 15%，郑州和洛阳两个示范城市的电子商务交易额超过全省的 60%，有力地带动了河南的经济建设。湖北省是国家的经济中心，交通枢纽。2016 年，湖北 GDP 总量超过 3 万亿元，电商占 GDP 比例超过 16%，武汉和襄樊两个示范城市的电子商务交易额超过全省的 50%。

10.2.3　推动城市电子商务体系建设

作为一种新兴的发展模式，电子商务对城市管理的影响已经远远超过电子商务本身，习近平总书记在 2016 年 10 月 9 日主持中共中央政治局第三十六次集体学习时强调，要深刻认识互联网在国家管理和社会治理中的作用，加快网络信息化建设，加快新型智慧城市建设，加快网络信息技术推进社会治理能力和水平的提高，建设网络强国，并全面而深刻阐述了电子商务对城市管理带来影响[①]。

电子商务的普及与发展也深刻地影响了政府的行为方式。面对互联网经济带给城市政治、经济、意识形态和交易技术的改变，政府对电子商务调节的力量需要提高运用现代信息技术的能力，转变服务方式和理念，修正传统的法律规范，为市场提供更加便捷的服务，防范政府对市场的调节力量弱化和失灵。

电子商务促进新兴产业的发展，最直接的表现是电子商务服务业的兴起。随着企业、个人和政府越来越多地应用电子商务，在电子商务交易服务、业务流程外包服务和信息技术外包服务等领域涌现出大量的电子商务服务商，通过提供丰富的产品和服务满足企业、个人和政府的电子商务应用需求。创建电子商务示范城市能够有效地促进通信网络、物联网、云计算、移动互联网、下一代互联网等高新技术的综合应用，改善城市电子商务基础环境。

10.2.4　带动农村电子商务蓬勃发展

在中国，电子商务最初从东部沿海城市发展壮大起来，不断地向全国扩散，覆盖了所有城市。近些年，电子商务逐步地向农村渗透，淘宝村、淘宝镇等如雨后春笋般层出不穷，为农村经济发展带来了新动力。乡村在电子商务及互联网的推动下，

---

① 　人民日报. 加快推进网络信息技术自主创新，朝着建设网络强国目标不懈努力 ［EB/OL］ (2016-10-10) ［2017-07-26］. http://cpc.people.com.cn/n1/2016/1010/c6409428763907.html.

成为大大小小的节点，进入全国甚至全球的生产链条和生活体系。

随着智能手机在农村的普及以及互联网在农村的渗透不断加深，城乡信息鸿沟逐渐缩小，农村电子商务的发展步伐不断加快，这不但丰富了农民的物质生活，也使当地农产品通过网络销往全国甚至全球。农村电子商务的发展提高了当地农民收入，反过来，农民收入的提高又使他们有更强的消费能力，这样相互促进，形成良性循环，推动农村电子商务加速发展。

中国是农产品生产大国，传统农业商务信息的传播途径和方式的落后，已不能适应现代化市场经济发展的需要。商品信息的流通不畅，直接导致农产品销路不畅，在市场上缺乏竞争力，发展中国农村电子商务，可以解决农业信息畅通问题，可以解决制约农业发展的农产品流通问题，促进农业科学技术的推广应用增加农产品的产量，提高农产品市场竞争力，为农民收入的增长创造条件。据商务部统计，2016年上半年，农村网络零售额3163.48亿元，规模持续快速增长，高出全国城市网络零售环比4.04个百分点，2016年农村网购市场规模达到6475亿元。

提高农村电子商务应用水平是电子商务示范城市建设重要任务之一。从第一批电子商务示范城市创建以来，示范电子商务城市推进农村电子应用取得长足的发展。基于RFID的供应链管理技术，在示范城市所辖农村覆盖了从农田到餐桌的供应链的种植加工、农残检测、口岸通关、运输配送、批发市场、超市及蔬菜市场零售等诸多环节，实现了政府监管部门对农产品供应链的全程实时监控及农产品信息的溯源管理，促进电子商务在农村的广泛应用。

10.2.5 电子商务企业形成集聚效应

电子商务示范城市建设使得城市设施和配套服务得到进一步优化，电子商务产业园等电商集聚区建设成效显著。

快递、运营、培训、IT等多样、专业的电子商务服务持续集聚，电子商务园区升级成为本地区的电子商务服务枢纽，服务范围覆盖园区周边区域，甚至扩展至相邻县市，充分发挥服务辐射作用。调研显示，入驻电商园区最常见的电子商务服务有物流快递、代运营、电商培训、网络营销、网店摄影、网店装修等，此外，还有会展、法律、财务、人力资源等商业服务。

电子商务园区集中体现在本地电子商务枢纽、创业创新孵化器、电子商务知识社区和政策落地载体等四个方面。电子商务进入门槛低、成长空间大，已经成为大众创业、万众创新的巨大舞台。电子商务园区服务于应用电子商务创业者和小企业，成为全新的孵化器。在深圳、杭州、上海、沈阳等地的电子商务园区，创业者和小企业获得了场地、资金、培训、技术等方面的支持，从而快速成长和发展。

创建电子商务示范城市，2009年重庆市在上清寺地区建立了全市第一个互联网产业园——环球互联网产业园。2011年，重庆被批准为全国电子商务示范建设城市。2012年，该园区成为"重庆互联网产业科技园"示范工程。经过几年的示范工程，该园区交易额从60亿元增长至160亿元，孵化面积从4.5万平方米增长至12.4

万平方米,从业人员从 1500 人增长至 6000 人,入驻企业由 30 家增长至 500 家(投产企业超过 300 家)。到 2016 年末,重庆建设有市级以上电子商务示范园 30 多个。

近几年,电子商务园区在中国的发展,可以说是呈现规模化涌现的态势。据阿里研究院的最新报告,电子商务园区数量最多的 10 个地级城市中有 9 个是电子商务示范建设城市,分别是杭州、金华、广州、温州、台州、上海、深圳、宁波和泉州。

10.2.6　引领传统产业转型升级

电子商务带来传统行业的变革,网络经济缔造着新兴的信息产业,并迅速改变传统贸易方式,加速产业结构调整。大数据时代,传统制造业由单一转向多品种,由流水线规模生产转向小批量生产,由粗放的提供产品服务转向可定制精细化服务发展。产品在流通领域实现了线上线下的完美结合,使消费者不再被商品奴役,能够通过线下体验、线上购买感受消费带来的快乐。

《国务院关于大力发展电子商务加快培育经济新动力的意见》[1] 明确提出利用电子商务创新工业生产组织方式;《工业和信息化部关于印发〈国务院关于积极推进"互联网+"行动的指导意见〉行动计划(2015—2018 年)的通知》[2] 部署了推动工业电子商务平台、第三方物流、互联网金融等业务协同创新和互动发展的培育行动。

在国家政策的大力支持下,电子商务示范城市成为引领"中国制造 2025"的重要推动力量。例如,示范城市青岛(海尔)建立了"全流程并联交互创新生态体系",通过开放式网络创新平台,从众多个性化需求中建立并提取共性需求,形成了用户需求与全球一流创新资源的高效对接。示范城市北京(三一重工)建立了ECC(企业控制)系统,集成大数据与物联网技术,使遍布全球各地的设备通过安装在设备上的各类传感器适时向 ECC 传回数据。示范城市深圳、广州打造一级的"工业云"平台,形成了与省级"广东工业云"紧密衔接、各具特色的云平台服务体系,推动 100 家骨干企业率先进入"广东工业云"公共服务平台,带动超过 5000家中小企业上线应用,提供服务产品达 500 项,服务企业两万次以上。

2016 年,工业电子商务区在示范城市得到积极推进,提升了大型龙头企业的核心竞争力,催生了一批新型的企业发展模型,增强了中小企业的生存和发展能力。工业电商在示范城市规模逐年扩大,企业"触网"的积极性越来越高,依托工业电商聚合的产业上下游社会资源也越渐丰富,工业电商服务质量和效益不断提升。

截至 2016 年,示范城市天津北辰区应用阿里电商 B2B 平台企业超过 800 家,应用跨境电子商务 B2B 平台企业超过 150 家。2015 年,中部最大的河南省电子商务

① 国务院办公厅. 国务院关于大力发展电子商务加快培育经济新动力的意见 [EB/OL] (2015-09-18)[2017-07-26]. http://www.gov.cn/zhengce/content/2015-09/29/content-10204.hte.
② 工业和信息化部. 工业和信息化部关于印发〈国务院关于积极推进"互联网+"行动的指导意见〉行动计划(2015—2018 年)的通知 [EB/OL] (2015-11-25) [2017-07-26].http://www.miit.gov.cn/zhengce/n1146290t/n438879/c453829/content.html.

工业园，落户示范城市郑州总投资达 20 亿元。到 2016 年末，入驻企业近 100 家、产值达 100 亿元、税收超过 10 亿元，形成集了产业孵化、金融服务、技术支撑、人才服务、法律保障等十大专业服务于一体的综合性平台。

10.2.7 跨境电子商务成经济新的增长点

跨境电商是电子商务发展的一种高级形式，是位于不同国家或地区的交易双方通过电子商务平台达成交易并进行支付、通过物流将商品送到国外客户手中，在交易平台上进行结算从而完成交易的一种国际商贸活动。在后金融危机时代，跨境电商已成为各国政府在市场竞争中，获取资源根本优势的重要手段。

2016 年，新政策密集出台（表 10-2），给跨境电商带来新的支撑，也使跨境电商的发展阳光化，改变了海关、商检等部门的工作流程和工作方式，建立了适应竞争机制贸易方式的信息监管平台和服务平台。

表 10-2　2016 年部分电子商务相关政策

颁布时间	政策目录	发文
3 月 24 日	关于跨境电子商务零售进口税收政策的通知	财关税〔2016〕18 号
4 月 7 日	关于公布跨境电子商务零售进口清单的公告	海关总署〔2016〕26 号
4 月 15 日	关于公布跨境电子商务清单（第二批）的公告	海关总署〔2016〕47 号
4 月 18 日	关于执行跨境电商税收新政有关事宜的说明	海关总署
5 月 15 日	关于跨境电商零售进口通关单政策的说明	质检总局
5 月 24 日	关于执行跨境电子商务进口新的监管要求有关事宜的通知	海关总署
5 月 25 日	财政部关税司过渡监管措施说明	财政部
7 月 7 日	关于明确跨境电商进口完税价格有关总量的通知	海关总署
10 月 13 日	关于跨境电子商务进口统一版信息化系统企业接入事宜的公告	海关总署
11 月 15 日	关于延长跨境电商零售进口监管过渡期的谈话	商务部
12 月 19 日	电子商务法草案	首次提请全国人大常委会审议

2015 年，国务院批准设立的 8 个中国跨境电子商务综合试验区均落户电子商务示范城市。2016 年，国务院又批复建立 12 个中国跨境电子商务综合试验区。跨境电子商务成示范城市新的经济增长点。2016 年，第一批跨境电商试验区电子商务交易额，均实现跨越式发展。如杭州跨境电子商务交易额 81.12 亿美元，增长 134.2%；宁波跨境电子商务交易额 42.32 亿美元，是 2015 年的 3.4 倍；深圳跨境电子商务 403.5 亿美元，同比增长 21%；广州跨境电子商务交易额 146.8 亿美元，同比增长 1.2 倍。

10.3 加快建设电子商务示范城市的政策建议

10.3.1 加速推进电子商务基础设施建设

电子商务发展的实践证明，先进的信息网络技术在电子商务领域得到了充分应用，基于互联网的电子商务市场成为日益强大的新兴市场，电子商务已经成为先进信息技术的聚集地和协同枢纽。但由于部分地方政府缺乏互联网思维，城市互联网基础设施不够完善，严重制约了其城市电子商务的发展水平。

通过加大投资，进一步提高互联网普及水平；通过提高企业互联网应用水平和降低上网费用，降低企业交易和运行成本；通过加快建立健全电子商务法规制度，完善标准体系建设；通过健全网络安全保障机制，加大网络违法犯罪打击力度；通过营造良好的电子商务消费环境，维护公平竞争市场秩序；通过落实电子商务有关政策，促进传统企业与电子商务的融合发展，做大做强电子商务产业的发展。

10.3.2 健全电子商务发展支撑体系

在世界经济复苏缓慢、中国经济增速下滑的大背景下，中国启动了供给侧结构性改革。中国电商同样面临着转型升级的压力和动力。电子商务"十三五"规划已经从多个方面考虑了电子商务发展中遇到的问题，并提出了解决的办法：通过加大B2B建设发展支持力度，促进电子商务与制造业、商贸流通业、生活服务业互动创新，融合发展；通过加大电子商务园区建设力度和跨境电商贸易区建设，提升中国城市电子商务产业聚集水平。

《中国电子商务园区研究报告（2016）》显示，截止到2016年3月，中国电子商务园区数量达1122家，同比增长约120%[①]。中国电子商务园区已经从最初单纯的网络办公集聚地，演变成为参与力量多元化的复杂业态。电子商务园区成为各级政府"创新、创业"的基地、"互联网+"的重要抓手；成为优质企业的集中地、中小企业的催化剂和电子商务园区服务企业的"渔场"。

10.3.3 加快培育新模式

通过深化企业电子商务应用，创新网络营销新模式，以跨境电子商务加速提升电子商务市场拓展能力。在互联网市场日趋成熟的全球网络竞争环境中，电子商务通过互联网影响与改变了企业的生产、运输、营销和售后服务，改善价值链环节，获得较高的利润。北京、上海、深圳、杭州等城市实践证明，加速推进电子商务进社区、进中小城市，加快培育工业电子商务示范区和电子商务平台建设，着力培育

---

① 阿里研究院. 电商园区研究报告：全国园区突破1000家［EB/OL］（2016-04-08）［2017-07-29］. http://www.aliresearch.com/blog/article/detail/id/20892.html.

电子商务网络营销新模式，深化企业电子商务应用，加快跨境电商发展等能够有效提升城市在全球资源配置中的竞争力，提升城市电子商务市场拓展力。

10.3.4 加快发展电子商务要素市场

电子商务发展中，在云计算领域，网站如何满足大规模交易的承载能力；在交易安全领域，如何让客户可以安全快捷下单；在大数据应用领域，如何深度挖掘消费者的行为，实现精准营销；在电商物流领域，广泛采用二维码、RFID 技术等电子商务要素发展问题，都是电子商务要素市场迫切要求解决的问题。因此，要加大企业技术更新的力度，创新经营模式；降低传统产业比重，减少资源浪费；加大电子商务服务业的比重，进一步优化产业结构；提升电子商务人才培养和储备能力，引导电子商务向信息、人才、技术、资本等要素延伸成为新的服务产业，从而实现要素资源产业化，实现电子商务"创新、协调和共享"的发展。

10.3.5 加快电商企业提质升级

中国的电子商务企业二十多年的发展历程，是技术密集到资本密集发展的历史，现在已经进入到知识密集时代。大数据、云计算、虚拟现实、人工智能等为代表的新一代信息技术的快速发展与应用，即为电子商务企业发展提供支撑，也为企业的发展带来新的挑战。电子商务企业要坚定走技术创新、服务创新、品牌创立之路，加快提质升级。

电子商务作为全球经济一体化的必然产物，跨境电子商务带给企业新的发展机遇同时，跨境企业间贸易摩擦和纠纷也频频发生。中国电子商务企业要加强合作与加速整合，自觉改善电商企业"小、散"的现状，提高参与电子商务国际标准、规范和规则体系建设的话语权，提升企业国际竞争力。

电子商务企业是电子商务产业的微观组成单元，也是电子商务市场活动的直接参与者。电子商务"十三五"发展规划提出了电子商务发展的五大主要任务、十七项专项行动和六条保障措施。加快电商企业提质升级，提高电商企业人力资本投入、推进电子企业与传统产业深度融合，将会成为提高企业竞争力的关键。

10.3.6 加大电商人才资本投资，提高人力资源素质

人才是电商企业最核心的资源，是企业可持续发展的动力所在。但《杭州市2016—2017 年度跨境电商产业紧缺人才需求目录》① 显示，未来一年内，有 61% 的有效样本企业对紧缺人才的需求有明确增加。人才强，则企业强。中国电子商务企业应加大人才资本投资力度，努力培育融入企业文化和创新型的高级电子商务运营与管理人才，提高企业竞争力。建立灵活的用人制度和人才竞争机制。实行雇主品

---

① 每日商报.《中国跨境电商人才标准》和《杭州市 2016—2017 年度跨境电商产业紧缺人才需求目录》[EB/OL]
(2016-12-23)[2017-07-26]. http://tech.hexun.com/2016-12-23/187467931.html.

牌,保留核心人才,形成人才竞争优势。

10.4 典型电子商务示范城市发展模式

10.4.1 上海市

1. "三级"示范工程体系初见成效

经过几年来的建设,一个由示范城市、示范基地(园区)、示范企业组成的电子商务三级示范工程体系已经在上海市形成。

2011 年,上海成为国家首批电子商务示范城市。至 2015 年,获批唐镇、嘉定、中环、临空 4 个国家电子商务示范基地,认定 7 个市级电子商务示范园区。2015—2016 年度,获批国家电子商务示范企业 12 家,在"十三五"的开局年,认定百联电子商务有限公司等 55 家企业为 2016—2017 年度市级电子商务示范企业。

55 家市级电子商务示范企业涉及的电商类别既包括传统的网络零售、网络批发,也涉及网络服务,以及各类网络创新。网络批发中的找钢网,2016 年实现全面盈利,全年交易量超过 3500 万吨。网络服务中的饿了么,"双十一"当天单日交易额同比增长 43%,平台在线服务订餐用户量已达 1 亿。示范企业的带头引领作用日益明显。

4 个国家电商示范基地中,嘉定电子商务园区 2014 年、2015 年、2016 年的税收分别为 7.4 亿元、11.1 亿元、13 亿元,增长明显。唐镇电子商务创新港 2016 年的税收更是在 2015 年 2.3 亿元的基础上增长为 5.8 亿元,增长率达到 152%。电商园区的集聚示范效应开始显现。

2. 信息基础设施建设走在全国前列

2016 年是"上海市推进智慧城市建设行动计划(2014—2016)"的最后一年,上海市全面深化信息化与经济社会各领域深度融合,主要围绕民生诉求"补短板",加强智慧社区、智慧商圈、智慧村庄、智慧园区和智慧新城的建设,着力提升信息基础设施功能,加强宽带接入、无线覆盖建设,光纤到户的整体水平。2016 年 9 月 19 日,上海印发《上海市推进智慧城市建设"十三五"规划》,提出到 2020 年,上海信息化整体水平继续保持国内领先,部分领域达到国际先进水平,以便捷化的智慧生活、高端化的智慧经济、精细化的智慧治理、协同化的智慧政务为重点,以新一代信息基础设施、信息资源开发利用、信息技术产业、网络安全保障为支撑的智慧城市体系框架进一步完善,初步建成以泛在化、融合化、智敏化为特征的智慧城市。

截至 2016 年底,上海市全市光纤到户覆盖总量达 941 万户,比上年末增加 31 万户,实际使用用户数达到 515.74 万户,比上年末增加 54.62 万户。固定宽带用户平均可用下载速率达 14.03Mb/s,比上年末提高 2.72Mb/s。全市 3G/4G 网络基本实现全市域覆盖,用户普及率超过 98%,用户总数达到 2390.09 万户,比上年末增加

178.82 万户。5G 相比 4G 在网络质量和速度方面均有大幅提高，2018 年上海将在国内率先开展 5G 试点。城市公共区域 WLAN 接入热点累计达 13.72 万个。i-Shanghai 公共场所服务场点累计开通 1400 余处，比上年末增加近 600 处。互联网宽带接入用户 804.12 万户，比上年末增加 119.30 万户。互联网省际出口带宽 8.59T，比上年末增加 2.99T，互联网国际出口带宽 1.08T，比上年末增加 0.16T。互联网上网人数达到 1773 万人，互联网上网人数普及率为 73.1%。

2016 年，上海从供给侧和需求侧两端同时发力，以扩大服务消费为重点带动消费升级，发展新兴消费热点，建设了一批具有国内外影响力的特色商业街区。同时，继续推进电子商务示范园区与示范企业创建，加快建设智慧商圈，认定和培育一批商务大数据龙头企业、流通领域技术先进型企业、物联网和供应链技术应用示范企业，培育一批千亿级面向国际的大宗商品交易平台。

3. 信用体系建设快速推进

电子商务信用风险的广泛存在给电子商务的健康发展造成巨大危害，已逐渐成为制约电子商务发展的最大瓶颈，构建电子商务环境下的信用机制迫在眉睫。

2016 年，上海市新一轮社会信用体系建设快速推进。按照市社会信用体系建设联席会议统一领导、公共信用信息向市信用平台统一归集、查询服务窗口统一建立的"三统一"工作导向，基本形成以信用信息记录、共享、披露、应用为基础，以信用管理为支撑的社会信用体系运行框架。联席会议成员单位拓展至 66 家，社会主体信用体系建设参与度显著提升，12 项重点领域信用体系建设任务全面完成，有力支撑了全市改革创新工作及城市综合竞争力提升。

自贸试验区改革形成了基于"三清单"（公共信用信息数据清单、行为清单、应用清单）、覆盖"三阶段"（事前告知承诺、事中评估分类、事后联动奖惩）的全过程信用管理模式。信用制度安排纳入《中国（上海）自由贸易试验区条例》，开通信用信息综合查询服务窗口，试点行政审批告知承诺信用监管，促进政府职能转变，营造法治化、国际化、便利化营商环境，成为全国可复制推广的改革经验。

上海市信用平台按照"一个平台、系统对接、信息共享、应用拓展"的总体架构建成运行，97 家单位确认向市信用平台提供 5198 项信息事项，其中，涉及法人信息事项 4072 项，涉及自然人信息事项 1126 项。平台可查询数据 3.14 亿条，法人数据 1064.03 万条，自然人数据 3.04 亿条。归集行政、司法、公用事业、群团组织等 99 家单位产生的相关信息 3444 项，可供查询法人数据 1043 万条、自然人数据近 3 亿条，基本实现本市法人和自然人主体全覆盖。

至 2016 年末，上海市市信用平台已建 21 个子平台（16 个区以及市商务委、市住建委、市司法局、市社团局、市酒类专卖局等 5 家市级委办局），在建子平台 1 个（市卫计委）。除市信用平台服务大厅外，已设立 13 家服务窗口（10 个区、自贸试验区和司法局服务窗口、上海图书馆），在建服务窗口 1 个（宝山区）。

依托上海诚信网、市信用平台 APP、市民信箱、法人一证通等，实现信用报告在线查询功能，远郊区县依托行政事务服务中心设立服务窗口，初步构建线上线下综合查询渠道。至 2016 年末,上海市信用平台累计对外提供查询 2223.84 万次。其中,法人信用信息被查询 713.38 万次;自然人信用信息被查询 1510.46 万次。

"十二五"期间,上海市信用服务行业呈现创新发展态势,成为国内信用服务机构集聚度最高的地区之一。全市信用服务机构超过 100 家,业务范围覆盖各传统领域和新兴领域;共出具企业信用报告约 430 万份,涉及应收账款管理金额 46 亿元、主体评级对象贷款余额 4.1 万亿元、债券市场融资规模 7700 亿元。同时,依托大数据和"互联网+"发展战略,"互联网+征信"模式发展迅速,信用服务产业创新联盟揭牌成立,共同推进信用大数据、行业信用风险评测、互联网金融和信用消费等领域的创新应用,新兴信用服务市场快速增长,为行业发展注入新活力。

4. 电商统计形成可复制推广的经验

上海市电子商务统计起步较早,《2002 年上海市国民经济和社会发展统计公报》中即首次出现了"电子商务交易额"相关内容。在此基础上,2006 年,上海市统计局制定了"上海市电子商务统计制度"。其后,历经五年探索,最终形成了新版《上海电子商务统计报表制度》。2012 年 5 月,该制度正式由行业统计转为部门统计,与之配套的电子商务统计体系建设相关工作由上海市商务委员会牵头,并负责在全市范围内具体实施。

2012 年至今,上海市对在上海设立的年电子商务交易额 500 万元以上的各类电子商务服务企业、电子商务应用企业等,逐步形成了属性指标与交易指标相结合,月报与季报相结合,企业直报与技术手段"抓取"相结合的,包含企业间电子商务交易、消费者网络零售交易以及跨境电子商务交易等多个维度在内的统计监测体系,相较于全国其他省区市同行业,该体系维度较为多元,内容更为丰富。2016 年,针对上海电子商务企业提供专业性、支撑性服务的经济主体也将被纳入为统计监测对象,该体系对上海市电子商务行业发展趋势及特点的反应能力与准确程度得到进一步提升。

2014 年,在电子商务统计监测体系建设的经验基础上,上海市商务委员会市场体系建设处牵头编制了上海市《第三方交易平台统计调查制度》,针对市商务委认定的、基于互联网和云计算等现代信息技术、促成双方或多方供求之间交易的平台型经济主体建立了专门的统计监测体系。该体系框架内的统计指标已包含平台基本情况、总体交易情况、分商品(服务)类别交易情况、分地区交易情况等数个维度,在国内具有首创性和独创性。

自 2012 年以来,上海市电子商务与第三方交易平台两套统计监测制度的具体执行,一直由上海市电子商务促进中心负责实施。在上海市商务委员会、上海市统计局的指导下,上海市电子商务促进中心按照《上海电子商务统计报表制度》《第三方交易平台统计调查制度》的相关要求,实时维护全市电子商务 & 平台经济统计网上直报系统(ect. tpsha. gov. cn),于报告期内及时向有关部门报送汇总所得数据,并根据全市电商工作相关要求,对期内行业发展变化情况进行研究与分析,逐步研发、编制了《上海市电子商务发展报告》《上海电子商务简报》《图说上海电商与平台》折页等一系列对内、对外发布的研究成果及数据产品，受到了相关政府部门的一致好评。2016 年，该中心在上海市商务委员会与上海市统计局的支持与指导下，依托即有的全市电子商务、平台经济统计监测体系，开发了重点针对上海的"平台经济景气指数"，意在综合评价平台经济发展的因素基础上，对未来（短期内）上海平台经济的发展趋势进行预判，进而发挥景气指数前瞻性特点，增强统计结果对促进本市平台发展的借鉴与指导意义。该成果预计将于 2017—2018 年正式向全社会公布，目前已引起了业界与学术界广泛的兴趣。

经过数年来的不断探索与改进，上海市的电子商务及平台经济统计监测工作不仅及时、准确、全面地反映了本市电子商务的发展和应用情况，而且通过系统的统计调查和分析，形成了相对成熟的电商检测体系，成为及时反映本市电商发展情况的晴雨表，为政府部门的宏观管理和决策提供了可靠的依据，同时也形成了可复制、可推广的宝贵经验。

10.4.2　杭州市

2016 年，杭州市实现网络零售额 3445. 65 亿元，增长 28. 6%，居民网络消费额 1499. 98 亿元，增长 34. 0%[①]。电子商务增加值达 1026. 73 亿元，比上年增长 45. 2%。电子商务逐渐成为成为杭州新的支柱产业。

1. 电商产业聚焦效应明显

在产业集聚、改革试点、生态协同等综合作用下，杭州发展电子商务的影响力和吸引力与日俱增。截至 2016 年 10 月，已有 347 家跨境电商企业落户杭州。过去十余年间，在杭州已经诞生了全球最大的电子商务交易平台、电子支付服务平台和全球领先的云计算平台。未来，杭州有希望成为连接全球、服务全球的电商服务枢纽。

2. 跨境电商创新突破，产业互动加强

2016 年，杭州市实现跨境电商进出口总额 81. 12 亿美元，增长 134. 2%。其中，出口 60. 60 亿美元，进口 20. 52 亿美元，分别增长 166. 7% 和 72. 3%[②]。杭州市跨境网络零售出口额达 58. 24 亿元，占全省的 18. 24%，位居全省第二，其中活跃出口网店数有 9902 家，占全省的 15. 38%[③]。此外，还涌现出了全国最大的跨境电商平台——阿里巴巴速卖通，和以杭州全麦、杭州子不语、浙江执御等为代表的跨境电商领军企业。跨境电商综试区已集聚了阿里巴巴、聚贸等一大批跨境电商产业链龙

---

① 杭州统计信息网. 2016 年杭州市国民经济和社会发展统计公报［EB/OL］(2017-03-10)［2017-07-26］. http://www.hzstats.gov.cn/web/show_ news.aspx? newsid = 1WbqvB2IdLg = &id = aGQ2vC4UrQiwgvQlzZi3/A = = &text = Mg3b/PM9gIXg6aGNA1tUyA = =.

② 杭州统计信息网. 2016 年杭州市国民经济和社会发展统计公报［EB/OL］(2017-03-10)［2017-07-26］. http://www.hzstats.gov.cn/web/show_ news.aspx? newsid = 1WbqvB2IdLg = &id = aGQ2vC4UrQiwgvQlzZi3/A = = &text = Mg3b/PM9gIXg6aGNA1tUyA = =.

③ 浙江省商务厅政务网. 浙江省 2016 年度网络零售统计数据［EB/OL］(2017-01-13)［2017-07-26］. http://www.zcom.gov.cn/art/2017/1/13/art_3881_245661.html.

头企业。杭州跨境电商发展呈现集聚化趋势。杭州市产业集群发展电商优势巨大。目前，余杭区等 25 个县（市、区）已根据当地产业特色，与速卖通、亚马逊等平台合作推进跨境电商业务，发动产业集群企业开展跨境电商零售，使更多的浙江企业通过跨境电商来拓展销售渠道。此外，杭州点库电子商务、物产电商等企业纷纷在海外仓领域开疆拓土，在美、澳、德等国设立据点，将零散的国际间运输转化为大宗运输，降低企业的物流成本。同时，浙江省商务厅联合杭州海关等七部门联合印发《浙江省跨境电商管理暂行办法》，积极探索适应跨境电商发展的新型监管服务体系。

3. 电商园区、基地建设蓬勃发展

随着中国（杭州）跨境电商综合试验区的成立，杭州临安市成立了杭州综试区临安园区，努力建设杭州城西跨境电商 B2B 样板园区。一期园区入驻率 100%，共计入驻企业 74 家，其中平台和第三方服务企业 10 家，经营性跨境电商企业 64 家，其中 B2B 企业 52 家，整个园区 B2B 特色鲜明，跨境企业、服务平台和地方产业共赢发展。数据显示，过去的一年，跨境电商园企业实现出口交易额占全市跨境电商出口额的 70.9%，园区集聚效应凸显①。

2016 年，杭州有 64 家产业基地入选 2016 年浙江省电子商务产业基地，包括东方电子商务产业园、建华电子商务产业园等，是全省产业基地数量最多的城市，占全省的 21.26%②。颐高创业园电子商务创新创新基地、海陆世贸电子商务产业园入选全省电子商务创业创新基地，淳安县磊鑫电子商务创业园入选浙江省电子商务创业创新园区③。杭州东方电子商务园、杭州北部软件园入选全国第二批国家电子商务示范基地④。

4. 电商模式创新发展显著

近年来，杭州持续性、系统性地尝试电子商务服务创新，走在全国城市前列。2008 年，杭州市获授予"中国电子商务之都"称号。2011 年，杭州市成为全国首批电子商务示范城市。2014 年，杭州成为首批跨境贸易电子商务试点城市，全国第一个跨境电子商务园区开园。2015 年，杭州市获得国务院批准设立中国（杭州）跨境电子商务综合试验区。杭州的云计算与大数据产业已经创造了百亿元的经济价值，阿里云、网易云、UPYUN、亿方云等云计算厂商崛起。2016 年上半年，杭州云计算与大数据产业增加值同比增长就高达 35.4%，增加值 419.84 亿元，占杭州市 GDP 的 8.4%。

① 中国电子商务研究中心. 杭州跨境电商综试区临安园区：创建跨境电商 B2B 样板园区［EB/OL］（2017-05-17）［2017-07-31］. http://www.hzssww.gov.cn/index.php?m=content&c=index&a=show&catid=45&id=4902.

② 浙江省商务厅政务网. 我厅公布《浙江省 2016 年度电子商务产业基地名录》［EB/OL］（2017-03-20）［2017-07-31］. http://www.zcom.gov.cn/art/2017/3/20/art_1281_255588.html.

③ 浙江省商务厅电子商务处. 关于全省电子商务创业创新基地和园区评审结果的公示［EB/OL］（2016-10-08）［2017-07-31］. http://www.zcom.gov.cn/art/2016/10/8/art_871_234335.html.

④ 浙江省商务厅政务网. 我省 5 家电商园区入围第二批国家电子商务示范基地［EB/OL］（2016-03-16）［2017-07-31］. http://www.zcom.gov.cn/art/2016/3/16/art_1281_210055.html.

5. 探索电商标准化先行先试

经过十余年快速发展，杭州市形成了相对完善的电子商务服务体系，几乎覆盖了电子商务产业所有领域。

2016 年，国家质检总局电子商务产品质量风险监测中心和国家质检总局电子商务产品质量 12365 投诉举报处置指挥中心建设有序推进，标准共享网（杭州）发起成立，全国电子商务产品质量信息共享联盟和全国电子商务产品打假维权协作网逐步落户杭州。随着标技委落地浙江，风险监测、网上抽查、源头追溯、属地查处、信用管理等方面的电商产品质量监管新机制将更好助推浙江电商产业发展①。

10.4.3 郑州市

目前，郑州市拥有国家级电子商务示范基地 2 个、国家级示范企业 3 家、省级示范基地 9 个、省级示范企业 32 家。2015 年 10 月中国电子商务协会和全球知名研究机构尼尔森联合发布了"中国电子商务行业发展指数"，显示郑州电商发展指数居全国第 11 位。腾讯发布的《"互联网+"蓝皮书》显示，郑州"互联网+"指数居全国第 6 位。

1. 跨境电商服务与质量双管齐下

郑州市处于不临海、不邻边界的内陆地区，在跨境电子商务方面，从公—铁—海—空多式联运逐步发展成为服务全国、面向欧亚的洲际多式联运物流平台、信息化平台和连通境内外、辐射东中西的物流通道枢纽。2016 年，郑州成为新设一批跨境电子商务综合试验区之一，这是继 2012 年郑州市成为全国首批跨境贸易电子商务服务试点城市后，在跨境电子商务方面取得的又一重大突破。

截至 2015 年 11 月 12 日，郑州试点已完成海关备案企业 811 家，其中，阿里巴巴、京东等 115 家企业实现落地转化，聚美优品、天猫、敦煌网、唯品会、网易、小红书等数十家知名企业已开展业务②。2015 年，郑州 E 贸易试点业务量 5109.15 万单。2016 年业务量已突破 8000 万单，其中进口 5352.22 万单，同比增长 18.89%；出口 2938.08 万单，同比增长 488.07%。征收关税 6.32 亿元，同比增长 440.17%；征收地税 1.63 亿元，同比增长 66.33%。此外，新引进企业 199 家，目前已吸引电商、网商、物流、仓储、报关、第三方支付等 1101 家企业集聚郑州，搭建了跨境电子商务较为完善的产业链和生态链③。

2016 年，郑州跨境电商进出口单量达到 8290.3 万单，交易额 64 亿元，同比增长超过 65%，在全国试点城市和跨境综试区中继续保持领先地位。跨境电子商务产

---

① 浙江省质量技术监督局. 全国电子商务质量管理标准化技术委员会在杭成立 ［EB/OL］（2016-04-12）
　　［2017-07-31］. http://www.zjbts.gov.cn/HTML/hzsj/201701/cfe1ac43-a0ca-44d0-b64b-85a24a1ad7ff.html.
② 大河网. 郑州电子商务发展进入全国第一方阵 ［EB/OL］（2015-11-26）
　　［2017-07-31］. http://news.dahe.cn/2015/11-26/106058693.html.
③ 河南省人民政府办公厅. 郑州 E 贸易试点成绩抢眼　去年跨境电商进出口单量 8290.3 万单交易额 64 亿元
　　［EB/OL］（2017-01-10）［2017-08-01］. http://www.henan.gov.cn/jrhn/system/2017/01/10/010699708.shtml.

业正逐步形成汇聚信息流、资金流、物流，颠覆传统商业模式，实现郑州市传统贸易转型发展的战略制高点。

2. 创新电商监管模式，提高通关效率

自2012年8月11日郑州跨境贸易电子商务服务试点（E贸易试点）方案获批以来，郑州已创造了跨境电商领域的"郑州模式"：全国首创1210通关监管模式并推广全国；成功创新的"关检三个一""查验双随机""跨境秒通关"成为行业模板；优化完善央企、地方国企与民营资本有机结合的PPP运营机制，成为全国PPP运营机制的样板。

郑州跨境电商独创的"B2B2C"模式是跨境电子商务创新监管的新模式，即在交易"B2C"的基础上，通过引进中间的综合监管平台"B"，解决了政府管理和市场便利化的双重难题，实现了对跨境电子商务的全链条服务。郑州E贸易试点将借助河南自贸区、跨境综试区、郑州经开综保区等综合政策优势，搭建"九行物流O2O.com"交易平台，创新配置资源体系解决跨境电商物流服务短板，大大压缩了货物通关时间。

此外，在示范单位的审核监管方面，郑州市对电子商务示范单位实行动态管理机制，对已设立的电子商务示范单位每两年复审1次。对于企业在申报过程中弄虚作假、出现违法违规经营或有欺诈行为的，一经发现，取消其示范称号，3年内不再接受其申报。在财政资金扶持方面，郑州市将充分发挥1亿元电子商务发展专项资金效用，加大对电子商务示范单位、电子商务建设先进县（市）资金扶持。

3. 积极打造政企交流培训平台

郑州电子商务大讲堂是市政府推动电商发展的一项重要举措，是常态化、长效化的"慧"企工程。主要目的是解析电子商务政策走向、探讨行业发展、分享经验体会、点燃创业激情。自2015年首次举办以来，电子商务大讲堂每期从跨境电商、农村电商、传统企业应用电商、平台企业发展、电商园区运营等角度选出一个主题，采取实地观摩、举办沙龙、案例教学、互动交流等灵活多样的形式进行，逐步使电子商务大讲堂形成规模，办出品牌。目前，郑州电子商务大讲堂已经成为郑州市电子商务企业学习交流的重要平台。

郑州电子商务沙龙作为电子商务大讲堂的重要组成部分，沙龙集聚郑州电子商务专家委员会专家于一堂，为企业把脉问诊、献智献策、解决难题，是郑州市电子商务企业学习交流的重要平台。

此外，郑州市商务局积极举办《网络安全法》法治讲座，立法过程、主要内容和党政机关网站的特殊规定等四个方面的内容，结合案例进行了详细的讲解和分析。通过培训，大家对网络主权、个人信息保护、网络实名制、对网络产品、服务安全的强制性要求、关键信息基础设施重点保护制度等有了清晰的认知，从宏观和微观层面树立了网络安全意识。

4. 行业平台企业引领发展

2015年以来，中华粮网、世界工厂网等一批行业性平台企业交易额高速增长，业务营收同比增长超百倍，引领郑州市电商行业发展，全国具有一定影响力。中华粮网日发布价格、供求信息等 1000 余条，日浏览量超 140 万次，年成交粮食 670 万吨，成交金额超过 160 亿元，成为全国粮食行业最大的网上交易平台；世界工厂网开通阿拉伯语、西班牙语等 20 多个语种网站，收录企业信息约 3000 万条，日浏览量超 350 万次，年交易额达 500 多亿元，在全国 B2B 平台中排名第四，制造业排名第一；企汇网在全国百强互联网企业排名第 60 位，集聚行业会员 50 万家，搜索推广业务增幅连续四年居全国首位，对服务中小企业发挥了重要作用。中钢网、绿兴农业、去吧看看等一批电商企业业务模式新颖，发展潜力巨大，已新三板挂牌上市，成为郑州市电商发展的一大特色。

5. 本地电商产业特色发展明显

目前郑州市已建成各类电商园区十余个，是电子商务的核心发展区和重要承载地，呈现各具特色、分类发展的局面。河南省电子商务产业园是郑州市电子商务服务企业、网络及关联骨干企业重要集聚区，甲骨文、百度、企汇网、云和数据等 70 余家行业龙头相继入驻并正式运营。河南省网商园是郑州市中小网商的重要集聚区，被列为河南省商务厅重点扶持园区。中国京莎鞋业电商园作为全国首家以鞋业为主题的电子商务产业园，与京东集团、亿邦动力网、36 氪签订了战略合作协议，已入驻电商企业 32 家，覆盖电商培训、境外交易、社区 O2O、移动电商运营、鞋业电商等多种业态。惠济区河南文化艺术网商园、中原区纺织服装电子商务产业园、新郑华南城电子商务产业园、新密同赢企业总部港等园区依据各区域产业特色加快发展。

10.4.4 西安市

西安市获批第二批电子商务示范城市以来，加强完善电子商务政策法规环境，健全电子商务支撑体系，加强电子商务基础设施和交易保障设施建设，完善电子商务创新体系等。2015 年，西安市电商超过 15 万户，交易总额达 2100 亿元，比 2014 年的 1200 亿元增长 75%，2016 年通过公共网络实现的商品零售额绝对量达 155.50 亿元，占限额以上消费品零售额的 6.3%，电子商务成为全市经济社会发展新的引擎[1][2]。

1. 农村电商蓬勃发展

2015 年以来，西安市政府印发《关于加快推进农村电子商务发展若干政策意见》，农村电商工作出现了新的高潮。农产品电子商务企业通过改善农产品标准化程度较低的问题，加强品牌意识和商标意识，提高规模速度和销售量，大力发展农村电商。西安市猕猴桃、葡萄、樱桃等季节性特色产品的网络销售收到显著的成效，以服务农副产品上行为主的电子商务企业和电子商务项目不断涌现，苹果、冬枣、

---

① 陕西省统计局. 2016 年西安市国民经济和社会发展统计公报 ［EB/OL］（2017-05-24）［2017-08-01］. http://www.shaanxitj.gov.cn/site/1/html/126/132/142/15984.htm.

② 三秦都市报. 2015 年西安电商超过 15 万户 ［EB/OL］（2016-01-17）［2017-08-01］. http://epaper.sanqin.com/sqdsb/20160117/html/page_07_content_003.htm.

石榴、猕猴桃、葡萄、柿饼等农产品成为线上同类产品第一品牌。

从 2015 年开始，西安市农村电商有了较快的发展，网销的数量、规模在急剧增加。周至县 2015 年电商的企业数量是 100 多个，2016 年企业数量增加了 10 倍。农产品价格也有所提升了，比原来增加 50%~60%[1]。截至 2016 年 12 月，西安市各涉农区县电子商务企业约 1500 家，个体网商、微商约 5000 个，电子商务相关就业人数超过 80 000 人，2016 年预计线上交易突破 10 亿元[2]。与此同时，在农村电商发展过程中，包括回乡创业在内的一批年轻创业者加入到电商帮困扶贫的队伍，为农村电商注入了新的发展活力，也形成了不同业态的电商经营市场主体。

2. 网络购物持续增长

2016 年，西安市网上购物继续高速增长，网络团购出现爆发式增长，对实体经济产生冲击。据统计，2016 年，全市线上单位网上商品零售额达到 155.50 亿元，增长 65.9%，高于线上消费品零售增速 61.4 个百分点，占限上消费品零售比重 6.3%，比上年提高 2.3 个百分点。网上商品零售对线上消费贡献达到 50.4%，拉动线上消费品零售额增长 3.8 个百分点。[3]

3. 积极推进电商扶贫

2016 年，西安市利用电子商务开展精准帮困、扶贫工作进入了一个新的发展阶段。通过扶持政策向贫困地区倾斜、开展"电商走进贫困县"资源对接活动和强化宣传营造电商扶贫良好氛围等举措，带动了社会力量积极参与电商扶贫，促进了农村产品销售、产业发展和农民增收，使大批贫困和残疾人员应用电商创业致富。

电商扶贫工程实施方案设置的重点项目包括：电子商务进农村综合示范项目、贫困县产品网上推广项目、贫困县网货品牌建设项目、大型电商平台引进项目、贫困县电子商务孵化器建设项目、电子商务龙头企业培育项目、物流体系建设项目和电商人才培育项目。西安市将积极引导电商企业参与扶贫，以创业扶贫、用工扶贫、零售批发扶贫等方式，针对贫困家庭开展精准扶贫，改善农村电商条件，促进贫困地区电商应用，提升当地产业化发展水平。

4. 大力开展培训活动

2016 年以来，西安市共举办电商培训 100 余期，提高认识、激发创业热情，共培养电商支撑人才和基层推动干部等各类人才 3 万余人，已有 2000 余人通过电商培训走上了创业之路。

西安市电商协会通过引进专业电商运营团队，形成了电商培训讲师 2 人、淘宝大学讲师 2 人、外贸培训讲师 1 人、电商运营人员 20 余人的专业队伍，短短 3 个月

---

① 陕西日报. 陕西电子商务切入快车道 ［EB/OL］(2017-08-02)［2017-08-01］.
   http://esb.sxdaily.com.cn/sxrb/20170802/html/page_15_content_000.htm.
② 西安新闻网. 西安为 2016 年度电子商务示范企业、乡镇、村授牌 ［EB/OL］(2016-12-22)［2017-08-01］.
   http://news.xiancn.com/content/2016-12/22/content_3179296.htm.
③ 西安市商务局. 2016 年西安市四季度消费市场分析 ［EB/OL］(2017-03-03)［2017-08-02］.
   http://www.xaonline.gov.cn/ptl/def/def/index_1522_8528_ci_trid_2396403.html.

时间，销售杏、桃子、红啤梨、青苹果、李子等本地优势生鲜水果上百万元，极大地解决了农产品卖难的问题，帮助农民增产增收。

5. 示范单位引领发展

西安高新区、西安国际港务区被商务部认定为电子商务示范基地，蓝田县、周至县被评为电子商务进农村示范县，西安市周至县马召镇、西安市高陵区通远镇被评为农产品示范乡（镇），西安承信网络信息技术有限公司、西安米优农业专业合作社等10家企业被评为农产品电子商务示范企业（合作社、园区），陕西捷邦软件技术开发有限责任公司、陕西苹果电子交易市场有限公司等企业被评为省级电子商务示范企业。这些示范单位充分发挥示范引领作用，有力带动了全市、全省电子商务的创新发展。

| 第 11 章 |

2016 年全球电子商务发展概况

11.1 全球电子商务发展的基本情况

2016 年，全球电子商务已经走过了 21 年的发展历程。自 1995 年 Amazon 和 eBay 的网站相继上线、开创电子商务时代以来，沃尔玛、家乐福等传统零售企业也开始加速实体店与电子商务的融合发展。加之以阿里巴巴为代表的中国电子商务企业进一步崛起并成为世界知名的电子商务领军企业，电子商务日益成为经济发展的新动能，并在以中国为代表的新兴经济体中呈现出与众不同的发展特征。

11.1.1 全球上网人数和网站数目

1. 全球网民规模

根据 Internet World Stats 的统计数据，截至 2017 年 3 月 31 日，全球共有网民 3 739 698 500 人，互联网普及率提高到 49.7%，较 2000 年增长了 936.0%（参见表 11-1）[①]。

表 11-1　全球互联网用户及地区分布统计

地区	2017 年预计人口总数（人）	该地区人口占世界总人口比例（%）	截至 2017 年 3 月 31 日的互联网用户数（人）	互联网普及率（%）	2000—2017 年增长比率（%）
非洲	1 246 504 865	16.60%	353 121 578	28.30%	7 722.10%
亚洲	4 148 177 672	55.20%	1 874 136 654	45.20%	1 539.60%
欧洲	822 710 362	10.90%	636 971 824	77.40%	506.10%
拉丁美洲/加勒比地区	647 604 645	8.60%	385 919 382	59.60%	2 035.80%

---

① Internet World Stats. Internet Usage Statistics [EB/OL] (2017-03-31) [2017-07-20]. http://www.internetworldstats.com/stats.htm.

续　表

地区	2017 年预计人口总数（人）	该地区人口占世界总人口比例（%）	截至 2017 年 3 月 31 日的互联网用户数（人）	互联网普及率（%）	2000—2017 年增长比率（%）
中东	250 327 574	3.30%	141 931 765	56.70%	4 220.90%
北美	363 224 006	4.80%	320 068 243	88.10%	196.10%
大洋洲	40 479 846	0.50%	27 549 054	68.10%	261.50%
总计	7 519 028 970	100.00%	3 739 698 500	49.70%	936.00%

从全球互联网用户分布状况来看，亚洲以 41.48 亿人位居全球第一，50.10%的占比意味着亚洲的互联网用户历史上第一次超过了全球其余地区全部用户的总和（参见图 11-1）[1]。

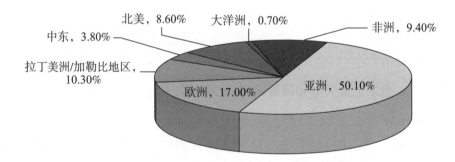

图 11-1　各地区互联网用户数占全球用户比例

在互联网用户的上网途径选择偏好上，移动互联网以便捷快速的优势得到了更多用户的青睐，较 2015 年有明显提升。根据国际电信联盟（International Telecommunication Union，ITU）发布的最新年度互联网调查报告，2016 年全球移动宽带用户比例已达到 49.4%，是固定宽带用户比例 11.9%的 4.15 倍（参见图 11-2、图 11-3）[2]。

---

[1] Internet World Stats. Internet Usage Statistics［EB/OL］（2017-03-31）［2017-07-20］. http://www.internetworldstats.com/stats.htm.

[2] International Telecommunication Union. ICT Facts and Figures 2017［EB/OL］（2016-12-31）［2017-07-20］. http://www.itu.int/en/ITU-D/Statistics/Pages/facts/default.aspx.

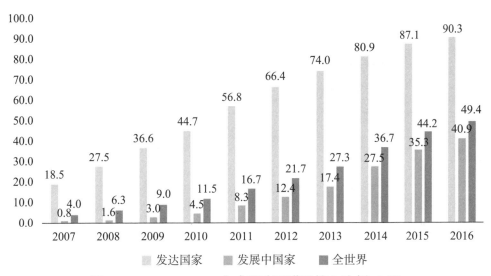

图 11-2　2007—2016 全球移动互联网接入比例（%）

数据来源：International Telecommunication Union. ICT Facts and Figures 2017.

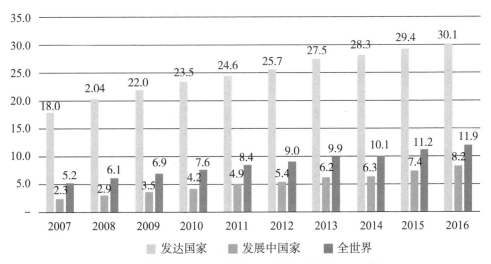

图 11-3　2007—2016 全球固定宽带互联网接入比例（%）

数据来源：International Telecommunication Union. ICT Facts and Figures 2017.

就互联网的普及率而言，发达国家仍然占有绝对优势，但发展中国家的互联网用户人数增长迅速。截至 2017 年 3 月 31 日，中国以 7.31 亿互联网用户独居全球榜首，印度以 4.62 亿用户紧随其后，其 2000—2017 的用户数增长率亦位居全球前列（参见表 11-2）[1]。同时，巴西和印度尼西亚的互联网用户人数已超过日本，尼日利亚用户数超过德国，墨西哥和孟加拉国用户数超过英国。在全球互联网用户数前十

① International Telecommunication Union. ICT Facts and Figures 2017［EB/OL］（2016-12-31）［2017-07-20］. http://www.itu.int/en/ITU-D/Statistics/Pages/facts/default.aspx.

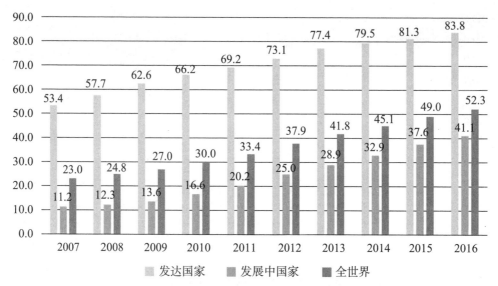

图 11-4　2007—2016 全球拥有互联网端口的家庭比例（%）

数据来源：International Telecommunication Union. ICT Facts and Figures 2017.

名的国家中，发展中国家占据 6 席，成为 2016—2017 全球互联网增长的重要动力来源。

表 11-2　2017 年 3 月底全球互联网用户数排名前 20 的国家

	国家	2017 预计人口（人）	截至 2017 年 3 月 31 日互联网用户数（人）	互联网普及率（%）	2000—2017 年增幅（%）
1	中国	1 388 232 693	731 434 547	52. 70%	3 150. 80%
2	印度	1 342 512 706	462 124 989	34. 40%	9 142. 50%
3	美国	326 474 013	286 942 362	87. 90%	200. 90%
4	巴西	211 243 220	139 111 185	65. 90%	2 682. 20%
5	印度尼西亚	263 510 146	132 700 000	50. 40%	6 535. 00%
6	日本	126 045 211	118 453 595	94. 00%	151. 60%
7	俄国	143 375 006	104 553 691	72. 90%	3 272. 70%
8	尼日利亚	191 835 936	93 591 174	48. 80%	46 695. 60%
9	德国	80 636 124	71 727 551	89. 00%	198. 90%
10	墨西哥	130 222 815	69 915 219	53. 70%	2 477. 60%
11	孟加拉国	164 827 718	66 965 000	40. 60%	66 865. 00%
12	英国	65 511 098	60 273 385	92. 00%	291. 40%
13	伊朗	80 945 718	56 700 000	70. 00%	22 580. 00%
14	法国	64 938 716	56 367 330	86. 80%	563. 10%
15	菲律宾	103 796 832	54 000 000	52. 00%	2 600. 00%

续 表

	国家	2017 预计 人口（人）	截至 2017 年 3 月 31 日 互联网用户数（人）	互联网 普及率（%）	2000—2017 年 增幅（%）
16	意大利	59 797 978	51 836 798	86.70%	292.70%
17	越南	95 414 640	49 741 762	52.10%	24 770.90%
18	土耳其	80 417 526	46 196 720	57.40%	2 209.80%
19	韩国	50 704 971	45 314 248	89.40%	138.00%
20	泰国	68 297 547	41 000 000	60.00%	1 682.60%

2. 全球网站数目

根据 Netcraft 统计数据，2016 年 12 月共有 1 739 031 487 个网站和 6 169 471 台联网主机电脑作出了联网响应，在线网站数量相比 11 月增加了 3.02 亿个（参见图 11-5）①。

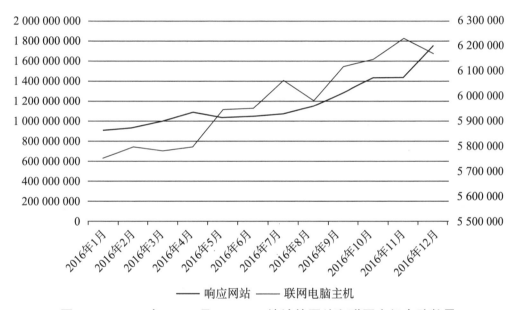

图 11-5 2016 年 1-12 月 Netcraft 统计的网站和联网主机电脑数量

11.1.2 全球各地区互联网覆盖情况

1. 非洲

截至 2017 年 3 月 31 日，非洲总上网用户数达到 353 121 578 人，互联网覆盖率为 28.3%，尽管用户人数和网络覆盖率绝对数值不高，但较 2000 年已经实现了 77

① Netcraft. Netcraft Hosting Provider Performance Monitoring［EB/OL］(2016-12-31)［2017-07-20］.
http://uptime.netcraft.com/perf/reports/Hosters.

倍多的增长，取得了长足的进步（参见表11-3）①。

表11-3 2017年3月底非洲互联网使用情况

国家/地区	总人口	截至2000年12月31日的互联网用户数（人）	截至2017年3月31日的互联网用户数（人）	互联网覆盖率（%）	2000—2017年增长率（%）
阿尔及利亚	41 063 753	50 000	18 580 000	45.20%	37 060.00%
安哥拉	26 655 513	30 000	5 951 453	22.30%	19 738.20%
贝宁	11 458 611	15 000	1 232 940	10.80%	8 119.60%
博茨瓦纳	2 343 981	15 000	690 000	29.40%	4 500.00%
布基纳法索	19 173 322	10 000	2 156 498	11.20%	21 465.00%
布隆迪	11 936 481	3 000	526 372	4.40%	17 445.70%
佛得角	533 468	8 000	235 183	44.10%	2 839.80%
喀麦隆	24 513 689	20 000	4 909 178	20.00%	24 445.90%
中非共和国	5 098 826	1 500	246 432	4.80%	16 328.80%
乍得	14 965 482	1 000	387 063	2.60%	38 606.30%
科摩罗	825 920	1 500	60 000	7.30%	3 900.00%
刚果	4 866 243	500	400 000	8.20%	79 900.00%
刚果民主共和国	82 242 685	500	3 101 210	3.80%	620 142.00%
科特迪瓦	23 815 886	40 000	5 230 000	22.00%	12 975.00%
吉布提	911 382	1 400	150 000	16.50%	10 614.30%
埃及	95 215 102	450 000	34 800 000	36.50%	7 633.30%
赤道几内亚	894 464	500	181 657	20.30%	36 231.40%
厄立特里亚	5 481 906	5 000	71 000	1.30%	1 320.00%
埃塞俄比亚	104 344 901	10 000	11 538 000	11.10%	115 280.00%
加蓬	1 801 232	15 000	670 197	37.20%	4 368.00%
冈比亚	2 120 418	4 000	373 865	17.60%	9 246.60%
加纳	28 656 723	30 000	7 958 675	27.80%	26 428.90%
几内亚	13 290 659	8 000	950 000	7.10%	11 775.00%
几内亚比绍	1 932 871	1 500	84 000	4.30%	5 500.00%
肯尼亚	48 466 928	200 000	39 664 377	81.80%	19 732.20%
莱索托	2 185 159	4 000	444 376	20.30%	11 009.40%

---

① Internet World Stats. Internet Usage Africa Stats［EB/OL］（2017-03-31）［2017-07-20］. http://www.internetworldstats.com/stats1.htm.

续 表

国家/地区	总人口	截至 2000 年 12 月 31 日的互联网用户数（人）	截至 2017 年 3 月 31 日的互联网用户数（人）	互联网覆盖率（％）	2000—2017 年增长率（％）
利比里亚	4 730 437	500	395 063	8.40%	78 912.60%
利比亚	6 408 742	10 000	2 800 000	43.70%	27 900.00%
马达加斯加	25 612 972	30 000	1 300 000	5.10%	4233.30%
马拉维	18 298 679	15 000	1 670 839	9.10%	11 038.90%
马里	18 689 966	18 800	2 212 450	11.80%	11 668.40%
毛里塔尼亚	4 266 448	5 000	714 132	16.70%	14 182.60%
毛里求斯	1 281 353	87 000	803 896	62.70%	824.00%
法属马约特岛	253 068	n/a	107 940	42.70%	n/a
摩洛哥	35 241 418	100 000	20 207 154	57.30%	20 107.20%
莫桑比克	29 537 914	30 000	1 834 337	6.20%	6 014.50%
纳米比亚	2 568 569	30 000	520 000	20.20%	1 633.30%
尼日尔	21 563 607	5 000	439 164	2.00%	8 683.30%
尼日利亚	191 835 936	200 000	93 591 174	48.80%	46 695.60%
法属留尼旺岛	873 356	130 000	390 000	44.70%	200.00%
卢旺达	12 159 586	5 000	3 724 678	30.60%	74 393.60%
英属圣赫勒拿岛	3 970	n/a	2 000	50.40%	n/a
圣多美和普林西比	198 481	6 500	49 686	25.00%	664.40%
塞内加尔	16 054 275	40 000	3 647 939	22.70%	9 019.80%
塞舌尔	97 539	6 000	56 168	57.60%	836.10%
塞拉利昂	6 732 899	5 000	310 000	4.60%	6 100.00%
索马里	11 391 962	200	660 000	5.80%	329 900.00%
南非	55 436 360	2 400 000	28 580 290	51.60%	1 090.80%
南苏丹	13 096 190	n/a	2 179 963	16.60%	n/a
苏丹	42 166 323	30 000	10 886 813	25.80%	36 189.40%
斯威士兰	1 320 356	10 000	436 051	33.00%	4 260.50%
坦桑尼亚	56 877 529	115 000	3 700 000	6.50%	3 117.40%
多哥	7 691 915	100 000	545 020	7.10%	445.00%
突尼斯	11 494 760	100 000	5 800 000	50.50%	5 700.00%
乌干达	41 652 938	40 000	13 023 114	31.30%	32 457.80%

国家/地区	总人口	截至 2000 年 12 月 31 日的互联网用户数（人）	截至 2017 年 3 月 31 日的互联网用户数（人）	互联网覆盖率（%）	2000—2017 年增长率（%）
西撒哈拉	596 021	n/a	27 000	4.50%	n/a
赞比亚	17 237 931	20 000	5 192 284	30.10%	25 861.40%
津巴布韦	16 337 760	50 000	6 721 947	41.10%	13 343.90%
合计	1 246 504 865	4 514 400	353 121 578	28.30%	7 722.10%

2. 美洲

截至 2017 年 3 月 31 日，美洲总上网用户数达到 704 818 495 人，互联网覆盖率为 71.5%，仅次于欧洲和大洋洲位居全球第三位。但美洲各国的互联网覆盖率差异极大：既有覆盖率超过 96% 的百慕大群岛和马尔维纳斯群岛，亦有覆盖率仅为 3.4% 的法属圣马丁，甚至出现了用户数仅为 20、覆盖率接近于零的荷属圣马丁（参见表 11-4）[①]。

表 11-4　2017 年 3 月底美洲互联网使用情况

国家/地区	总人口	截至 2017 年 3 月 31 日的互联网用户数（人）	互联网覆盖率（%）
安圭拉	16 752	11 557	69.00%
安提瓜和巴布达	93 581	81 545	87.10%
阿根廷	43 833 328	34 785 206	79.40%
阿鲁巴	113 648	91 532	80.50%
巴哈马	392 712	333 143	84.80%
巴巴多斯	291 495	228 717	78.50%
伯利兹	353 858	165 014	46.60%
百慕大	70 537	67 950	96.30%
玻利维亚	10 969 649	4 600 000	41.90%
博奈尔岛、圣尤斯达蒂斯和萨巴岛	22 303	20 956	94.00%
巴西	206 050 242	139 111 185	67.50%
英属维尔京群岛	34 232	14 620	42.70%
加拿大	35 362 905	33 000 381	93.30%
开曼群岛	57 268	47 003	82.10%

---

① Internet World Stats. Internet Usage America Stats ［EB/OL］（2017-03-31）［2017-07-20］. http://www.internetworldstats.com/stats2.htm.

续 表

国家/地区	总人口	截至2017年3月31日的互联网用户数（人）	互联网覆盖率（%）
智利	17 650 114	14 108 392	79.90%
哥伦比亚	48 593 405	28 475 560	58.60%
哥斯达黎加	4 872 543	4 236 443	86.90%
古巴	11 014 425	3 696 765	33.60%
库拉索	149 035	138 774	93.10%
多米尼克	73 757	48 249	65.40%
多米尼加共和国	10 606 865	6 054 013	57.10%
厄瓜多尔	16 080 778	13 471 736	83.80%
萨尔瓦多	6 156 670	3 100 000	50.40%
马尔维纳斯群岛	2 912	2 800	96.20%
法属圭亚那	275 812	100 000	36.30%
格陵兰	57 728	52 000	90.10%
格林纳达	111 219	56 000	50.40%
瓜德罗普岛	470 716	220 000	46.70%
危地马拉	15 189 958	5 300 000	34.90%
圭亚那	735 909	305 007	41.40%
海地	10 228 410	1 308 290	12.80%
洪都拉斯	8 893 259	2 700 000	30.40%
牙买加	2 970 340	1 581 100	53.20%
马提尼克	396 813	303 302	76.40%
墨西哥	123 166 749	69 000 000	56.00%
蒙特塞拉特	5 267	2 900	55.10%
尼加拉瓜	5 966 798	1 900 000	31.80%
巴拿马	3 705 246	2 799 892	75.60%
巴拉圭	6 862 812	3 149 519	45.90%
秘鲁	30 741 062	18 000 000	58.60%
波多黎各	3 578 056	3 047 311	85.20%
法属圣巴托洛缪	7 209	1 540	21.40%
圣基茨和尼维斯	52 329	37 210	71.10%
圣卢西亚	164 464	1 409 370	66.50%
法属圣马丁	31 949	1 100	3.40%
圣皮埃尔和麦克龙	5 595	4 500	80.40%

国家/地区	总人口	截至 2017 年 3 月 31 日的互联网用户数（人）	互联网覆盖率（%）
圣文森特和格林纳丁斯	102 350	65 984	64.50%
荷属圣马丁	41 486	20	0.00%
苏里南	585 824	260 000	44.40%
特立尼达和多巴哥	1 220 479	942 713	77.20%
特克斯和凯科斯群岛	51 430	25 000	48.60%
美国	323 995 528	286 942 362	88.60%
乌拉圭	3 351 016	2 400 000	71.60%
美属维尔京群岛	102 951	57 485	55.80%
委内瑞拉	29 680 303	18 254 349	61.50%
总计	985 612 081	704 818 495	71.50%

3. 亚洲

截至 2017 年 3 月 31 日，亚洲总上网用户数达到 1 873 856 654 人，位居全球第一。同时，亚洲的互联网覆盖率为 45.2%，除朝鲜外均达到了 10% 以上，并在缅甸、乌兹别克斯坦和阿富汗取得了惊人的增长（参见表 11-5）[①]。

表 11-5　2017 年 3 月底亚洲互联网使用情况

国家/地区	总人口	截至 2000 年 12 月 31 日的互联网用户数（人）	截至 2017 年 3 月 31 日的互联网用户数（人）	互联网覆盖率（%）	2000—2017 年增长率（%）
阿富汗	34 169 169	1 000	4 005 414	11.70%	400 441.40%
亚美尼亚	3 031 670	30 000	2 126 716	70.10%	6 989.05%
阿塞拜疆	9 973 697	12 000	7 531 647	75.50%	62 663.73%
孟加拉国	164 827 718	100 000	66 965 000	40.60%	66 865.00%
不丹	792 877	500	295 177	37.20%	58 935.40%
文莱达鲁萨兰国	434 448	30 000	310 205	71.40%	934.02%
柬埔寨	16 076 370	6 000	4 100 000	25.50%	68 233.33%
中国	1 388 232 693	22 500 000	731 434 547	52.70%	3 150.82%
格鲁吉亚	3 972 532	20 000	2 411 370	60.70%	11 956.85%
中国香港	7 401 941	2 283 000	6 066 357	82.00%	165.72%

---

① Internet World Stats. Internet Usage Asia Stats ［EB/OL］（2017-03-31）［2017-07-20］. http://www.internetworldstats.com/stats3.htm.

续　表

国家/地区	总人口	截至 2000 年 12 月 31 日的互联网用户数（人）	截至 2017 年 3 月 31 日的互联网用户数（人）	互联网覆盖率（％）	2000—2017 年增长率（％）
印度	1 342 512 706	5 000 000	462 124 989	34.40%	9 142.50%
印度尼西亚	263 510 146	2 000 000	132 700 000	50.40%	6 535.00%
日本	126 045 211	47 080 000	118 453 595	94.00%	151.60%
哈萨克斯坦	18 064 470	70 000	13 236 444	73.30%	18 809.21%
朝鲜	25 405 296	n/a	14 000	0.10%	n/a
韩国	50 704 971	19 040 000	45 314 248	89.40%	138.00%
吉尔吉斯斯坦	6 124 945	51 600	2 076 220	33.90%	3 923.68%
老挝	7 037 521	6 000	1 400 000	19.90%	23 233.33%
中国澳门	606 384	60 000	460 752	76.00%	667.92%
马来西亚	31 164 177	3 700 000	21 684 777	69.60%	486.08%
马尔代夫	375 867	6 000	270 000	71.80%	4 400.00%
蒙古国	3 051 900	30 000	1 500 000	49.10%	4 900.00%
缅甸	54 836 483	1 000	12 278 000	22.40%	1 227 700.00%
尼泊尔	29 187 037	50 000	6 400 000	21.90%	12 700.00%
巴基斯坦	196 744 376	133 900	35 835 400	18.20%	26 662.81%
菲律宾	103 796 832	2 000 000	54 000 000	52.00%	2 600.00%
新加坡	5 784 538	1 200 000	4 699 204	81.20%	291.60%
斯里兰卡	20 905 335	121 500	6 614 164	31.60%	5 343.76%
中国台湾	23 405 309	6 260 000	20 601 364	88.00%	229.10%
塔吉克斯坦	8 858 115	2 000	1 622 924	18.30%	81 046.20%
泰国	68 297 547	2 300 000	41 000 000	60.00%	1 682.61%
东帝汶	1 237 251	0	340 000	27.50%	n/a
土库曼斯坦	5 502 586	2 000	789 151	14.30%	39 357.55%
乌兹别克斯坦	30 690 914	7 500	15 453 227	50.40%	205 943.03%
越南	95 414 640	200 000	49 741 762	52.10%	24 770.88%
总计	4 148 177 672	114 304 000	1 873 856 654	45.20%	1 539.36%

4. 欧洲

截至 2017 年 3 月 31 日，欧洲总上网用户数达到 604 147 280 人，互联网覆盖率为 73.5%，为全球互联网覆盖程度最高的地区。欧洲各国的互联网覆盖率普遍较高，最低的乌克兰也达到了 43.4%，超过了世界其他地区（参见表 11-6）①。

---

① Internet World Stats. Internet Usage Europe Stats［EB/OL］（2017-03-31）［2017-07-20］.
http://www.internetworldstats.com/stats4.htm.

表 11-6 2017 年 3 月底欧洲互联网使用情况

国家/地区	总人口	截至 2017 年 3 月 31 日的 互联网用户数（人）	互联网覆盖率（%）
阿尔巴尼亚	2 911 428	1 823 233	62.60%
安道尔	68 728	66 728	97.10%
奥地利	8 592 400	7 135 168	83.00%
白俄罗斯	9 458 535	5 786 572	61.20%
比利时	11 443 830	10 060 745	87.90%
波黑	3 792 759	2 628 846	69.30%
保加利亚	7 045 259	4 155 050	59.00%
克罗地亚	4 209 815	3 133 485	74.40%
塞浦路斯	1 187 575	844 680	71.10%
捷克共和国	10 555 130	9 323 428	88.30%
丹麦	5 711 837	5 479 054	95.90%
爱沙尼亚	1 305 755	1 196 521	91.60%
法罗群岛	48 335	47 515	98.30%
芬兰	5 541 274	5 107 402	92.20%
法国	64 938 716	55 860 330	86.00%
德国	80 636 124	71 727 551	89.00%
直布罗陀	32 472	24 000	73.90%
希腊	10 892 931	7 072 534	64.90%
格恩西岛和奥尔得尼岛	66 502	55 070	82.80%
匈牙利	9 787 905	7 874 733	80.50%
冰岛	334 303	336 367	100.60%
爱尔兰	4 749 153	4 453 436	93.80%
意大利	59 797 978	51 836 798	86.70%
泽西岛	98 840	63 000	63.70%
科索沃	1 895 250	1 523 373	80.40%
拉脱维亚	1 944 565	1 663 739	85.60%
列支敦士登	38 022	36 183	95.20%
立陶宛	2 830 582	2 399 678	84.80%
卢森堡	584 103	548 807	94.00%
马其顿	2 083 308	1 439 089	69.10%
马耳他	420 521	334 056	79.40%
马恩岛	89 045	48 000	53.80%

国家/地区	总人口	截至 2017 年 3 月 31 日的互联网用户数（人）	互联网覆盖率（%）
摩尔多瓦	3 555 159	1 748 645	49.20%
摩纳哥	30 535	28 214	92.40%
黑山	622 099	379 480	61.00%
荷兰	16 900 726	16 143 879	95.50%
挪威	5 165 802	4 974 667	96.30%
波兰	38 005 614	25 666 238	67.50%
葡萄牙	10 374 822	7 015 519	67.60%
罗马尼亚	19 861 408	11 178 477	56.30%
俄罗斯	146 267 288	103 147 691	70.40%
圣马力诺	32 789	16 645	50.80%
塞尔维亚	7 111 973	4 705 141	66.20%
斯洛伐克	5 421 349	4 507 849	83.10%
斯洛文尼亚	2 062 874	1 501 039	72.80%
西班牙	46 439 864	35 705 960	76.90%
斯瓦尔巴岛和扬马延岛	1 872	820	43.80%
瑞典	9 747 355	9 216 226	94.60%
瑞士	8 236 573	7 180 749	87.20%
土耳其	77 695 904	46 282 850	59.60%
乌克兰	44 008 507	19 099 692	43.40%
英国	64 767 115	59 333 154	91.60%
梵蒂冈	842	480	57.00%
总计	821 555 904	604 147 280	73.50%

5. 中东地区

截至 2017 年 3 月 31 日，中东地区总上网用户数达到 141 931 765 人，互联网覆盖率为 56.70%。伊拉克和叙利亚等国内形势较为动荡的国家网络覆盖率不高，在一定程度上拉低了中东地区的互联网覆盖率（参见表 11-7）[①]。

---

① Internet World Stats. Internet Usage Mid East Stats［EB/OL］（2017-03-31）［2017-07-20］.
http://www.internetworldstats.com/stats5.htm.

表 11-7　2017 年 3 月底中东地区互联网使用情况

国家/地区	总人口	截至 2000 年 12 月 31 日的互联网用户数（人）	截至 2017 年 3 月 31 日的互联网用户数（人）	互联网覆盖率（%）	2000—2017 年增长率（%）
巴林	1 418 895	40 000	1 278 752	90.10%	3 096.88%
伊朗	80 945 718	250 000	56 700 000	70.00%	22 580.00%
伊拉克	38 654 287	12 500	14 000 000	36.20%	111 900.00%
以色列	8 323 248	1 270 000	6 351 174	76.30%	400.09%
约旦	7 876 703	127 300	5 700 000	72.40%	4 377.61%
科威特	4 099 932	150 000	3 202 110	78.10%	2 034.74%
黎巴嫩	6 039 277	300 000	4 577 007	75.80%	1 425.67%
阿曼	4 741 305	90 000	3 310 260	69.80%	3 578.07%
巴勒斯坦	4 928 225	35 000	3 007 869	44.70%	8 493.91%
卡塔尔	2 338 085	30 000	2 200 000	94.10%	7 233.33%
沙特阿拉伯	32 742 664	200 000	20 813 695	63.60%	10 306.85%
叙利亚	18 906 907	30 000	5 502 250	29.10%	18 240.83%
阿拉伯联合酋长国	9 397 599	735 000	8 515 420	90.60%	1 058.56%
也门	28 119 546	15 000	6 773 228	24.10%	45 054.85%
总计	250 327 574	3 284 800	141 931 765	56.70%	4 220.86%

6. 大洋洲

截至 2017 年 3 月 31 日，大洋洲总上网用户数达到 27 540 584 人，互联网覆盖率为 73.27%，仅次于欧洲位居全球第二。由于地理位置限制，一部分岛屿的互联网用户人数和网络覆盖率数值不高，且部分数据有所缺失（参见表 11-8）[①]。

表 11-8　2017 年 3 月底大洋洲互联网使用情况

国家/地区	总人口	截至 2000 年 12 月 31 日的互联网用户数（人）	截至 2017 年 3 月 31 日的互联网用户数（人）	互联网覆盖率（%）	2000—2017 年增长率（%）
美属萨摩亚	54 194	n/a	22 000	40.60%	n/a
南极洲	2 700	n/a	2 700	100.00%	n/a
澳大利亚	22 992 654	6 600 000	21 176 595	92.10%	220.86%

---

① Internet World Stats. Internet Usage Oceania Stats［EB/OL］（2017-03-31）［2017-07-20］. http://www.internetworldstats.com/stats6.htm.

续 表

国家/地区	总人口	截至 2000 年 12 月 31 日的互联网用户数（人）	截至 2017 年 3 月 31 日的互联网用户数（人）	互联网覆盖率（%）	2000—2017 年增长率（%）
澳大利亚海外领地	1 651	n/a	n/a	n/a	n/a
圣诞岛	2 205	464	790	35. 80%	70. 26%
科科斯（基林）群岛	596	n/a	20	3. 40%	n/a
库克群岛	9 556	n/a	6 300	65. 90%	n/a
斐济	915 303	7 500	419 958	45. 90%	5 499. 44%
法属波利尼西亚	285 321	8 000	182 442	63. 90%	2 180. 53%
关岛	162 742	5 000	124 717	76. 60%	2 394. 34%
基里巴斯	106 925	1 000	14 724	13. 80%	1 372. 40%
马绍尔群岛	73 376	500	20 000	27. 30%	3 900. 00%
密克罗尼西亚	104 719	2 000	32 749	31. 30%	1 537. 45%
瑙鲁	9 591	n/a	5 152	53. 70%	n/a
新喀里多尼亚	275 355	24 000	240 000	87. 20%	900. 00%
新西兰	4 474 549	830 000	4 078 993	91. 20%	391. 44%
纽埃	1 612	450	1 100	68. 20%	144. 44%
诺福克岛	1 374	n/a	770	56. 00%	n/a
北马里亚纳斯	53 467	n/a	29 000	54. 20%	n/a
帕劳	21 347	n/a	7 700	36. 10%	n/a
巴布亚新几内亚	6 791 317	135 000	906 695	13. 40%	571. 63%
皮特凯恩群岛	170	n/a	170	n/a	n/a
萨摩亚	198 926	500	68 000	34. 20%	13 500. 00%
所罗门群岛	635 027	2 000	58 423	9. 20%	2 821. 15%
法属南方和南极领地	n/a	n/a	n/a	n/a	n/a
托克劳	1 383	66	800	57. 80%	1 112. 12%
汤加	106 513	1 000	49 822	46. 80%	4 882. 20%
图瓦卢	10 959	n/a	4 300	39. 20%	n/a
瓦努阿图	277 554	3 000	82 764	29. 80%	2 658. 80%

国家/地区	总人口	截至 2000 年 12 月 31 日的互联网 用户数（人）	截至 2017 年 3 月 31 日的互联网 用户数（人）	互联网 覆盖率 （％）	2000—2017 年 增长率（％）
瓦利斯和 福图纳	15 664	n/a	3 900	24.90%	n/a
合计	37 586 750	7 620 480	27 540 584	73.27%	261.40%

11.1.3 全球电商发展情况

1. 零售电商

2016 年网络零售继续快速发展。根据 eMarketer 数据，2016 年世界网络零售额达 1.915 万亿美元，占总零售额的 8.7%。预计到 2020 年，电子商务零售额将增长到 4.058 万亿美元，占总零售额比例为 14.6%，其中亚太地区仍然是全球最大的电子商务零售市场，2016 年的零售额达 1 万亿美元，预计到 2020 年将增长至 2.725 万亿美元（参见图 11-6)[①]。

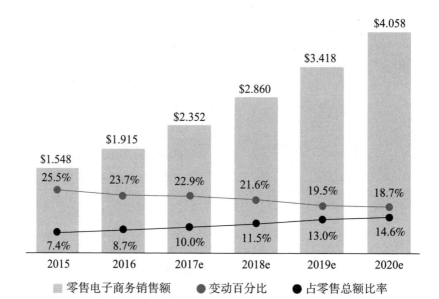

图 11-6　2015—2020 年世界网络零售规模及增长率（单位：万亿美元）

---

① eMarketer. Worldwide Retail and Ecommerce Sales：eMarketer's Estimates for 2015 – 2020［EB/OL］(2017-03-31)
［2017-07-20］. https://www.emarketer.com/Report/Worldwide-Retail-Ecommerce-Sales-eMarketers-Estimates
-20162021/2002090.

2. 旅游电商

根据 eMarketer 数据，2016 年全球包括休闲旅行和商务旅行的网络旅游销售额预计达 5648.7 亿美元，年增幅为 13.8%（参见图 11-7）①。

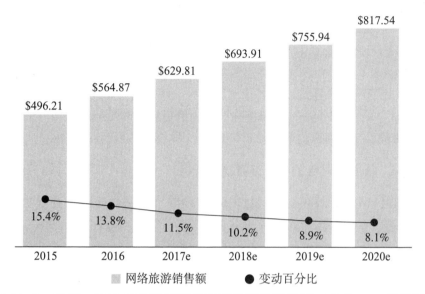

图 11-7 2015—2020 年全球网络旅游销售额及增长率（单位：10 亿美元）

按照 eMarketer 的分析，亚太和拉美地区新兴国家的网络旅游增长将远远超出 10%，并对全球网络旅游销售增长起到巨大的推动作用。到 2017 年，亚太地区将取代北美成为全球最大的网络旅游市场，而中国将成为亚太地区网络旅游增长最快的国家。

亚太地区网络旅游销售强劲增长的原因除了旅游电商的进一步发展，油价下跌拉低燃油成本亦是重要原因之一。燃油成本的降低使得航空公司能够为旅客提供更为廉价的机票，而网络旅游销售的进一步扩张又降低了航空公司和旅行社的运营成本，从而吸引了更多旅游消费者，推动了全球旅行的需求。在 eMarketer 的预测中，全球网络旅游销售额到 2018 年都将始终保持两位数的增长速度。

3. 跨境电商

根据埃森哲战略咨询顾问公司与阿里巴巴研究院共同发布的《全球跨境 B2C 电子商务趋势报告》②，近年来全球 B2C 电子商务市场快速成长，未来几年仍将保持近 15% 的年均成长速度，交易规模将从 2014 年的 1.6 万亿美元成长至 2020 年的 3.4 万亿美元。其中，全球跨境 B2C 电子商务的成长尤其强劲，年均成长高达 27%，将使

① eMarketer. Worldwide Digital Travel Sales：eMarketer's Estimates for 2015-2020［EB/OL］（2017-03-31）［2017-07-20］. https://www.emarketer.com/Report/Worldwide-Digital-Travel-Sales-eMarketers-Estimates-20162021/2002089.

② 埃森哲咨询顾问公司，阿里巴巴研究院. 全球跨境 B2C 电子商务趋势报告［EB/OL］（2015-06-11）［2017-07-20］. http://i.aliresearch.com/file/20150611/20150611113848.pdf.

全球市场规模由 2014 年的 2300 亿美元升至 2020 年的接近 1 万亿美元；另外，跨境 B2C 电子商务消费者总数也将由 2014 年的 3.09 亿人增加到 2020 年的超过 9 亿人，年均增幅超过 21%，形成一群强劲的消费大军，其中以中国为核心的亚太地区，跨境电子商务交易规模最为可观。

随着中国网购人口数量愈来愈多，需求也愈来愈趋多元，透过购物网站或代购平台，直接购买海外商品的"海淘"电子商务模式，近年来非常流行，预估 2018 年中国采取跨境购物的海淘人口将达到 3560 万人。另外，根据易观和上海理工大学电子商务发展研究院测算，2016 年中国跨境电子商务交易额约 5.85 万亿元人民币，同比增长 28.2%。其中跨境电子商务中进口电商市场规模为 1.06 万亿，占总交易规模 18%；跨境出口电商市场规模为 4.79 万亿，占总交易规模的 82%[①]。

11.1.4 新兴国家电子商务市场发展概况

瑞士信贷研究（Credit Suisse Research）2017 年 4 月发布的调查报告显示：自 2011 年至 2016 年，全球新兴市场的电子商务在线购物人数翻了一倍多，其总人数在消费者中占比达到 31%[②]。根据目前的增长率，到 2025 年全球 8 个主要的新兴市场国家的电子商务市场总值将从 2016 年的 1 万亿美元增长至 2.5 万亿美元。

互联网在全球各地的普及速度在很大程度上推动了这些数字的实现。在巴西，91% 的受访者都是互联网用户，而 2016 年这一数字是 84%，2010 年仅为 56%。在中国、俄罗斯和土耳其，80% 以上的成年人都是互联网用户。互联网普及率最低的新兴市场国家是印度尼西亚，互联网用户占比为 51%，但也比 2010 年增长了三倍多。

不仅如此，互联网正在向一些边缘群体渗透，新兴市场在线购物人数的日益增长为全球零售商带来了新的机遇和挑战。在新兴市场 56 岁以上的消费者中，有 42% 的人已经成为互联网用户，在低收入消费者中，有 57% 的人成为互联网用户，这两项数据与往年相比均显著增长。在过去五年中，购物成为网上最流行的活动之一，更流行的活动是在线游戏、即时通讯、收听音乐或观看视频，以及网络社交。

目前，中国是全球最大的电子商务市场，超过 60% 的消费者青睐在线购物，其中许多人已经养成了在线购物的习惯。这为在线零售商提供了巨大的潜在客户群。到 2025 年，中国市场仍然将是电子商务市场中一块最大的蛋糕。

---

① 本报告采用易观和上海理工大学电子商务发展研究院的相关监测数据。运用两种测算方法：一是厂商比例测算法，采集 eBay、亚马逊、阿里巴巴速卖通、天猫国际、京东全球购、网易考拉海购等主要企业的数据，根据所占市场份额推算；二是包裹测算法，采集海外仓发货数据、中国邮政快递数量，以及其他快递公司或其他渠道发货数据，分比例测算。综合两种方法测算的数据，考虑跨境电子商务在中国进出口总额中的比例及电商渗透率后得到跨境电子商务相关数据。

② Credit Suisse Research. E-Commerce Basic［EB/OL］（2017-04-30）［2017-07-20］.
https://www.credit-suisse.com/ch/en/unternehmen/unternehmen-unternehmer/kmugrossunternehmen/zahlungs-verkehr/e-commerce.html.

电子商务市场增长最快的国家同样重要。除中国外，印度和土耳其的电子商务市场增长最快。在印度，50%的消费者青睐网上购物，而 2014 年这项数据仅为 32%。在土耳其，青睐在线购物的消费者的比例从 2014 年的 19%上升到今天的 32%。展望未来，印度和土耳其也将是最有潜力的电子商务市场。巴西的电子商务市场增长也很快。2016 年，巴西消费者的网络购物支出增长了 8%，尽管他们的整体消费支出下降了 6.2%。

毫无疑问，电子商务市场的快速增长与智能手机的日益普及密切相关。根据瑞士信贷研究的调查结果，新兴市场中有超过 50%的消费者使用智能手机访问互联网，在中国、巴西和土耳其，这一数字高达 80%。在农村地区，通过智能手机访问互联网的用户占比更高，因为农村地区的宽带网络服务还不普及。而谷歌的相关研究表明，与美国和英国相比，新兴市场的购物者更倾向于通过智能手机进行购物。

如果想要进一步开拓新兴市场，在线零售商需要努力让自己的购物网站变得更流畅，使购物者能够更快捷地浏览和购物。关键因素是加载速度。技术咨询公司 Gartner 最近的一份报告指出，网速缓慢对在线零售商的负面影响最大。虽然网速是一个受到普遍关切的问题，但它对在线零售商的影响特别严重。Gartner 分析师建议，为了提升网速，网站运营者应该对网站进行净化处理、最小化图像文件，并将重点放在任何给定页面的顶部区域，因为那是消费者首先看到的区域。

除了物流因素，影响电子商务的主要障碍之一是许多在线零售商没有提供信用卡和其他非现金支付方式。2013 年的数据显示，在中国、印度、墨西哥、南非和俄罗斯，90%以上的在线购物交易的付款方式均为现金支付，而这项数据在英国为 47%，在美国约为 55%。因此，在线零售商需要提供一些创意性的付款方式。

随着信用卡支付方式的普及，上述问题得到一定程度的解决。在巴西、土耳其、中国和墨西哥，信贷消费额在总消费额中的占比已经超过 50%，在印度，信贷消费额的占比每年稳步增长，2016 年已经上升至 45%。印度政府最近废除了部分大额纸币，部分原因也是为了鼓励信贷消费。

电子商务的竞争格局在不断变化。在许多市场上，除了拥有亚马逊这样的知名电商外，也涌现了一些有力的竞争对手，如印度的 Snapdeal 和 Flipkart，以及墨西哥的 Mercado Libre。也有一些在线零售商在挣扎中生存，因为传统的实体零售商制定了多渠道战略，以追赶本土的在线零售商。瑞士信贷研究分析师认为，在墨西哥和印度，沃尔玛已经向在线零售商发起了强劲的挑战。为了应对挑战，亚马逊 2017 年 3 月在墨西哥推出了 Prime 会员服务。

在新兴市场中，互联网上最流行是社交媒体，80%的互联网活动与社交媒体相关。因此，聪明的在线零售商应该充分利用社交媒体来进行营销活动。此外，对一个国家的电子商务竞争格局的了解也很重要。例如，在中国，阿里巴巴、京东和唯品会这三个购物平台占据着主导地位。瑞士信贷研究的报告指出，这几个电子商务平台在数据分析、用户体验以及支付系统和物流系统等方面进行了大量投资，为未来的持续发展而积蓄力量。而且，由于这些平台希望与线下商店（包括百联集团和沃尔玛）建立合作关系，它们也可能成为新的在线零售商进入市场的重要渠道。

11.2 全球部分国家和地区电子商务发展情况

11.2.1 美国：移动互联网电子商务深入发展

美国作为电子商务的起源地，目前依然是全球电子商务发展的领导者。2016年以来，美国电子商务继续保持快速上升态势，并引领着世界电子商务发展的新趋势。

2016年是美国电子商务在移动端继续取得重大突破的一年。美国通过智能手机和平板电脑实现的移动电子商务零售额持续迅猛增长。在智能手机屏幕越来越大、移动端购买体验越来越顺畅的前提下，越来越多的电子商务搜索和购买行为通过移动端得以实现，这些都成为2016年美国电子商务发展最显著的特点。

根据eMarketer的统计数据，2016年美国移动端电子商务零售销售额达1231.3亿美元，较2015年的增幅为39.1%，比2014年数据翻了一番。由于快速发展，预计2017年移动电子商务将占零售电子商务销售额的三分之一（35.0%），占零售销售总额的3.0%（参见图11-8)[①]。

	2014	2015	2016	2017e	2018e	2019e	2020e
电子商务 销售额 （10亿美元）	$56.67	$88.53	$123.13	$151.11	$178.27	$208.58	$242.08
变动百分比	35.9%	56.2%	39.1%	22.7%	18.0%	17.0%	16.1%
占零售 电子商务 比例	19.0%	26.0%	32.0%	35.0%	37.0%	39.0%	41.0%
占零售总额 比例	1.2%	1.9%	2.6%	3.0%	3.5%	4.0%	4.5%

图11-8 2014—2020年美国移动端实现的电子商务零售销售额及占比情况

上述移动端电子商务销售额的增长主要得益于智能手机和平板电脑。预计2017年移动端设备对美国零售电子商务的贡献额将达到1511.1亿美元。尽管eMarketer预计未来几年的增幅将有所放缓，但移动端电子商务销售额仍将保持快速增长。Ulta Beauty和Wayfair等电子商务调研机构也一致认为：消费者通过移动渠道的购买

[①] eMarketer. US Retail Ecommerce Sales, 2016-2021［EB/OL］(2017-03-31)［2017-07-20］. https://www.emarketer.com/Chart/US-Retail-Ecommerce-Sales-2016-2021-billions-change-of-total-retail-sales/210437.

意愿大幅增加，促进了移动端电子商务交易份额的翻番，而且 2014—2016 年的移动端销售额增长轨迹与以往不同，体现出爆发性加速增长的态势。根据 eMarketer 的分析数据，仅美国平板电脑类移动端电子商务到 2020 年就将实现 1102.1 亿美元的零售额，增幅达 13.8%（参见图 11-9）①。

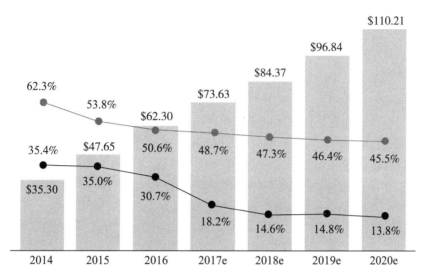

图 11-9　2014—2020 年美国平板电脑类移动端实现的电子商务
零售销售额及增长率（单位：10 亿美元）

2016 年以来，保护电子商务交易过程中的数据安全、谨防数据泄露成为电子商务参与者日益关注的焦点问题。超过 80% 的电子商务交易参与者表示在网上购物时非常关心个人隐私和支付安全。Amazon 和 eBay 等美国电子商务领先企业纷纷推出多项保障电子商务交易安全的举措，以面对日益严峻的电子商务风险。

11.2.2　欧洲：电子商务发展充满不确定性与挑战

2016 年对于欧洲的电子商务发展而言充满了不确定性与挑战，如英国脱欧、难民潮冲击、恐怖主义袭击等，欧洲各个国家在国内电子商务与跨境电子商务发展领域都面临着不同的机遇和挑战。即使是在欧盟内部，各国之间电子商务普及率的差距也很大。

德国消费者的网络购物普及率相对较高。根据 eMarketer 的统计数据，2016 年有 81.1% 的德国消费者在网上购买过商品。尽管德国网民的电子商务活动参与率在西欧最高，但是德国消费者不大愿意在外国网站上购买商品。根据 PayPal 的调查，

---

① eMarketer. US Tablet Ecommerce Sales, 2016-2021 [EB/OL]（2017-03-31）[2017-07-20].
https：//www.emarketer.com/Chart/US-Retail-Ecommerce-Sales-2016-2021-billions-change-of-total-retail-sales/210437.

2016 年德国参与跨境电子商务消费的网民约为 1520 万人，消费额达 82.1 亿美元，预计 2017 年德国跨境电子商务消费额将增长 4%，但德国网民参与跨境电子商务购买活动的比例偏低——2016 年比例仅为 27%。

与此同时，2016 年仅有 33% 的英国网络购物消费者曾进行过跨境网购，从而使英国成为欧洲跨境电子商务普及率最低的国家之一。尽管上述情况可能会随着脱欧和英镑与欧元的汇率变化而发生改变，但 2016 年英国跨境电子商务消费者数量为 1290 万人，消费额约 102.4 亿美元，预计 2017 年消费额仅增长 0.5%。此外，欧盟统计局的数据表明，英国在 2016 年进行跨境电子商务消费者多于德国，与法国 34% 的比例大致相当，而西班牙和意大利消费者相对而言更愿意进行跨境网购。这一统计结果表明欧洲主要发达国家居民参与跨境电子商务的热情并不高①。

根据 Retail Week 和 Pinsent Masons 的统计，在进行跨境电子商务购买时，23% 的法国消费者将品牌可信度作为在外国网站购物时最重要的动因，排在第二位的是价格优惠程度（占 22%）。而支付平台的安全性（27%）和快递成本（21%）则是消费者在进行跨境电子商务网购时最担心的问题。

11.2.3 法国：电子商务订单平均购买金额持续下降

2016—2017 年对于法国而言是电子商务发展速度相对放缓的一年。根据 JDN（Le Journal du Net）2017 年第一季度的统计数据，法国 B2C 电子商务交易额的增长已下降至 8.5%——1 月仅为 4.9%、2 月 10.7%、3 月 9.6%——低于 2016 年第四季度的 12.1% 和 2016 年全年的 11.5%②。尽管四家在线支付服务供应商成功地提供了在线信用卡支付结算服务，而且电子商务的成交订单数量亦在增加，但是每张订单的平均购买金额在下降，导致电子商务总交易额增速放缓。

近年来，由于经济增长放缓和外部冲击加大，法国电子商务成交订单的平均购买金额自 2010 年起不断下降。2010 年法国电子商务成交订单的平均购买金额为 93.1 欧元（约合 103 美元），2016 年全年的订单平均购买金额已降至 69.64 欧元（约合 77.04 美元）。

电子商务订单平均购买金额的下降对法国电子商务发展造成了较大影响。根据 eMarketer 的统计数据，2016 年法国电子商务零售销售额为 385.5 亿美元，较 2015 年增幅仅为 6.3%。尽管 eMarketer 预计 2017—2020 年法国电子商务零售销售额的增幅有所提升，但总体金额上涨量仍然不大（参见图 11-10）。

对比后可以发现，到 2020 年，法国预计实现电子商务零售销售额 502.4 亿美

---

① eMarketer. Western Europe Retail and Ecommerce：eMarketer′s Estimates for 2016 – 2021［EB/OL］（2017-03-31）［2017-07-20］.

https://www.emarketer.com/Report/Western-Europe-Retail-Ecommerce-eMarketers-Estimates-20162021/2002092.

② eMarketer. Western Europe Retail and Ecommerce：eMarketer′s Estimates for 2016 – 2021［EB/OL］（2017-03-31）［2017-07-20］.

https://www.emarketer.com/Report/Western-Europe-Retail-Ecommerce-eMarketers-Estimates-20162021/2002092.

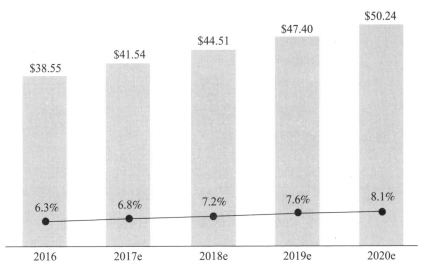

电子商务零售销售额（10亿美元）　　●占零售总额百分比（%）

图11-10　2016—2020年法国电子商务零售销售额及增长率

元，尚不足同年美国平板电脑类移动端实现电子商务零售销售额（1102.1亿美元）的50%。为此，法国电子商务企业亦在积极尝试改变，如法国老牌电子商务企业Fnac在2016年7月获得政府批准后，在8月实现了与法国著名电子产品零售商Darty的合并，并针对亚马逊在电子书、漫画等领域展开了一系列争夺市场的努力，使2016年的经营收入增长了23%。

11.2.4　俄罗斯：增势迅猛、终端移动化程度不断提高

自2010年以来，俄罗斯电子商务的发展势头相当迅猛。根据East-West Digital统计数据，2010年，俄罗斯的互联网覆盖率仅为37.1%，至2016年已提升至70.4%，六年内的覆盖率指标接近翻番（参见图11-11）[①]。

同时，俄罗斯互联网用户中使用智能手机和平板电脑的用户比例亦在不断上升。2016年，有42.1%的用户使用智能手机、19.0%的用户使用平板电脑接入互联网，分别是2013年的3.54倍和5.43倍（参见图11-12）[②]。

尽管俄罗斯的互联网用户主要集中在大城市，尤其是莫斯科和圣彼得堡，但小城镇和村庄的互联网覆盖率也在不断提升。根据Public Opinion Foundation的统计，2016年莫斯科和圣彼得堡18岁以上居民的互联网使用率达到了79%，远超国家整体水平，但由于移动互联网的迅速发展，相对偏远的小城镇和村庄地区的互联网覆盖率亦达到了57%。

---

① East-West Digital News. E-Commerce in Russia［EB/OL］（2017-03-31）［2017-07-20］. http://www.ewdn.com/reports/e-commerce-in-russia-insights/.

② East-West Digital News. E-Commerce in Russia［EB/OL］（2017-03-31）［2017-07-20］. http://www.ewdn.com/reports/e-commerce-in-russia-insights/.

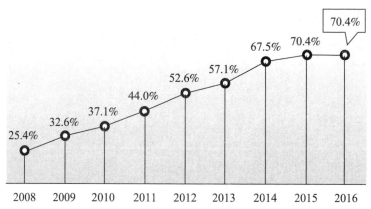

图 11-11　2008—2016 年俄罗斯互联网覆盖率情况

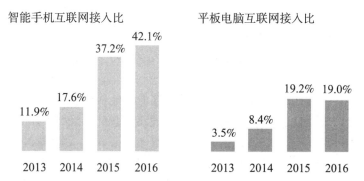

图 11-12　2013—2016 年俄罗斯智能手机和平板电脑互联网接入比率

就国内电子商务市场发展来看，2016 年俄罗斯网民在境内共购买了 1.95 亿个电子商务零售实体商品递送包裹，比 2015 年增长 20%。根据 Data Insight 统计，2016 年俄罗斯国内电子商务市场的销售总规模达 8000 亿卢布，比 2015 年增长了 23%，每张电子商务订单的平均消费金额超过 4000 卢布（参见图 11-13）。

就跨境电子商务市场发展来看，国外零售商在线销售实体货物在 2016 年有了巨大增长，年市场规模已达 43 亿美元，比 2015 年 34 亿美元增长了 26.47%，较 2014 年 22 亿美元的规模接近翻番（参见图 11-14）[①]。

在俄罗斯跨境电子商务市场的快速增长中，中国是最大的受益者。2015—2016 年，中国在俄罗斯的电子商务销售量占全部跨境订单的 80% 以上，比 2014 年增加了 10%，相对于 2013 年水平实现了 100% 的增长（参见图 11-15）[②]。

在俄罗斯跨境电子商务活动中，中国电子商务网站不仅提供其他国家竞争者难以匹敌的商品价格和销售品类，并在电子商务包裹的递送服务上远远超出对手。被

---

① East-West Digital News. E-Commerce in Russia［EB/OL］(2017-03-31)［2017-07-20］. http://www.ewdn.com/reports/e-commerce-in-russia-insights/.
② East-West Digital News. E-Commerce in Russia［EB/OL］(2017-03-31)［2017-07-20］. http://www.ewdn.com/reports/e-commerce-in-russia-insights/.

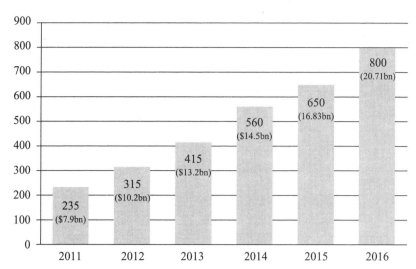

图 11-13　2011—2016 年俄罗斯国内电子商务零售实体

商品销售金额（单位：10 亿卢布）

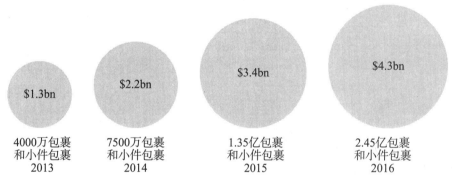

图 11-14　2013—2016 年俄罗斯跨境电子商务实体

商品销售金额（单位：10 亿美元）

图 11-15　2013—2016 年中国在俄罗斯跨境电子商务

销售额中所占比例（单位:%）

称为"国际版淘宝"的全球速卖通（AliExpress）是阿里巴巴面向全球市场打造的在线交易网站，该网站已在 2014 年成为俄罗斯首屈一指的电子商务平台。2017 年春天，AliExpress 为俄罗斯产品推出了当日送达的购买送货选项，并提供实时电子商务视频服务。2017 年 3 月，AliExpress 在俄罗斯的购买流量已超过 2300 万，远高于任何俄罗斯本土或国际竞争对手。

从电子商务销售的实体商品品类来看，2016 年增长最快的品类是运动用品和休闲用品、宠物用品、儿童用品、服装鞋类以及杂货。同时，俄罗斯电子商务消费者对电子设备、家用电器、化妆品和香水的需求少于 2015 年（参见图 11-16）[①]。

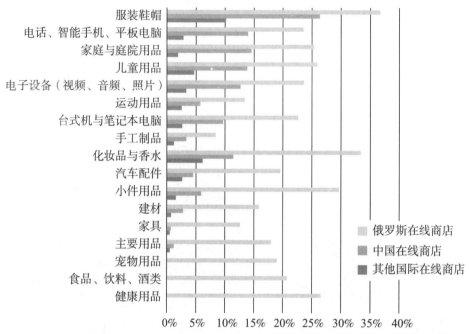

图 11-16　截至 2016 年 9 月俄罗斯电子商务实体商品销售额分类增长情况

11.2.5　韩国：高互联网覆盖率下的跨境电商发展

电子商务是韩国整体消费市场的重要组成部分，作为固定宽带和智能手机互联网覆盖率接近 90% 的国家，韩国电子商务近年来一直快速增长。2016 年，韩国电子商务零售商品销售额达 191.2 亿美元，预计 2021 年将增至 325.6 亿美元（参见图 11-17）[②]。

根据美国商务部统计，韩国国内电子商务销售额总体增长迅速，包括个人电脑和手机端的电子商务购买总金额从 2015 年的 476 亿美元增长至 2016 年的 559 亿美元。截至 2016 年 12 月，国内电子商务销售已占韩国零售总额的 17.9%。

---

① East-West Digital News. E-Commerce in Russia［EB/OL］(2017-03-31)［2017-07-20］. http://www.ewdn.com/reports/e-commerce-in-russia-insights/

② U. S. Department of Commerce. Korea-eCommerce［EB/OL］(2016-12-31)［2017-07-20］. https://www.export.gov/article?id=Korea-eCommerce.

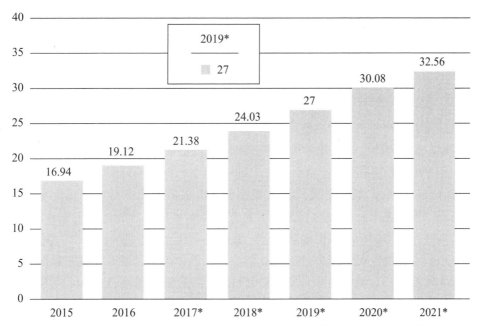

图 11-17　2015—2021 年韩国电子商务零售商品销售额（单位：10 亿美元）

智能手机的高覆盖率是推动韩国电子商务市场快速增长的主要因素。2016 年，韩国移动电话端的电子商务销售总金额达到 310 亿美元，较 2015 年的 220 亿美元增长了 41%。与之对比，电脑端的销售总金额自 2015 年的 260 亿美元增加到了 2016 年的 270 亿美元，增幅仅为 3.85%。

韩国跨境电子商务发展态势良好，即使跨境购买需要计入国际运输费用和进口关税，韩国网民依然体现出极高的跨境网购热情。2016 年，韩国跨境电子商务销售总金额达 16 亿美元，较 2015 年增长了 6.67%。在韩国网民的跨境电子商务消费中，65% 从美国在线零售商处购买。根据自由贸易协定，快递服务邮寄的货物价值在 200 美元以下，从美国采购时是免税的。因此 Amazon 和 eBay 这样的多品牌在线零售商是韩国人最常访问的境外电子商务购物网站。

11.2.6　印度：从 B2C 到 B2B 的全面发展

电子商务是印度近年来发展最快的商业领域。根据 ASSOCHAM-Forrester 统计数据，印度电子商务以每年 51% 的速度持续增长，达到世界最高水平。照现有数量推算，预计印度的电子商务销售总金额将从 2016 年的 380 亿美元跃升至 2020 年的 1200 亿美元[1]。

2016 年，印度的电子商务体现出如下特点：

（1）电子商务商品种类与品牌日益增长，特别是生活用品、消费电子、服装、

---

[1]　U. S. Department of Commerce. India – eCommerce [EB/OL] (2016-12-31) [2017-07-20]. https://www.export.gov/article?id=India-e-Commerce.

鞋类及配饰、健康与美容、家居用品、艺术品和收藏品、活动门票和在线音乐等类别。

（2）电子商务领域不断出现技术创新，如数字付款、超本地物流、客户参与的数字广告等，使印度的电子商务行业以更快的速度增长。

（3）2016年11月，印度政府为打击假币和黑市交易，废除了流通中86%的货币，这一重大举措使得印度的实体零售商品总金额下降了40%，但食品和杂货的电子商务交易金额不断上升，数字支付机制和电子商务平台的推动作用功不可没。

在印度电子商务市场上，Amazon、eBay等著名国际电商巨头与本土运营商（如Flipkart和Snapdeal）展开了激烈的市场竞争。由于电子商务行业与传统零售业不同，其在印度的进入壁垒相对较低，因此大批实体零售商纷纷进入电子商务领域，将电子商务作为增加销售额的崭新渠道。而在跨境电子商务领域，汽车、婴儿用品、玩具、服装、鞋类、可穿戴配件、饰品、手表、化妆品、保健品、数字娱乐和教育服务成为印度网民青睐的购买对象。尽管印度发展跨境电子商务受到了运输成本和进口关税较高、货币兑换困难等因素的制约，但其发展依然迅速。

此外，印度B2B电子商务市场也在快速成长，预计到2020年将实现7000亿美元的市场规模。为了挖掘印度B2B电子商务领域的巨大潜力，领先的B2C公司已经开始为小企业主和交易商建立自己的平台。越来越多的公司和中小企业从事在线购买和销售，并计划通过互联网来转移采购交易，而不是以前的电子数据交换。为了进一步释放B2B电子商务领域的发展潜力，政府已经允许外资建立100%控股的B2B电子商务投资企业，沃尔玛和阿里巴巴等全球企业均对印度B2B电子商务领域表现出极大兴趣，预计在2017年将会有更多的动作出现在这一领域。

11.2.7 巴西：独具特色的电子商务支付手段与税收管理

截至2017年3月，巴西的互联网用户数为1.39亿人，网络覆盖率达67.50%。在2016年，巴西互联网用户中有4800万人至少进行了一次在线购买，比2015年增长22%。根据export. gov统计数据，巴西截至2016年底已实现电子商务收入134亿美元，比2015年增长了7.4%。尽管巴西目前的经济增长势头有所放缓，但预计其2017年电子商务增长率仍将达到12%，收入将达151亿美元（约折合48.5亿卢比），在拉丁美洲占比超过42%，远远超过其他国家和地区（参见图11-18）①。

作为拉丁美洲最大的互联网市场，巴西2016年每月互联网使用时长为25.7小时，远超拉丁美洲18.6小时的平均水平。同时，巴西移动互联网在2016年得到了快速普及，55%的电子商务购买行为通过智能手机和平板电脑等移动设备完成，比2015年增长30%。在各类在线支付方式中，信用卡仍然占据了最高比例（参见图11-19）。

---

① U. S. Department of Commerce. Brazil － eCommerce［EB/OL］(2016-12-31)［2017-07-20］.
https://www.export.gov/article?id=Brazil-e-Commerce.

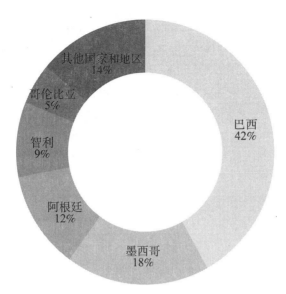

图 11-18　2016 年巴西电子商务收入在拉丁美洲所占份额

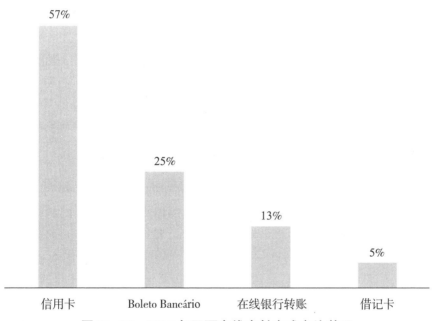

图 11-19　2016 年巴西在线支付方式占比状况

除了各国常见的信用卡（Credit Card）、在线银行直接转账（Online Banking Transfer）和借记卡（Debit Card）在线支付方式以外，巴西所特有的"Boleto Bancário"支付方式在整个电子商务交易中亦占有举足轻重的地位，2016 年占在线交易支付总额的 25%，位居第二。

Boleto Bancário 是巴西中央银行推行并实施监管的官方支付方式，也是巴西政府及主要商业公司普遍接受、甚至是唯一认可的非现金支付方式，因此在巴西的电子商务交易和在线及线下支付中得到了广泛的应用。在使用 Boleto Bancário 支付方式时，卖家在线提供付款凭证，其中包含收款人、付款人、商品信息及付款金额等内容，付款人可以通过网上银行直接完成付款并打印付款凭据，也可以持卖家提供的付款凭证去银行、邮政，乃至官方授权的医药商店，超级市场等地完成付款流程。由于该支付方式实际属于银行间转账且受到中央银行的严格监管，因此对防止拒付、伪冒，保证交易安全和反洗钱都提供了良好的保障，成为巴西电子商务独具特色的亮点。在良好的支付手段保障下，2016 年巴西电子商务订单平均购买金额达到了126.3 美元，比 2015 年高出 8%，巴西商务部门预计这一数字将在 2017 年达到 137美元，同比增长 8.47%。

同时，巴西在电子商务税收方面也建立了严格的制度。电子商务企业如要注册巴西本地".br"域名，则必须注册巴西本地的实体公司，并且在从事经营活动时必须为消费者所购商品提供充分的信息。在消费者支付款项后，电子商务卖家必须提供电子发票，该发票的信息直接进入巴西联邦税务局的数据库，这样联邦税务局就能直接获取每笔电子商务交易的具体信息，并从源头上有效遏制了偷税漏税。

11.2.8 南非：电子支付安全保障是未来的发展重点

截至 2017 年 3 月，南非互联网接入用户数超过 2858 万人，网络覆盖率达51.60%，位居非洲前列。电子商务正在南非的零售商业环境中取得稳步发展，根据statista 统计，2017 年南非电子商务市场销售总收入将达 26.98 亿美元，而且在2017—2021 年间将保持 15.0% 的收入年复合增长率，预计 2021 年南非电子商务市场销售收入总额将达 46.97 亿美元。按照 World Wide Worx 的计算，届时南非电子商务销售总额将占全国零售业销售总额的 1%。

根据 iab 和 VISA 的联合统计，在 2016 年南非的互联网接入方式中，手机以38% 的比例位居第一，尽管平板电脑的比例仅占 13%，但其与手机的合计比例达51%，超过了电脑（含笔记本电脑与台式电脑）的比例（参见图 11-20）[1]。

移动电子商务在南非的流行使得手机在大部分场合取代了钱包，银行、信用卡组织、零售商和电信通讯公司提供诸多现金替代支付方式作为付款选择。iab 和VISA 预计，到 2018 年，南非的移动电子商务支出将增长 123%，主要的消费产品将集中在媒体产品——包括书籍、DVD、音乐 CD 和游戏等。南非的电子商务消费者价格意识较强，喜爱优惠券和在线促销活动，也愿意花更多时间在线研究如何获取更为优惠的商品价格，并在网络社交媒体上寻求相关产品的购买建议。因此将网络社交媒体平台作为商业营销工具在南非日益普遍。2016 年，超过 90% 的南非主要商品品牌均在各类网络社交媒体平台上投放了广告。这些广告的投放也使得南非的电子商务消费者对主要采购假期的国际在线销售日——如"黑色星期五"等非常熟悉

---

[1]　U. S. Department of Commerce. South Africa － eCommerce ［EB/OL］（2016-12-31）［2017-07-20］.
　　https：//www.export.gov/article?id＝South-Africa-ecommerce.

图 11-20 2016 年南非互联网接入方式占比状况

与热捧，为电子商务零售商提供机会以销售更多的产品。

在南非的互联网用户中，48%处于 25~44 岁的年龄阶段，具有较强的购买力和对新生事物的了解与接受兴趣。根据 iab 和 VISA 的联合统计，南非电子商务用户在购买时有 58%选择了信用卡付款，而 23%则选择了货到付款。尽管电子商务卖家近年来对信用卡和借记卡支付提供了较多优惠促销方案，但选择电子钱包进行在线支付和线下货到付款方式的用户比例并不低。其原因主要是近年来南非的信用卡电子商务支付量激增，信用卡诈骗案件数量也大大增加，导致部分用户对在线上使用信用卡支付产生了担忧。为此，南非支付协会与 VISA 和 MasterCard 信用卡组织通力合作，大力推广使用信用卡组织官方设计认证的安全支付措施，如 3D 安全支付（3D Secure）和安全码（Secure Code）支付验证，以确保用户的信用卡交易安全。2016年，使用 3D Secure 安全验证的用户数比 2015 年增加了 39.1%，在保障电子商务网络安全支付的同时也促进了信用卡在线支付交易。

11.2.9 中东：各国电子商务水平不均衡

根据 yStats. com 的分析报告，虽然中东是全球互联网用户数量最少的地区，但在过去几年里，其互联网用户快速增长。在中东地区石油美元的支撑下，电子商务快速发展所需的 IT 基础设施建设速度惊人，卡塔尔、巴林和阿联酋的互联网覆盖率均超过了 90%。

自 2006 年以来，中东与世界的跨境电子商务数据流量增加了一倍以上。包括阿拉伯联合酋长国、巴林和卡塔尔在内的几个国家正在领导中东地区的电子商务消费潮流。但中东地区尽管智能手机和社交媒体的覆盖率都很高，国家与国家之间的电子商务程度并不均衡（参见图 11-21）①。

2016 年，巴林电子商务销售额占 GDP 的比重在中东地区最高，达到了与美国持平的 8%，紧随其后的科威特也与欧洲水平大致相当，但阿曼和卡塔尔的电子商

---

① yStats. com. Middle East B2C E-Commerce Market 2016 ［EB/OL］（2016-12-31）［2017-07-20］. https://www.ystats.com/market-reports/middle-east-b2c-e-commerce-market-2016/.

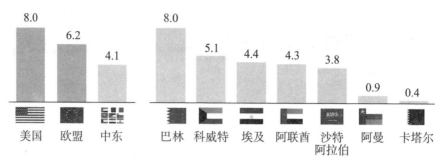

图 11-21　2016 年中东地区电子商务销售额对 GDP 的贡献（单位：%）

务销售额在 GDP 中占比均不足 1%，中东地区电子商务发展水平的不均衡状况可见一斑。同时，中东地区不少国家的消费者已经在心理上和实际行动中准备好接受并融入电子商务世界，但企业和政府尚未完全做好准备。根据 McKinsey 的分析报告，2016 年中东地区只有 6% 的交易行为处于电子商务化的范畴之中，远远落后于其他地区。根据 McKinsey 的分析，一个国家的人均 GDP 水平与其电子商务化程度之间存在很强的正相关性：更高的 GDP 水平可以使该国在电子商务领域投入更多的资源，从而进一步推动了电子商务的增长；高水平的电子商务又有助于发展经济，最终将导致 GDP 进一步增长。预计到 2025 年，整个中东地区的电子商务用户将对 GDP 产生 950 亿美元左右的贡献。因此，包括阿拉伯联合酋长国和巴林在内的一些中东国家政府已经开始实施核心数字化举措。事实上，阿联酋政府在数字采用方面领先于中东地区，并与索引的数字前沿相匹配。其他国家也有很大的野心，取得了长足的进步。但是，在努力推动创新，推动公共部门数字化采用上一个台阶时，面临实施挑战，如治理结构不足，实现理想化。

随着对电子商务发展的了解与依赖程度日益加深，中东地区的电子商务用户不仅可以使用电子商务网站进行在线旅游预订，还可以进行实物购买。消费类电子产品在中东的电子商务购物者中尤其受到欢迎。在诸如科威特等国家，随着基础设施建设的不断推进，购物者对在线购物的信心不断增加，电子商务网络平台交易的成本也持续下降，为用户提供了更多的便利条件。但另一方面，中东的电子商务消费者在网购时对采用电子支付方式付款仍然保持谨慎，因此即使是该地区经营领先的电子商务公司，如阿联酋的 Souq.com，仍然必须通过支付现金来完成交易。

中东地区除电子商务发展领先的阿联酋和沙特阿拉伯外，其他国家的电子商务零售交易市场规模仍然不断扩大。约旦已经发展出诸如在线服装零售商 MarkaVIP 这样成功的新兴电子商务交易平台；作为电子商务推动的新兴经济体，卡塔尔的 B2C 电子商务交易指数目前已排名全球前五；阿曼和巴林则采取了独具本国特色的多项举措来支持其国内电子商务平台的商业发展；伊朗在国际制裁相对放松后，其在 B2C 电子商务领域的发展亦处于中东地区前列，由于伊朗人口众多，电子商务发展潜力很大，在互联网设施建设逐步提升的基础上，网络覆盖率不断上升。同时伊朗用于实现电子商务交易的支付手段也日益完善，借记卡和信用卡的普及率稳步提高。

11.3 2016 年全球电子商务发展趋势特点

11.3.1 模式:"线上-线下"(O2O)销售模式日益成熟

O2O 即"线上-线下"(Online To Offline)的销售模式,指将线下的商务机会与互联网结合,让互联网成为线下交易的前台。作为这一概念的诞生地美国,2016 年通过 O2O 实现的零售销售占比达到了 38%(参见图 11-22)[①]。

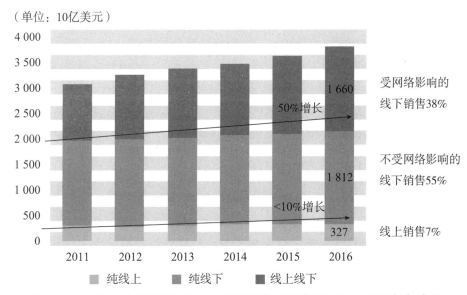

（单位：10亿美元）

图 11-22　2016 年美国纯线上、线下零售交易额及 O2O 交易额与占比

从表面上看,O2O 的关键似乎是网络上的信息发布,因为只有互联网才能把商家信息传播得更快,更远,更广,可以瞬间聚集强大的消费能力。但实际上,O2O 的核心在于在线支付。这不仅仅是因为线上的服务不能装箱运送,更重要的是快递本身无法传递社交体验所带来的快乐。但如果能通过 O2O 模式,将线下商品及服务进行展示,并提供在线支付"预约消费",这对于消费者来说,不仅拓宽了选择的余地,还可以通过线上对比选择最令人期待的服务,以及依照消费者的区域性享受商家提供的更适合的服务。但如果没有线上展示,也许消费者会很难知晓商家信息,更不用提消费了。另外,目前正在运用 O2O 摸索前行的商家们,也常会使用比线下支付要更为优惠的手段吸引客户进行在线支付,这也为消费者节约了不少的支出。

O2O 的优势在于把网上和网下的优势完美结合。通过网购导购机,把互联网与地面店完美对接,实现互联网落地。让消费者在享受线上优惠价格的同时,又可享

---

① Criteo. eCommerce Industry Outlook 2016［EB/OL］(2016-12-31)［2017-07-20］.
http://www.criteo.com/resources/.

受线下贴身的服务。同时，O2O模式还可实现不同商家的联盟，具体表现在：

（1）O2O模式充分利用了互联网跨地域、无边界、海量信息、海量用户的优势，同时充分挖掘线下资源，进而促成线上用户与线下商品与服务的交易，团购就是O2O的典型代表。

（2）O2O模式可以对商家的营销效果进行直观的统计和追踪评估，规避了传统营销模式的推广效果不可预测性，O2O将线上订单和线下消费结合，所有的消费行为均可以准确统计，进而吸引更多的商家进来，为消费者提供更多优质的产品和服务。

（3）O2O在服务业中具有优势，价格便宜，购买方便，且折扣信息等能及时获知。

（4）将拓宽电子商务的发展方向，由规模化走向多元化。

（5）O2O模式打通了线上线下的信息和体验环节，让线下消费者避免了因信息不对称而遭受的"价格蒙蔽"，同时实现线上消费者"售前体验"。

整体来看O2O模式运行的好，将会达成"三赢"的效果——对本地商家来说，O2O模式要求消费者网站支付，支付信息会成为商家了解消费者购物信息的渠道，方便商家对消费者购买数据的搜集，进而达成精准营销的目的，更好地维护并拓展客户。通过线上资源增加的顾客并不会给商家带来太多的成本，反而带来更多利润。此外，O2O模式在一定程度上降低了商家对店铺地理位置的依赖，减少了租金方面的支出。对消费者而言，O2O提供丰富、全面、及时的商家折扣信息，能够快捷筛选并订购适宜的商品或服务，且价格实惠。对服务提供商来说，O2O模式可带来大规模高黏度的消费者，进而能争取到更多的商家资源。掌握庞大的消费者数据资源，且本地化程度较高的垂直网站借助O2O模式，还能为商家提供其他增值服务。

11.3.2 消费：电子商务消费行为将通过多个渠道（终端设备）完成

在2016年的全球电子商务交易中，超过50%的交易通过多个渠道完成。在全球电子商务领先国家中，韩国64%的电子商务交易通过多个终端设备完成，这一比例在巴西为56%，在意大利为53%，法国、日本和荷兰的多终端完成电子商务交易比例也达到乃至超过了50%（参见图11-23）。

针对这一趋势，电子商务零售商需要重新设计网站和手机/平板电脑端的应用程序，以适应用户的需要。同时，多个终端设备的购买进程和用户体验水平应能实现同步，以保证用户的购买行为得以完成并增加其黏度和忠诚度。

11.3.3 营销：以渠道促销为主转向生态思维与以人为本

电子商务营销是以现代营销理论为基础，借助网络、通信和数字媒体技术实现营销目标的商务活动，是科技进步、顾客价值变革、市场竞争等综合因素促成；是信息化社会的必然产物。

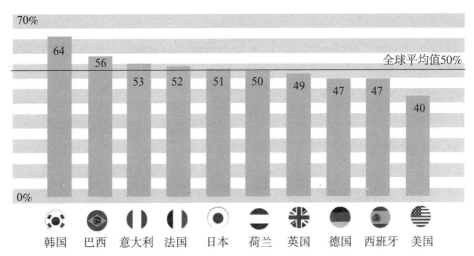

**图11-23 2016年全球多终端设备完成电子商务交易
排名前十位的国家占比**（单位:%）

电子商务营销根据其实现方式有广义和狭义之分，广义的电子商务营销指企业利用一切计算机网络进行营销活动，而狭义的电子商务营销专指国际互联网营销。也是指组织或个人基于开发便捷的互联网络，对产品、服务所做的一系列经营活动，从而达到满足组织或个人需求的全过程，电子商务营销是企业整体营销战略的一个组成部分，是建立在互联网基础之上借助于互联网特性来实现一定营销目标的营销手段。

从营销的角度出发，电子商务营销可以定义为：电子商务营销是建立在互联网基础之上、借助于互联网来更有效的满足顾客的需求和愿望，从而实现企业营销目标的一种手段。电子商务营销不是网上销售，不等于网站推广，电子商务营销是手段而不是目的，它不局限于网上，也不等于电子商务，它不是孤立存在的，不能脱离一般营销环境而存在，它应该被看作传统营销理论在互联网环境中的应用和发展。

电子商务营销在2016年体现出了以下新特点。

（1）电子商务营销生态思维日益凸显：电子商务营销以互联网为技术基础，但连接的不仅仅是电脑和其他智能设备，更重要的是建立了企业与用户及公众的连接。连接成为电子商务营销的基础。

（2）突出了电子商务营销中人的核心地位，以人为本：通过互联网建立的社会关系网络，核心是人，人是电子商务营销的核心，一切以人为出发点，而不是网络技术、设备、程序或网页内容。

（3）强调了电子商务营销的顾客价值：为顾客创造价值是电子商务营销的出发点和目标，电子商务营销是一个以顾客为核心的价值关系网络。

（4）延续了电子商务营销活动的系统性：电子商务营销的系统性是经过长期实践检验的基本原则之一，电子商务营销的内容包括规划、实施及运营管理，而不仅仅是某种方法或某个平台的应用，只见树木不见森林的操作模式是对电子商务营销的片面认识。

11.3.4 设备：移动电子商务端发展突飞猛进，智能手机逐步取代平板电脑

智能手机在 2016 年成为电子商务消费者购物和完成交易的第一选择。大屏幕和超大屏幕智能手机使消费者的移动购物更方便，购物体验也日臻完美。与此同时，尽管平板电脑的屏幕比智能手机更大、性能更好，但由于便携性不够突出，在与智能手机的竞争中日益处于下风（参见图 11-24）。

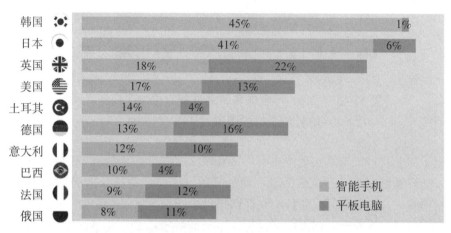

图 11-24 2016 年全球智能手机与平板电脑交易状况对比（单位:%）

在 2016 年的电子商务零售交易中，韩国和日本智能手机交易量达到 40% 以上，而平板电脑在上述两国相应交易中的占比分别仅为 1% 和 6%。在其余电子商务先进国家中，仅英国的平板电脑交易量超过了 20%，土耳其和巴西的平板电脑交易量均只有 4%。

日益增加的电子商务零售交易发生在智能手机端，说明电子商务零售商需要优先考虑他们的手机端移动应用设计与营销策略，并不断优化手机端的消费者购买体验。在比平板电脑屏幕更小的智能手机屏幕上充分展示商品性能与吸引力并激发消费者的购买欲望，同时通过良好的购物流程引导消费者完成购买交易，是 2016 年及此后对电子商务零售商提出的主要挑战之一。

11.3.5 促销：电子商务总体销售量与特殊日销售量大幅上涨

在电子商务总体销售量剧增的 2016 年，世界各国著名的电子商务特殊销售日仍然成为一年中最为热门与闪亮的招牌日期。电子商务特殊销售日起源于美国传统意义上以"网购星期一"和"黑色星期五"为代表的圣诞购物季，而阿里巴巴在中国创造的"双十一""双十二"促销，以及起源于京东商城周年庆的"6·18"网购日更是将电商大促推向了新的高潮。

每年 11 月和 12 月是美国传统的圣诞购物季，也是电商促销季。根据 Adobe 统

计，以"网购星期一"和"黑色星期五"为代表的电子商务特殊销售日在 2016 年推动整个圣诞购物季的线上和线下总体零售额达到 6558 亿美元，比 2015 年同期增长 3.6%。

"双十一"则是中国最大的网络促销节。尽管主要在中国一个国家，但单日交易额位居全球之冠。2016 年 11 月 11 日阿里巴巴旗下零售商务平台上，通过支付宝结算的商品成交额达 1207 亿元，其中无线客户端成交比例接近 82%。在 2016 年"双十一"销售日中，全球参与国家和地区达到了 235 个，其中最热门的跨境电子商务商品进口国家分别是日本、美国、韩国、澳大利亚、德国，而参与"双十一"最活跃的海外国家前五名分别是俄罗斯、西班牙、以色列、乌克兰、法国。

11.3.6 广告：指向更加精准，立体化、复合化程度进一步加强

网络广告是通过网络广告投放平台来利用网站上的广告横幅、文本链接、多媒体的方法，在互联网刊登或发布广告，通过网络传递到互联网用户的一种高科技广告运作方式。与传统的四大传播媒体（报纸、杂志、电视、广播）广告及近来备受垂青的户外广告相比，网络广告具有得天独厚的优势，是实施现代营销媒体战略的重要一部分。网络广告是主要的网络营销方法之一，在网络营销方法体系中具有举足轻重的地位，事实上多种网络营销方法也都可以理解为网络广告的具体表现形式，并不仅仅限于放置在网页上的各种规格的 BANNER 广告，如电子邮件广告、搜索引擎关键词广告、搜索固定排名等都可以理解为网络广告的表现形式。

2016 年，全球网络广告投放的指向更加精准，立体化与复合化程度进一步加强，融合了品牌推广、销售促进、信息发布、网站推广、在线调研、顾客关系等六大功能。

（1）品牌推广。网络广告最主要的效果之一就表现在对企业品牌价值的提升，这也说明了为什么用户浏览而没有点击网络广告同样会在一定时期内产生效果，在所有的网络营销方法中，网络广告的品牌推广价值最为显著。同时，网络广告丰富的表现手段也为更好地展示产品信息和企业形象提供了必要条件。

（2）销售促进。用户由于受到各种形式的网络广告吸引而获取产品信息，已成为影响用户购买行为的因素之一，尤其当网络广告与企业网站、网上商店等网络营销手段相结合时，这种产品促销活动的效果更为显著。网络广告对于销售的促进作用不仅表现在直接的在线销售，也表现在通过互联网获取产品信息后对网下销售的促进。

（3）信息发布。网络广告是向用户传递信息的一种手段，因此可以理解为信息发布的一种方式，通过网络广告投放，不仅可以将信息发布在自己的网站上，也可以发布在用户数量更多、用户定位程度更高的网站，或者直接通过电子邮件发送给目标用户，从而获得更多用户的注意，大大增强了网络营销的信息发布功能。

（4）网站推广。网站推广是网络营销的主要职能，获得尽可能多的有效访问量也是网络营销取得成效的基础，网络广告对于网站推广的作用非常明显，通常出现

在网络广告中的"点击这里"按钮就是对网站推广最好的支持，网络广告（如网页上的各种 BANNER 广告、文字广告等）通常会链接到相关的产品页面或网站首页，用户对于网络广告的每次点击，都意味着为网站带来了访问量的增加。因此，常见的网络广告形式对于网站推广都具有明显的效果，尤其是关键词广告、BANNER 广告、电子邮件广告等。推广的方式有很多，一般有付费的推广（如：百度付费等）和免付费的推广，也有一些功能特别强大的组合营销软件，可以实现多方位的网络营销，功能特别强大，只需要简单地操作，即可让您的潜在用户通过网络主动找到您，特别方便。

（5）在线调研。网络广告对于在线调研的价值可以表现在多个方面，如对消费者行为的研究、对于在线调查问卷的推广、对于各种网络广告形式和广告效果的测试、用户对于新产品的看法等。通过专业服务商的邮件列表开展在线调查，可以迅速获得特定用户群体的反馈信息，大大提高了市场调查的效率。

（6）顾客关系。网络广告所具有的对用户行为的跟踪分析功能为深入了解用户的需求和购买特点提供了必要的信息，这种信息不仅成为网上调研内容的组成部分，也为建立和改善顾客关系提供了必要条件。网络广告对顾客关系的改善也促进了品牌忠诚度的提高。

11.3.7 物流：信息化与全球化程度不断提升

2016 年电子商务消费者从电脑端向移动终端的转移使得信息经济条件下的消费行为发生了本质改变——由固定位置、断点式在线转变为 24 小时在线，消费者可以随时随地下单、接单、发包裹、收包裹，电商物流的应用场景呈现指级数增长。同时平台化带来的分享经济和共享经济的变化，在整个 O2O 业态发展当中，快递物流也在快速跟进，电子商务物流日益呈现移动化、数据化、平台化的特点。

同时，电子商务技术也在不断地改变着商业本身的形态，并持续拓展着电子商务物流的边界。2016 年，跨境电子商务迅猛发展使电子商务物流的全球化程度大大提升。在全球范围内，电子商务物流行业从骨干线路的覆盖，进一步走向支线、毛细血管的覆盖。毛细体系在全球的建立与拓展是 2016 年电子商务物流发展的最大亮点，这一体系支撑着电子商务货物不断，形成了全球范围内大规模、超大规模的对等开放与物流协作，使得"互联网+产业园+物流园"的发展模式在中国和世界各地应运而生，成为线上生态与数据导致线下物流产业空间集聚态势改变的崭新画面。

在电子商务物流的基础设施建设方面，2016 年最重要的变化是基础设施投资更加私人化。物流基础设施的主导者是个人，而商业基础设施的投资则进一步走向轻资产化、应用化、融合化，将一切社会资源连接起来、整合起来、重新盘活并运营起来，成为电子商务物流基础设施升级和转型创新的方向。

后 记

2017 年 9 月 3-5 日，金砖国家领导人第九次会晤将在厦门举行，中国担任主席国。9 月 18-21 日，2017 厦门国际投资贸易洽谈会、2017 全球电子商务大会也将于厦门同期举办。

2016 年全球电子商务大会闭幕后，厦门市会展局王琼文局长、陈文水处长送别致谢。王琼文局长提议，鉴于几个重要会议先后在厦门举办，需要有一本正式出版的报告来全景反映中国和世界电子商务的发展，以对接"金砖国家电子商务"专题论坛、全球电子商务研讨和厦洽会跨境电子商务投资与机遇。大家商定来年在厦洽会上正式发布中国电子商务协会的电子商务发展报告。

从厦门回来，我们立即着手报告筹备工作，报告编写组成立后，全体编写人员以高度的责任感、使命感和担当精神投入到报告的编撰工作中。

《中国电子商务发展报告 2016—2017》几易其稿，今日终于完成，这本对从事电子商务领域研究及实践实操具有重要指导意义、当下较全面了解中国电子商务发展的重要报告即将付梓，满载着智慧与思想力量即将与读者见面。

此书的编撰工作历时近一年，其间得到中国电子商务协会宋玲会长的大力支持与关心，宋会长为报告写序添彩。报告付梓，书香四溢。

现在展现于读者面前的是一本反映国内外电子商务最新进展的、高品质的权威报告，报告的数据截止到 2017 年 6 月。本报告共分 11 章，具体如下：第 1 章 2016—2017 年中国电子商务发展总报告（杨立钒、杨云鹏）；第 2 章 中国电子商务发展的政策法律环境（李旻、万以娴、郭烨）；第 3 章 中国产业互联网发展新动向（张勇军）；第 4 章 农村电子商务发展的十大新模式（唐生、沈红兵）；第 5 章 走向世界的中国跨境电子商务（熊励）；第 6 章 浪潮退去后的互联网金融现状与趋势（李周平、艾维娜）；第 7 章 智慧变革中的中国电商物流（王德力）；第 8 章 蓬勃发展的电子商务人才培养（葛朗、尚绍鹏）；第 9 章 社群电商：一种全新的电商模式（黄永刚、董永明、贾培蕊）；第 10 章 生机勃勃的电子商务示范城市（尹诗、熊伟、陈赟）；第 11 章 2016 年全球电子商务发展概况（杨维新、杨坚争）。第 1 章总报告，突出反映了中国电子商务在 2016—2017 年的最新进展；第 2 章到第 10 章从 9 个方面反映了中国电子商务的发展特色；第 11 章反映了世界电子商务的最新进展，特别是金砖五国电子商务的发展。

主编、编委会成员历经多次调研、充分听取各方建议和意见，该报告数据新、翔实充分，信息量大，将政策性、权威性、前瞻实用性充分进行了多维度融合。本报告撰写过程中得到上海理工大学、工信部、商务部、海关总署、国家统计局、部分驻华使馆、各地电子商务协会和跨境电子商务协会、联合国工发组织、厦门市商务局、厦门市会议展览事务局，上海邦德职业技术学院、香港杏范教育基金会、中国商务出版社的大力支持。

在报告创作过程中，商务部电子商务司骞芳莉司长对报告的编写给予鼓励和期待，张勇军为报告提出不少思路与建议，项玉章、杨国勋、余海龙、陈刚也对本报告的出版给予关心和支持。同时也感谢刘新宇、袁登科、陈震、张意鑫、王绍庭、王鸿冀、李建华、鲍大林、谭蕴为报告的默默参与。

放眼世界，互联网是我们这个时代最具发展活力的领域，互联网技术在经济领域中广泛应用，这使得全球市场分化为实体市场和虚拟市场（互联网市场），使得全球经济分化为实体经济和虚拟经济。可以预见，在未来的几年中，以电子商务为主体的互联网经济将更加得到长足发展。虽然虚拟市场不能完全取代实体市场，互联网经济也不能完全取代实体经济，但两者并行的局面是大势所趋，也是世界市场和世界经济发展的必然走向。

编写报告的过程是辛苦的；尤其是在当下传媒发达、媒介跨界融合、社会纷繁变化的当下。能够安于出版有担当有责任的权威报告更彰显生命的价值和人生的意义。

衷心希望《中国电子商务发展报告》能够为读者带来启发和益处，迸发更多创作与实践。通过《中国电子商务发展报告》，建立起联系政府、协会、企业、国际间的桥梁和纽带，建立起"中国电子商务发展基金"，并将通过中国电子商务协会跨境电子商务专委会这一行业机构有效指导开展跨境电子商务工作，通过中国电子商务协会电商扶贫发展促进委员会这一机构向电子商务扶贫县、电商模式县开展赠书下乡下县及教育培训活动。联合、联系电子商务会员企业，以实际行动参与支持"十三五"脱贫攻坚计划，为人民的美好生活与梦想而共同努力。

让我们共同携手，勇立世界电子商务创新潮头，在这一新的领域中打造出一片壮阔天地。

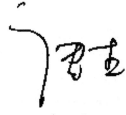

2017 年 8 月 8 日